U0142610

翻轉大學「上課」模式

「以學習者為主體」的
課程研究與教學實例

臧國仁　著

五南圖書出版公司 印行

獻給曾經與我一起「上課」的同學

推薦序

教學是大學的生命泉源

　　大學組織已有千年以上的歷史，在人類發展史中僅次於宗教。它能夠屹立不搖的主要關鍵，在於承擔人類知識與智慧傳承的重責大任，透過這項傳承，人類的文明得以不斷發展壯大。

　　教師在大學組織中承擔傳道、授業、解惑的職責，為數眾多的大學教師在校園中度過人生最精華的一段時光，盡心授課、作育英才，是大學校園中的靈魂人物。但是這個角色內涵在近二十年來開始受到嚴厲的挑戰。

　　首先是知識經濟時代帶來的衝擊。為了面對全球性的科技競爭，教師的角色不僅限於教學，更需要探索研究前沿課題、創造知識。政府各部會設定的資源分配原則，改變了大學教授的績效考核指標，論文發表與產學合作成果成為首要。為了達成這個目標，教學角色開始弱化，大學教授以發表尖端卓越研究成果為傲，忽略了教學的重要性，更少有人以大學的上課教學作為探究的課題。

　　其次，數位技術快速發展，網路上可以取得的知識豐富而多元，認真的學生面對任何問題只要上網Google一下就可以找到一些答案，教師不再是知識傳播唯一的途徑。這幾年來因為少子化的現象，臺灣許多學校都面臨招生不足的問題，但是網路大學蓬勃發展。如剛在美國上市的Coursera公司異軍突起，2022年已有超過一億人在線上註冊，修習由世界一流大學提供的四千多門課程，還可以取得正式學位。如果只是為了學習新知、不參加學習成效測量評鑑授證則完全免費，對傳統大學的教學更是形成致命的挑戰。

　　此刻，臺灣的大學教師還面臨另一個重大衝擊，那就是接受108新課綱的高中同學正開始進入大學校園。他們在高中的學習過程中有更多的專題探究與跨域學習經驗，大學教師若只能以傳統課堂講授的

形式進行教學，必然無法滿足新世代學生的期待，如何找到符合數位原住民需求的教學方式是當前傳統大學教育的重要挑戰。

在這個關鍵時刻，臧國仁老師的新作《翻轉大學「上課」模式：「以學習者為主體」的課程研究與教學實例》適時出版，給了我們很多啟發。他在書中詳細陳述在政大新聞系任教期間，系統地進行教學的完整過程。全書給了我們非常豐富的上課知識與系統性的教學指引，讓我們知道在數位新時代中如何以實作來作為重要的教學方法。

細讀臧老師的大作，讓我們對傳統大學的未來發展燃起許多希望。透過書中深刻的真實描述與理論探究，我們大概可以知道，雖然數位網路提供便捷的知識查詢與儲存功能，便於任何時刻、任何地點的學習與解惑，但是傳統的大學校園仍有其無可取代的功能。

綜合全書的討論，大致可以歸納為以下四項。筆者且借用書中的幾段文字，說明自己的閱讀心得：*

1.心靈住所：大學校園生活常是學習者一生最難忘的時光，〔教育理應成為學習者悠然自得的「所在」（khora），讓他們身處教室卻有在「家」（home）的溫暖感覺，但又不必久留而猶有遠走他鄉謀求發展的可能。在此同時，此處的「所在」未來也可持續接納更多陌生的新進學習者，同樣無拘無束地短期聚首，然後靜候展翅高飛的時刻。〕

2.學習鷹架：未來的學習者可以自由的在網路世界中吸取各種不同的知識和經驗，但大學教師幫助學習者掌握知識的脈絡、提供思考的框架，仍是課堂的靈魂人物，〔但其角色已從傳統的「指揮」、「帶領」轉變為「引導」且不時「邀請」學生進入教學過程，共同建構、探究、深思知識的內涵。換言之，老師的功能在於建立「學習鷹架」（scaffolding），

---

* 括號〔　〕文字均擷取自本書，部分是本書作者引自他人所寫。

以提示、支持、激勵學生自主學習甚至相互砥礪，教師可從學生學習過程得知課程結構以及課堂講述的優劣，從而修改、調整並轉變原有設計，學生則能從老師示範的教學模式嘗試自我探索，繼而找到自己最有興趣與樂趣的學習方式。〕

3.陪伴與在：教育是生命陪伴生命的過程，〔正如同法國哲學大家*Jean-Luc Nancy*提出的「與在」（*being-with/Mitsein*）概念，校園學習是一種通過傾聽與理解的過程，讓自身獲得一種與他者共享與共在的經驗。進而，通過這段長年參與社群的對話過程後，我們彼此都對自身後續的學習、生活與生命歷程，產生「一種深遠性印象」（*a lasting impression*），一種讓我們在學習與思考歷程，感受到「與他者共在」的生命支持。〕

4.共同創造：隨著知識的快速發展，大學相關教學目標應該從傳統的「教師傳授知識」轉而更為重視如何在教育過程中〔成為「知識的共創者」（*co-creator of knowledge*）與「發（追）問者」，「教」與「學」的角色互換，改由學生不斷提問並與教師持續互動以能成為深具批判力的「共同探究者」（*co-investigators*）〕。師生要成為知識共創的夥伴、交互共創文本，教師需先示範在教學對話過程〔融入個人生活經驗與故事，困難在於教師能否對學生敞開生命？能否在大自然中與學生暢聊過往的挫折傷痛、希望與夢想？能否⋯⋯效法孔門師生「盍各言爾志」？師生有可能在自然環境中進行詩性吟唱嗎？因此，教師要有自我鍛鍊、孕育心靈風景的能力，信手拈來找到可以切入與學生對話的話題與方式，⋯⋯隨緣觀機逗教，藉機點醒柔化幾位學生，逐步開發學生的心靈感受力。〕

以上這些功能完全不同於傳統大學「傳道、授業、解惑」的教學形式，卻是未來高等教育無可取代的生命泉源。這些教學功能豐富了學習者的想像力與創造力，感知成長的喜悅，在智能科技與雲端資料

庫快速發展的此刻,更能凸顯傳統大學的重要角色。關鍵在於大學教師能否清楚認識環境的趨勢,適時的調整自己在教室的角色。

筆者很榮幸能夠在本書完稿付梓時先睹為快,閱讀再三,深受啟發,也有些許感觸。課程設計與教學方法在國民教育階段深受重視,在大學卻不是如此。大學教師常認為專業知識的講授是一件自然的事,不需要刻意學習,更少有深入研究。而學校對教學的重視也只表現在學生對課堂學習即時感受的簡單調查,很少長期追蹤學習者是否真正因為某些課程或業師的提點而改變了人生。

在高等教育正面臨關鍵轉折點的時刻,本書的出版實有其深遠的意義,希望大學教師都能人手一冊,從中找到教學的啟發與指引,也在教學的過程中找到自己的生命意義。

政治大學商學院科技管理與智慧財產研究所講座教授

吳思華

摘　要

　　面對接受「108課綱」素養導向教育而擁有與前不同求知習性的「新世代學習者」次第進入大學校園，上課至今仍慣以「講授」為主的大學教師能否重新梳理自身教學理念與策略，改而建立「以學習者為主體」的上課模式？

　　本書之旨即在探析大學教學者如何發展與前不同的課程設計，並以作者曾經開授的三門課程為教學實例，提供可以活用、創新、培育新世代學習方式的「以人為本」教學策略以供後進大學教學者參考。

　　本書第一部分以三個章節探究美國、加拿大、日本與臺灣的課程領域研究者曾經如何分別持續探討課程設計與教學模式，從早期持有濃厚科學主義精神的「課程發展典範」，到上世紀七零年代以後占有重要學術地位的後現代主義「課程理解典範」，繼則在本世紀初始受重視的課程美學概念，在在顯示課程理論／研究者曾經與時俱進地逐步推動了現今已趨普及的「以學習者為主體」上課理念。

　　第二部分提出由本書作者曾經開設的三門課程內容與上課方式，除呼應第一部分的理論章節以與其相互對照外，並以實例展現「教學大綱」的樣貌為何、如何執行「教學實踐活動」、「課後評量」的成果為何等，以期具體回應新時代課程理論／研究所欲呈現的「後現代主義」上課特色。

關鍵字：A/r/tography、共同建構、自傳式書寫、從做中學、第三小時課內晤談、學習共同體

前言

「『後』實體上課時代」對「上課」教學的衝擊

-- *The visions we present to our children shape the future*（我們呈現給孩子的願景塑造了未來）

──Carl Sagan（1934-1996），美國已故著名天文學家、天體物理學家、科幻小說及科普作家[1]

　　多年前，我與內人蔡琰教授共同召集的「老人傳播研究群」（後更名為「人老傳播研究群」）某位研究生成員正就讀博士班，時而得要充當奶爸負責照顧女兒「小敏」的起居生活。

　　研究群每週六上午開會，他就帶著年僅四歲的「小敏」來參加例會。研究群大哥哥、大姐姐彼此熱烈討論報告時，她就坐在一旁靜靜地畫畫，看著也聽著。

　　耳濡目染多年後，小敏的小學一年級暑假作業就自選了「小朋友為什麼要上學？」的題目，找了政大校門旁邊與她熟識的「香香自助餐廳」（已歇業）老闆訪談、提問，隨後也在研究群的例會用稚嫩、可愛的聲音分享作業內容，研究群成員莫不同感欣喜，也不吝於大力鼓掌。

　　事隔多年後，小敏如今已是婷婷玉立的國中生，研究群則因主持人相繼退休而在2020年初劃下句點。為了紀念彼此曾在一起做研究長達二十年，結束前特別出版一本未對外發行的小冊子《群英會──

---

[1] https://quotepark.com/quotes/1533694-carl-sagan-the-visions-we-offer-our-children-shape-the-future/，引言節錄自其專書：《淡藍色的小圓點：尋找人類未來新願景》（*Pale blue dot: A vision of the human future in space*）。

新聞美學／老人／人老研究群「榮退」誌念（2000-2020）》，邀請歷屆成員共襄盛舉各自提供短文一篇回憶往事。

已任教多年的這位成員如此娓娓道來（原文未曾分段）：

……【小敏】作為一位從四歲左右……開始旁聽研究群大人討論的小成員，【在研究群報告暑假作業時】應該是坐了多年的小板凳成員，第一次站在講臺前講話的嘗試；此嘗試的出現，或許正說明這個研究群分享的存在，不僅跳脫年齡與知識背景的框架，也是許多參與者成長過程的陪伴與支持。然而，我們這些大學生、研究生們，又是為什麼長年的往返參與這個研究群的討論呢？（添加語句出自本書）。

其後，他又這麼寫著（英文出自原文）：

……或許長年參與人老／老人傳播研究群的運作的經驗，正如同法國哲學大家Jean-Luc Nancy提出的「與在」（being-with/Mitsein）概念，那是一種通過傾聽與理解的過程，讓自身獲得一種與他者共享與共在的經驗。
進而，通過這段長年參與社群的對話過程後，我們彼此都對自身後續的學習、生活與生命歷程，產生「一種深遠性印象」（a lasting impression）；而這就如同參與一場搖滾音樂會，其所獲得的音樂聆聽經驗，一種讓我們在學習與思考歷程，感受到「與他者共在」的生命支持。[2]

延續「小敏」國小一年級時的提問「小朋友為什麼要上學？」，本書討論何謂「上課」、大學教學的不同「上課」模式、這些不同模

---

[2] 參見本書第四章第二節第二小節有關Nancy的延伸討論。

式背後有什麼相關理論或哲學思維（知識論）、其淵源與變遷為何、有無實例可資參照？

以上就是本書有意觸及的主要議題，旨在闡述如何讓大學校園的學習者樂於來校「上課」（甚至上學），乃因「小朋友為什麼要上學」以及與其相關的「大學生為什麼要來學校上課」等提問，理應是每位大學教師皆常思索的要事（參閱元智大學學生事務處，2009）。[3]

如果教學過程不能讓無論小學生、中學生或大學生（以及研究生）感受來校學習與其人生有著難以割捨的生命連結，久之心生畏怯而只求虛應故事、敷衍了事或得過且過，不過徒然白白地浪費了這些學習者的青春歲月。

從本書的理論介紹與實例解說觀之，作者認為關鍵就在上引所談的「與在」：「**一種讓我們在學習與思考歷程，感受到『與他者共在』的生命支持。**」

身為教師的我們若是拋棄了這種「生命支持感」而只是「按表（教科書）操課」、「趕進度」、「評量學習成果」，學習者就易覺得與其生命無關，認為「上課無趣」、「對老師所講無感」，甚至「放棄所學」而轉系、轉學、休學、退學，間接地被「逼」得失去在校園與師友「共學」的樂趣，而寧願沉浸在自己的世界。

一般而言，大學教學並無中小學的「部定課程」規範無須照表操課，惜乎眾多老師們習慣按照自己訂定的「進度」（多寫在教學大

---

[3] 東華大學教育與潛能開發系教授李崗（2017：203-204）曾經引用德國哲學家海德格之言，強調「對學生來說，『為何要讀大學？』這個簡單又深刻的問題，總有一天會向我們提出，並且邀情我們予以回答。」李崗認為，大學理當從事學術研究而非實用性或專業性的學習，尤應讓學生「獨立地自行去從事『研究』」，而教師的責任則是從旁協助、引導使其能對研究產生興趣；此一說法與本書強調的「以學習者為學習主體」的「上課」方式若合符節。

綱）講課，上課時以講授為主而學生參與機會不多，僅偶有鼓勵同學發言回應問題，師生間隔閡嚴重而少有上引的「與在」與「共在」之情，思之令人扼腕。

$$*** \quad\quad *** \quad\quad *** \quad\quad ***$$

本書以「上課」為題而未採用一般研究者慣用的「課程」或「教學」等詞彙乃有意為之，期能避免落入傳統窠臼。實則如本書第二章第一節以及第十章第二節所示，此三者經常換用無礙，其旨多在說明「課堂內的師生互動」。

至於採用「以學習者為主體」的概念，則是迎合了近幾十年來的課程研究新方向（見第三章），也與第二章提及的Freire理念接近。

實際上，如美國教育哲學家M. Greene在其1973年出版的 *Teacher as stranger: Educational philosophy for the modern age*（《教師即陌生人：當代的教育哲思》；中文書名出自周梅雀，2007）所言，有關知識的討論起點必須始自「自我」：

> ……在求知的過程中，個人的生活與存在是不可被忽略的重要因素，……個體必須將其所學應用於生活中，他必須應用這些知識來做決定，以及決定他未來的行動。……科學不能做唯一【一】種模式或典範，因為科學思考是客觀化，排除了直觀的覺知與自我遭逢所需的哲學（周梅雀，2007：354；添加語句出自本書）。

由上引觀之，本書提出「以學習者為主體」旨在說明無論人生哪個階段，學習者都應追求以「自我」為學習認知所在，大學生尤當如此。而大學教師若不能如本書三個實例所示將學習主體「交還」學習者，以致其所學過程仍如以往「以教師為中心」、「以教科書為中

心」、「以講授為中心」而被排斥於學習過程之外，出社會後面對諸多挑戰時，或也僅能如在校時的照本宣科學習方式而難應付諸多挑戰與逆境，久之易生倦怠。

何況，如本書第四章第二、三節所述，「學習者」本指「學習共同體」（含教師與學生）或「學群」的集體意涵，包括從自我到他人的「互為主體性」或「共同主體性」（見第四章圖4.2），與以往強調個人追求自我表現之意涵殊為不同。

另如題名為「楠木軒」[4]與「方元沂」[5]所撰專論均曾相繼提及《二零四零年日本高等教育藍圖》，咸稱日本教壇擬以「學習者」為本位調整日本未來高等教育的發展方向。如「楠木軒」指出，「日本高等教育機構的運營模式<u>不再以組織或教師為中心</u>，而是共享校內外資源、推進與<u>多方主體</u>間的協同，構建起學習者自主學習的高質量體制機制，<u>向『以學習者為中心』的方向轉變</u>」（底線出自本書）；其所稱「多方主體」與本書的「共同主體性」實頗相近。

顯然本書的鋪陳方向不僅有可供臺灣高等教育參考之處，國外大學亦早已擬定類似發展計畫，值得重視。

本書尤其樂於呼應教育學者馮朝霖（2006：6；英文出自原文）提倡的「另類教育學」（alternative education）取向，其核心精神如：教育主體在「以學習者為中心」（learner centered）、「主動建構性取向」（active-constructive orientation）、「開放性參與的結構」（open-participatory structure）、「特殊的師生對話性溝通關係」（dialogical-communicative relationship）、「有彈性的學習者

---

[4] 見https://www.nanmuxuan.com/zh-tw/classic/qiknfhqycsn.html（上網時間：2022. 07. 19）；文章標題：〈日本高等教育如何邁向2040〉（刊出時間：2020. 11. 20；原文刊載於《中國教育報》2020年11月20日第5版）。

[5] 出自聯合新聞網「科技・人文聯合講座」（https://udn.com/news/story/7339/6470777；上網時間：2022. 07. 19），文章標題：〈高教政策關鍵考題：重新定位大學功能〉。

分組或分班制度」、「消除以教師為中心的教學活動」等，皆與本書第一部分的理論文獻與第二部分的實務案例所見略同。

然而「另類教育學」多時以來係以引進如「華德福教育體系」、「蒙特梭利教法」、「森林小學」等中小學甚至幼兒的教育教學模式為主，大學教育的另類方式迄未開展。本書所談三個實例或能引發同儕關注，齊為大學上課模式如何得以引進不同教法而集思廣益。

＊＊＊　　　＊＊＊　　　＊＊＊　　　＊＊＊

本書完成首要感謝政治大學科技管理與智慧財產所講座教授吳思華的啟迪。多年來我曾屢次隨其領導之「人文創新」研究團隊全臺參訪，看到了許多偏鄉中小學教師孜孜矻矻地創新教學，如南投縣中寮鄉爽文國中王政忠即為一例，深受感動，因而也常思考大學教師若要跟進，如何得以發展與前不同的教學活動。

此書就是在這樣的機緣薰陶下逐步演進、寫成，其內容多可看到「人文創新」的身影，因而特別感謝吳老師與其團隊成員的領路，蒙其賜〈序〉尤為感激。

此外，本書第二部分教學實例涉及的諸多概念如「陳述性知識」、「程序性知識」、「後設知識」、「反思」、「從做中學」，均受惠於我的傳播學院同僚鍾蔚文教授。我在上世紀九零年代曾經參加其領導的「（新聞）專家生手研究群」達十年之久，這些概念都出自鍾教授的發想與引導，至今仍然影響我甚深。

本書第二部分述及我曾任教的三門課程，其時有多位教學助理與我合作促成「以學習者為主體」模式的發展，包括：劉忠博博士（現任教廣州華南理工大學）、王楠博士（廣州廣東財經大學）、劉倚帆博士（淡江大學）、陳鴻嘉博士（輔仁大學）等「大助理」（擔任助理期間就讀博士班），以及陳玟錚、華婉伶、楊癸齡、劉思敏、黃嘉文、梅衍儂、黃芮琪、徐璦琇、蔣與弘、黃曉琪等「小助理」（擔任

助理期間為碩士生或大學生）。

　　這些教學助理每週隨班上課，課後協助與預備報告組晤談並「再回應」非報告組所寫心得，備極辛勞，如今回想起來只有「感恩」可以略表我的滿滿謝意。

目　　錄

圖表目錄

第一章　緒論

撰寫本書的發想與省思

-- 教育不應是規訓，不是依照既定的路找尋自我，不是沿著別人畫好的路走，但傳統的課程藉著國家的課程標準、既定的教學計畫、專家編好的教科書、偉人留下的經典等，將師生帶到路上，禁錮在家中，將自己視為自己的獄卒。家和路決定了方向，管制了觀點，控制思想和行動。

因此我們要放棄「家」的觀念，放棄「路」的觀念，如果我們重新宣稱家 —— 課程的原初的中心，這時每一個地方都是我們的家，那我們就成為自己的中心，心中就有家，承認內在的家就沒有返回的必要，沒有路的必要，只有生產性的迷路和去中心。

否認家，就能經驗迷路，才能開始學習，學校才能拋棄被劃定的課程 ⋯⋯ 而自己發展（A. A. Block, 1998；轉引自歐用生，2010：153；原文未分段，底線出自本書）。

▶ 一　疫情籠罩下的大學「上課」模式

　　2021年秋天，受限於COVID-19新冠肺炎病毒的嚴峻疫情，各大學在新的學期都依教育部規定而採取了嚴格的防疫管制措施，室內上課與集會上限均為八十人，若逾此限就採遠距授課。教室內也設置固定座位與梅花座，依學號單雙號分流，單週由奇數學生進教室上課，偶數同學則採遠距，單雙週輪替。

　　有些通勤學生到校後發現全天只有一門實體課，其他時間就得另覓處所線上聽課。而為了跟上進度並能與同學課後分組討論，有時甚

至被迫在靠近實體課教室外的大樹下拿著筆電「遠距」上課。[1]直到兩週後，管制措施方因疫情趨緩而有條件地全面開放實體課程。

而後在2022年春末，臺灣各地確診人數再次飆升，校園上課模式又得依疫情風險程度應變，時而因學生染疫而實施線上教學；時而停課多日後恢復實體授課；時而由教育部頒布嚴格的全校性停課標準，禁止大學改採遠距教學；時而又全面實施遠距教學直至學期末，一緊一縮之間真是難為了師生。[2]

受限於疫情無法面對面授課，授課教師須依「實體」與「遠距」分別設計ppt簡報檔，點名學生回答問題時更要顧及線上同學以免他們難以融入而淪為「化外之民」。

即便如此考慮周全，線上同學仍常被「陶醉」在課堂授課氣氛的老師遺忘。為此有些老師特意準備兩臺電腦，一臺播放投影片，另臺用來專跟學生互動。[3]

經過一段時間的演練後，無論教師或學生都已逐漸適應遠距上課模式，甚而不諱言會有「回不去」的感覺，乃因線上授課對師生而言遠較實體上課來得更為「自在」，不但老師可以待在家裡或是研究室

---

[1] 出自TVBS新聞影片：〈南部大學恢復實體上課！採單雙號分週分流進教室〉（2021. 09. 27）https://tw.stock.yahoo.com/news/%E5%8D%97%E9%83%A8%E5%A4%A7%E5%AD%B8%E6%81%A2%E5%BE%A9%E5%AF%A6%E9%AB%94%E4%B8%8A%E8%AA%B2-%E6%8E%A1%E5%96%AE%E9%9B%99%E8%99%9F%E5%88%86%E9%80%B1%E5%88%86%E6%B5%81%E9%80%B2%E6%95%99%E5%AE%A4-044146241.html（上網時間：2022. 02. 23）。

[2] 根據報載，2022年5月間疫情不斷上升但指揮中心遲遲不宣布三級警戒，教育部也不敢全面停課，各大學只好以拖待變放任校園確診人數飆增，「學校現在很像壓力鍋，不知道什麼時候會爆炸」（見https://www.chinatimes.com/realtimenews/20220504002826-260405?chdtv；上網時間：2022. 05. 04），其後終因老師確診或居隔個案太多而全面停止實體上課。

[3] 以上所述感謝陳鴻嘉教授與楊雁舒教授提供教學經驗。

的熟悉、舒適環境講課，學生也無須舟車勞頓地長途跋涉到校，雙方只要專注地透過螢幕（視覺）與聲音（聽覺）互動即可，有著與前十足不同的教學情境與感受。

但對某些強調實務／實習教學的專業領域（如醫學、藝術）而言，線上授課的品質遠遠無法與實體課程等量齊觀。如曾有自稱「醫學中心員工」的讀者投書指稱，一〇七級醫學院的大學生涯已有五個學期在疫情中度過，遠距與實體上課斷斷續續。而至醫療現場實習的時間也大幅度縮減，不但受教權嚴重受到影響，臨床技能與素養更令人堪憂（陳穆儀，2022.06.11）。

專研藝術與美感教育的洪詠善（2014：45；原文未曾分段）多年前就曾指出，

> 真實的藝術課堂教學無法完全被線上學習取代，那是因為……在藝術教學的每一階段與步驟裡，都充滿著偶發變化、新奇挑戰與創造的樂趣……。藝術學習不能只有效率、速度、量化的標準下制度化的學習模式，藝術學習要能在充滿變化與問題的環境中，成為生存的方式，啟動自我導向學習、創意學習、協同學習、後設認知的學習等。……
> 因此，好的藝術教學如同賦格（按，指以模仿對位的方式交替出現在樂曲），師生及生生間圍繞著主題相互問答與追逐，……無法化簡為操作步驟……。

由上引幾個專業領域來看，即便新的網路遠距教學模式經過多時（2021-2022年間）的演練與實施而崛起，以致年輕教師未來務須適應並接受這種與前迥異的教學方式而無可迴避，但「上課」的傳統模式有何優缺點、有何可資學習或理應改進的理論典範與實例、如何在網路時代猶能截長補短地保持實體上課的樂趣，這些相關學術議題仍

應深入檢討，期能發展更具優勢且多元的大學教學內涵。[4]

新竹北埔「人文創新工作坊」的初試啼聲

2021年歲末，已經連續舉辦四年（次）的新竹縣北埔鄉「麻布山林人文創新工作坊」再次發出了「徵集（文）令」，籲請成員提供可供分享的論文構想，主持人吳思華教授還特別轉發由「知識管理領域」重量級研究者I. Nonaka（野中郁次郎）與H. Takeuchi（竹內弘高）聯袂發表的新作以利延伸討論（見Nonaka & Takeuchi, 2021）。該文所論雖僅及「知識創新」專業領域，但對課程與教學亦有醍醐灌頂之效，值得延伸。

隨後我（臧國仁，2022a）即以〈Nonaka & Takeuchi新作對「上課」教學模式的啟示：「以學生為學習主體」的人文取向〉為題提出初步觀察，[5]借用巴西成人教育社會學家P. Freire的批判教育觀點（參見本書第二章）來檢討以「學生（學習者）為上課主體」的人文理念是否可行，而其具體教學實踐方式又有哪些；文長僅約一萬餘字，可視為本書「試探水溫」之作。

我的口頭報告承蒙工作坊成員不吝回饋。如某位任教南部的副教授即曾表明有意檢討自己的教學方式，期待未來也能提出與前不同的「上課」模式，減少講課而多鼓勵學生發言、參與。

這是我五年內第四次參加工作坊，滿載而歸、收穫頗豐，也激發了在這個主題往前邁進的動力。

---

[4] 臺灣大學資訊工程系趙坤茂教授曾在其專欄提及線上授課的眾多「不可思議事件」，如修課學生意外死亡卻因生前委託「外包網站槍手」而持續繳交作業、教授亡故兩年後仍發送「自動回覆悼文」、線上監考為了防弊而以「人臉辨識技術觀測考生眼神、臉部和肢體動作」，堪稱無奇不有（見 https://udn.com/news/story/7339/6366152；上網時間：2022. 06. 06）。

[5] 此時尚未領悟「學習」乃以教師與學生為共同主體，因而僅列「以學生為學習主體」。

三　2022年初夏的「中華傳播學會」年會

　　「工作坊」結束後，我開始廣泛地閱讀「課程研究」（curriculum studies）的相關文獻（參閱本書第一部分的三章討論），由美國著名教育學者W. Pinar的眾多著作始而漸次推衍至臺灣資深課程研究者如已故歐用生教授的專著與學術論文，再往前延展而兼及加拿大The University of British Columbia（英屬哥倫比亞大學）課程與教學系R. L. Irwin教授近年與其研究團隊共同推出的A/r/tography美學研究系列，從而對大學教育的「上課」模式建立了基本想法，自覺可從我近三十年的教學經驗（參閱本書第二部分的三章實例說明）萃取精華來與這些理論對話，藉此提供可資借鏡的「上課」模式。

　　2022年春節假期甫過，「中華傳播學會」的徵稿啟事已到，我即以〈析論傳播教學的另類「上課」模式：以「學生為學習主體」的課程研究取向與實例示範〉為題（與上述「工作坊」題目稍異）投稿，幸蒙通過並於6月中旬在2022年會以視訊方式報告（見臧國仁，2022b）。

　　承蒙評論人長榮大學大眾傳播學系陳明鎮教授不吝提出精闢回應，讓我對這個主題有了更多反省機會。陳教授畢業於高雄師範大學教育系，對課程研究的來龍去脈瞭解甚深，其評論直指本書核心，如詢及為何使用「上課」而非教育學領域慣用之「課程」與「教學」，並也言及近年來學生背景多元，對教師而言壓力甚大，要如何顧及不同學生需求等。

　　總之，此文延續了前述「人文創新工作坊」的初步構想，研究文獻一節改以「課程研究」多年來的論辯與典範異動為討論重點，期能稍後與我的實務經驗對話。而陳教授的回應讓我感受兩者間確有遙相呼應，因而會後即以此文為基礎逐步推進，撰寫多時後終能完成全書付梓，其間轉折值得再三回味。

四 簡述我的教學實際經驗——從「超負荷」（overloaded）到「循序漸進」

　　回想我的近三十年（1987. 09至2017. 01）教學歷程，前十年幾乎只能用「不堪回首」形容，乃因按照其時的法規（《大學法施行細則》第十五條，後已改由各大學自行規定），教授授課時數下限為八小時，而副教授為九小時（知識較豐者如教授卻授課時數較少？）。又因其時每門課設計多為兩鐘點，以致每位專任教師每學期常負擔多達四至五門課始能符合規定。

　　任教幾近十年後（約於1996年前後），方才受益於傳播學院調整每門課的時數為三鐘點而得每週僅授課三門，教學負擔頓時減輕，始能思考如何改進上課方式而逐步推動「以學習者為主體」的概念，順勢將教學心得改寫為學術論文發表（臧國仁，2009、2000），嘗試融合「教學」與「研究」為一體。

　　在此同時（上世紀九零年代中期），傳播學院亦因重整課程結構而停開一些必修／選修課程。為了滿足「末代」修課學生之需，老師們分別受召協助開授一些非屬原有專長的課程。我同樣接下如「媒介經營與管理」與「媒介市場學」等未曾長足涉獵的領域，只能憑藉過去所受學術訓練快速地轉換舊有知識為新課課程大綱，再逐步發展為各週授課內容。

　　其時我採取了與前不同的教學策略，期初就將同學分組並央其輪流閱讀指定參考資料後向全班同學報告，其後再由我接手帶領討論。因而這些課程全學期均由同學與我共同承擔教學進程，彼此相濡以沫也積極互賴（positive interdependence; Johnson & Johnson, 1994, 1987；轉引自林穎，2010），意外地體現了近年來在教育學領域廣受重視的「合作學習」（cooperative learning）概念（林穎，2010；張杏如，2011）。

　　其實就我自己的經驗來說，教學本就是學習歷程；更精確地說，是一段「學習如何教學的複雜過程」（a complex process of learning to learn how to teach; Leggo & Irwin, 2013: 152），必須不斷地透過與修課同學互動（上課鼓勵提問）、聆聽其建議（常寫在期末對教師教學的評量）、觀察其所書寫的各類上課報告（含小組作業以及個人心得）後，方得逐步、逐次、逐年修正教學策略終而漸得要領。

為了掌握同學的自學進度而非讓其徬徨無助，我定期地與各小組會面並聆聽報告進度以免上課時臨時「開天窗」。但各組同學人數眾多而彼此作息難以相互配合，我只能不定期且時而未經事先相約地前往不固定地點「突襲」旁聽，因而常被同學戲稱屢有在校園「神出鬼沒」的足跡。

上述因我沒有固定答案而設計的上課分組報告模式，隨之成為教學後期引以為傲的「臧氏教學法」（見本書第二部分的介紹），不再總是由老師「教」而學生「學」的單向知識傳遞過程，反多由師生共同建構（co-construction；臧國仁，2009）、相互學習，意外地促發了眾多不落俗套甚至令人驚豔的學習表現。

正如洪詠善（2014：49；底線出自本書）所言，「……在學習共同體課堂中，**教學是聆聽、串聯、統整、回歸；教學要能聯繫起教師、學生、教材、與世界之間的對話關係，學習傾聽與對話，提供伸展跳躍的可能**。」

換言之，正因任課教師如我自知不甚熟悉所授課程內容且「胸無城府」，反倒在二十多年前即已成就了別具一格的「上課」模式，讓學習者得以創造屬於自己的獨有知識內涵（參見第九章第一節所引「一位博士生的來信」）。

因而我的「以學習者為主體」上課模式早在1990年代中期即已試行，當時的意外之舉讓我建構了領先於時代的教育創新作法，並也僥倖符合「世界經濟論壇」（World Economic Forum）提出的「教育4.0新模式」（洪詠善，2020：20）。

五 「教育4.0新模式」[6]

雖然這項「教育4.0新模式」本是針對國小與國中階段的學習者，但其所言應也適用大學。尤以臺灣受到新冠肺炎病毒肆虐後，「停課不停學」的因應方式早已加速了「以學習者為主體」的推動，也讓「自主學習」概念成為時下廣受矚目的新教育模式（洪詠善，2020：26-30），未來勢必影響大學教師是否樂於轉型扮演「鷹架」（scaffolding）角色，支持學生自主學習以便取得解決問題的實踐能力（臧國仁，2014）。「世界經濟論壇」的「未來學校」（schools of the future）白皮書就稱此種改變為「**迎向第四次工業革命的教育新模式**」。

根據這份文件，現行教育體系多數沿自第一、二次工業革命時期對大量生產與統一人才的需求，其特色在於滿足以「重複」與「過程」為主的早期生產線式（assembly line）的製造業（如福特汽車公司；參見下章佐藤學所述）所需。

然而新世紀的到臨早已揭開與前不同的生產自動化以及由無形價值鏈結創造的生產模式，因而學校教育必須迎合此一新的經濟與工作形態，培養學習者從記憶式學習改為批判式思考（critical thinking）方才足以適應如今凡事強調「創新」的新工作模式（參見吳思華，2022）。

此外，學校教育也應培育「以人為本」的技能（human-centric skills；參見本書第五章第三節以及第九章第二節討論），包括與人合作、同理心、社會意識以及全球公民的職責等，協助形塑具有包容性與平等特質的未來社會；而這些技能無法單憑全盤照收教師擁有的知識就能習得，還須連結其他來源且廣泛應用、深入實踐。

白皮書提出至少八項有益於「教育4.0」的一些作為，包括創

---

[6] 本小節所述均引自https://www3.weforum.org/docs/WEF_Schools_of_the_Future_Report_2019.pdf（上網時間：2022. 02. 20）。

新與創造能力的培育以及鼓勵學生在校期間就建立主動解決問題的習性。學校環境也應調整傳統「由上至下」（top-down）的教學方式，讓教師儘量扮演「促進者」（facilitators）與「教練」角色，而非單純的「講課者」（lecturers）。

此外，與人際互動有關的技能在未來的工作環境也將愈形重要，包括「領導力」、「社會影響」（social influence，指從眾、順從或服從權威的影響因素）以及「情緒智商」等面向，均可透過團隊協作（如採小組報告方式合作完成作業：參見本書第九章第二節）來增強與他人互動所需的種種社交技能，如說服溝通、交涉磋商、自我與社會意識等。

而對未來的教育模式，影響最大的當屬學習經驗的改變。白皮書指出以下四點值得關注：

首先，學習方式將由學校與教師設定的「標準化」模式轉為依學生自己興趣與步調而設定的「個人化自主學習」（personalized and self-paced learning）；

次者，過去的學習多受學校環境所限，未來必將拜網路科技所賜而利於個人近用（參見本書第十章提及的美國Minerva University）；

第三，由於工作形態改變，新的學習模式當更強調問題導向以及如何多人合作；

第四，過去的學習能力常隨著畢業離校而遞減甚至停止，但未來社會需要「終身學習」，甚至隨著工作所需而持續更新所知。

由這份「未來學校」揭示的「教育4.0」諸多內涵觀之，來自上世紀的教育形態顯已受到諸多衝擊而待更新，不但個人的認知觀念要跟上社會變動的腳步（參見第九章第一節「一位博士生的來信」），整個教學內容也得體察這些變化而與時俱進，從課程入手展現新的「上課」模式正是關鍵所在。

六　本章小結：大學教學環境的未來變化與本書章節分配

-- 教師設計教學過程，分析知識結構，其目的均是要幫助學生主動建構知識，催化學生主動解決困難問題。「主動發現」原理原則的樂趣會增強學生，並建立學生的自信心，引導學生的正向循環，學習遷移的效果也更佳。……將學生視為學習的主體，是教育研究上的一大突破。

教與學的互動中，教師不是「灌輸」知識給學生，而是「啟發」學生主動學習。教師的引導雖然重要，但學習者願意「主動學習」更重要。「發現的樂趣」即是引發「主動的學習」的根源（鄧宜男，2007：182-183；底線出自本書）。

　　就在本章即將停筆之刻，明星高中臺中一中發生了一起課堂內師生衝突的事件。根據報載，[7]其始末大致上是某位高一學生上音樂課繳交的作業內容被任課教師認為超越課綱範圍而遭要求刪除。同學不滿隨之與老師發生口角，其他同學見狀立即拍攝事發現場過程並上傳YouTube因而引發熱議。

　　網路上支持任課教師與同學意見者皆有，如有人認為老師在課堂責怪同學導致自己情緒失控，顯已失去為人師表應有的教學態度。但也有人表示，同學們擅將課堂師生對話未經同意放在網路平臺除有「公審」、「罷凌」之嫌外，亦易引發肖像權的法律爭議，雙方論戰多日後始由校方介入並與師生溝通而歇。

　　此事曲直對錯一時之間難以定論，但就本書寫作主旨來看，大學教師同樣會因其課程經營得當與否而與修課同學或保持良好互動關係或反之擦槍走火甚而引發議論。尤其自從實施「108課綱」後[8]，高中

7　參閱《聯合新聞網》2022. 03. 12報導（https://udn.com/news/story/6898/6159978；上網時間：2022. 03. 14）。

8　「108課綱」的全名應為《十二年國民基本教育課程綱要總綱》，因係

以下教學多已改以「素養導向」為重，學生習於自主學習且擅於利用網路資源探究生活議題，其學習方式顯與過去不同。大學教師若仍故步自封地慣採「貝多芬」（背多分）式的教學策略，而無視學生的學習慣性已與前不同，引發不滿並產生師生齟齬當不意外。

我在教書早期同樣曾因年輕氣盛且篤信「勤教嚴管」而與同學互動不良，甚曾偶因眾多同學珊珊來遲憤而拒絕進教室上課。直至某次與畢業學友相聚閒聊時，發現他們多僅記得我上課時多嚴、多凶，而少論及我的認真教學與備課，遑論課程對其生涯／生命有何助益。

反省多時後我決定逐步修正教學方式與態度，從此再也沒有對學生惡言相向反常笑逐顏開，後期甚至在上課前播放網路音樂以讓課堂能變得有些「浪漫」氛圍，期中還與全班同學共進蛋糕、咖啡並名之為「下／上午茶」，師生互動因而改善且不再劍拔弩張，其間差異誠難以道里計耳（參見第九章第二節）。

由此可知，若非及時改弦易張地調整教學策略，說不定當年的我也可能因執著於認真教學而無暇顧及同學的上課情緒與情感反應。念及我的同儕大學教師即將面對以「素養導向」為主，而擁有整合、活用、探究知識本領的新生代學習者，如未能深思遠慮地調整上課方式，久之恐也易在教學生涯產生挫折。

本書作者因而不揣讕陋，擬以自己的大學教學創新經驗（見本書第二部分）為例引薦「課程研究」的理論演進（見本書第一部分），期能提供可資參考的學理與實例，共同思考如何改進上課方式並創新教學內容。

本書主要結構分為兩個部分：除首二章外，第一部分含括三章，意在討論課程理論的演變興革、新起A/r/tography美學研究的內涵以及小結與檢討。第二部分包括四章，係以過去我曾執教過的三門課程

在108學年度依不同教育階段逐步推動而簡稱「108課綱」，見張德銳（2022：1）描述的「108課綱」推動輾轉過程，亦可參閱歐用生、章五奇（2019：155-173）。

為例，分別介紹其如何曾以「學習者為主體」的概念來漸次發展教學策略，另有第九章為第二部分的整理與檢討；最後（第十章）為本書結論。

　　部分章節採用自傳式書寫（autobiographical writing；詳見第三章第二節第四小節之說明）並以「第一人稱」敘述（參見Nash, 2004），以能呼應社會科學「向自傳式方法轉」（the autobiographical turn; Gorra, 1995）的後起思潮，強調任何說故事者（包括研究者如本書作者）皆可以自我生命講述（life accounts）方式來表徵特定時空之生活經驗，由此顯示從過去到現在的人生旅程如何變化（a journal of change; Gouzouasis & Yanko, 2017: 60）。

　　參考文獻一節雖有極大部分出自原適用於中小學情境的課程理論，但觀其內容亦對大學任教者頗有助益，可多參閱。

第二章 「上課」之定義與延伸討論

-- ……在我們教育的領域裡面，西洋的education，那個educate，人家的原文 educere 是引出的意思。那教學呢？pedagogue，是學徒，叫教僕，是保護小 孩去上學的安全，然後替他解決問題的（歐用生，2021：131）。[1]

-- 在大量生產學生的工業化模式，老師就像是播音員（broadcaster），…… 其授課方式是：我是教授，我有知識，而你只是個沒有任何知識的空瓶 （empty vessel）。……你的學習目標就是將所有【來自我的】訊息轉為你 的短期記憶，重複練習後【就】可建立深層的認知結構，並在我測驗你的 時候回憶起來。上課（lecture）的定義【因而】成為，從老師的筆記到學 生的筆記，其間沒有經過任何一人的大腦（加拿大Trent大學名譽校長Don Tapscott於2009年6月4日在Edge發表演說之語，見https://www.edge.org/ conversation/don_tapscott_the-impending-demise-of-the-university；添加語 句出自本書；英文出自原文，上網時間：2021. 11. 05）。

---

[1] 根據Craft（1984），education的拉丁字源有二，其一是歐用生（2021： 131）此處提及的educere，本為引出之意。另一是educare，原意為訓練、 塑造或對……施加影響。兩者意涵不同因而帶出截然不同的教育理念，或 是「引導」（如educere）或是依照上一代的意旨來形塑後進學習者（如 educare）。Craft認為此兩者各有其理，教學者必須自我檢視以確定己所信 仰的教學哲學（Craft的說法引自Bass & Good, 2004: 162）。

此外，「教僕」的古希臘原文pedagogus，接近中文「書僮」之意，是 「陪伴小主人入學及從事家裡面的雜役事務」的奴隸，後轉為英文的 pedagogy，指「教育學」，但其究應譯為「教育學」或「教學論」迄無定 論（張盈堃、郭瑞坤，2006，頁284-290）（教育百科網站：https://pedia. cloud.edu.tw/Entry/Detail/?title=%E6%95%99%E5%83%95%EF%BC%9B%E 6%95%99%E5%B8%AB；上網時間：2022. 03. 16）。

一　概述：「上課」的基本定義

（一）字典定義

與「上課」有關的中文詞彙至少包括「教育」、「課程」、「教學」、「講課」、「授課」等，意涵各有不同，大約是「教育」一詞的範疇最廣，除可包含上列所有各詞外，尤指「**有關培植人才，訓練技能，以支應於國家建設、社會發展的事業**」。[2]「課程」則是「**為達成【上述】教育目標，由有關單位及人員考量教學內容、時數及成績評量等，所設計的教學活動科目**」（添加語句出自本書）。[3]

至於「教學」，指「**教師把知識與技能傳授給學生的過程**」。[4]陳麗華（2018：118）認為，「課程」與「教學」（以及「學習」）的寓意接近可以替換使用，乃因其「**疆界是流動的，關係是互有包容的**」；見圖2.1）。

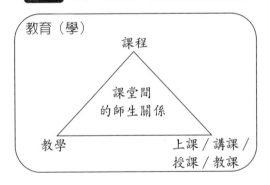

圖2.1　與「上課」有關的幾個詞彙

---

[2] 出自教育部重編國語辭典修訂本網路版「教育」詞條（見https://dict.revised.moe.edu.tw/dictView.jsp?ID=91872&q=1&word=%E6%95%99%E8%82%B2；上網時間：2022. 03. 13）。

[3] 語出教育部重編國語辭典修訂本網路版「課程」詞條（見https://dict.concised.moe.edu.tw/dictView.jsp?ID=18097；上網時間：2022. 03. 13）。

[4] 出自教育部重編國語辭典修訂本網路版「教學」詞條（見https://dict.revised.moe.edu.tw/dictView.jsp?ID=91826&q=1&word=%E6%95%99%E5%AD%B8；上網時間：2022. 03. 13）。

　　與上述較為抽象的詞彙相較，以下三者之意涵則多涉及課程內容的實際解說。如「講課」與「授課」的字典之意皆為「**講習功課**」，兩者顯可互通，[5] 而「上課」指「**老師教課或學生聽課**」，[6] 但鮮少反向揭示其為學生講課而教師聽課，此一由傳統定義延伸出來的爭議正是本章有意討論的重點（見下節說明）。

　　除了上述出自《教育部重編國語辭典》的基本界說外，「漢語網」有關「上課」的解釋言簡意賅，指「**老師在學校裡講課**」或「**學生【在學校】聽老師講課**」，兩者皆強調其（上課）屬一段由老師講述而學生聽課的單向教學路徑。[7]

　　「維基百科」未對「上課」設有獨立詞條，而是合併「授課」與「教課」立項：「**教師講授課業、傳授知識與〔予〕學生。教師或導師在上課時會教導一個或多個學生**」。「維基」並指其英文詞源 "lesson" 來自拉丁文的 "lectio"，「**代表閱讀和說出來**」，[8] 顯然亦將知識傳遞流程設定為由教師起始而終於學生但非反之。

（二）字典定義的延伸

　　合併上述來自字典的幾個基本定義可知，與「上課」有關的簡要說明俱都顯示了其內涵和外延實皆吻合由學校設計課程，並由學生學

---

[5]　出自教育部重編國語辭典修訂本網路版「講課」詞條（見https://dict.revised.moe.edu.tw/dictView.jsp?ID=95310&q=1&word=%E8%AC%9B%E8%AA%B2；上網時間：2022. 03. 13）。

[6]　出自教育部重編國語辭典修訂本網路版「上課」詞條（見https://dict.revised.moe.edu.tw/dictView.jsp?ID=132011&q=1&word=%E4%B8%8A%E8%AA%B2；上網時間：2022. 03. 13）。

[7]　https://www.chinesewords.org/dict/4914-668.html（上網時間：2021.10. 13；添加語句出自本書）。

[8]　https://zh.wikipedia.org/wiki/%E6%8E%88%E8%AF%BE（上網時間：2021.10. 13），此句引言亦未指明究是「誰」閱讀或說出來。

習的傳統模式，而教師則為課堂的教學中心所在，其任務就在將所知講授、傳遞給學生。

正如許宏儒（2017：359）所言，「十九世紀以來，西方與東方的教育學，對於學習的預設幾乎都是『**一個已經對於知識有著良好的認識的主體**』（教師），向『**一個被認為對於知識幾乎是不知道的個體**』，進行教育。這樣的一個主體（教師）向一堆彼此孤立的個體（學生）傳遞知識的過程，預設著教師的知與學生的無知」（括號內出自原文）。許宏儒特別在附注裡強調，教師的「知」常被認為是「全知」或應該要「全知」。

潘慧玲（2015）稱此「二元對立」，亦即「教師本位」相對於「學生本位」。而「上課」一詞當屬此二元對立的最佳寫照，亦即學生的「學」總是對立於教師的「教」，兩者在課堂的知識互動歷程涇渭分明而少交融，彼此無所對話也少了「**生命的參照、對照與詮釋**」（許宏儒，2017：359）。

如前所述，這種教育立論的假想在於教師擁有專業知識（見圖2.2內圈左框），授課時自當由其主導課程的設計、掌控與主導。學

圖2.2 傳統的「上課」概念與其所處內外情境

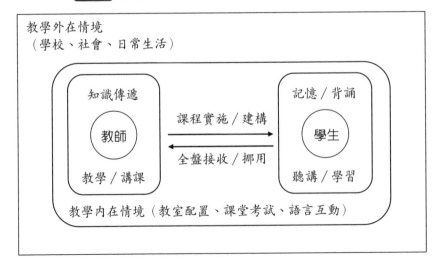

生則如一張白紙般地「無知」〔見圖2.2內圈右框；參見前引Tapscott所言的「空瓶」（empty vessel）〕，上課時只須聽講、筆記而後背誦、記憶，並在考試時正確地回答教師所擬試題以能獲得高分，如此就可習得並轉移老師所教且將其所教挪為己用；至於學生在課堂內既無須也不被期望扮演任何角色（仍見圖2.2內圈右框），靜坐聽講就好。

如圖2-2內圈左框以「教師為中心」的教學內在情境，過去不僅在中小學校習以為常，大學校園亦屬司空見慣。論者常謂此種教學特色忽略了學生在教育過程原應發揮的積極與主動參與功能，以致其所學多僅來自教師所授或教科書所言（見圖2.2中間的「全盤接收／挪用」），而與日常活動或社會現象脫節違論應用（見圖2.2上框「教育外在情境」），充其量只是習得一些難以發揮的「死知識」，不但無法應付快速變遷的社會形態，也難轉換其為「實踐智慧」（practical wisdom; Nonaka & Takeuchi, 2021），久之更可能失去創新本領。

圖2.2中間的「課程實施」一詞出自黃永和（2001：222），**「課程的教室實際歷程常被指稱為『課程實施』（curriculum implementation）」**（英文出自原文）。其意似與本書所稱的「上課」接近，但其隨後又稱「實施」因有教師由上而下的意涵而有「疑義」，建議改為「課程建構」（頁226），此處並列以為參考。

事實上，曾在臺北中山女高擔任國文教師多年轉而全心開創「學思達專校」並被視為臺灣「翻轉教育」先行者的張輝誠，[9]曾在其專書《學思達增能》（2018）指出，臺灣的國、高中教育問題只要從教師的**「傳統單向講述課堂上就能察覺」**，顯示「從上而下」的上課模式由來已久，其景堪慮（原文並未分段）：

---

9 此處引句出自《親子天下》（2020. 05. 13），由王韻齡所撰專文〈平凡老師自創「學思達」，張輝誠回臺開辦「不填鴨」學校〉，轉引自教育家部落格https://teachersblog.edu.tw/806/807/2073（上網時間：2022. 04. 07）。

……學生上課時，就只能跟著老師的嘴巴講解來學習、來閱讀，老師唸到哪裡、學生閱讀到哪裡，完全不能自主或自由閱讀，也就不能加快或放慢學習。……【如此一來】，知識來源【全】被老師壟斷。

老師單向講述的教學模式下，學生會慢慢習慣知識來源是由老師的嘴巴提供，一旦老師離開教室、離開學生，學生就會不自覺地失去知識的主要提供者和來源，因為學生沒有被培養出來主動探索、主動學習知識的習慣和能力。……

老師一旦只用單向講述，學生只能呆坐座位，只能專注而認真地望著老師，……單一樣貌的學習狀態愈久，某種程度而言，就是折磨學生愈久（添加語句出自本書）。

　　由上引觀之，如圖2.2所示的傳統上課形式在導入「108課綱」前顯仍普遍存在於國、高中校園，而大學廟堂何嘗不是。教授們習於夸夸其談，而學生上焉者奮筆疾書抄寫筆記、仔細聆聽以便考試能獲高分，中焉者玩手機、上網各行其是，課後向同學商借或交換筆記應付考試。下焉者則可能蹺課、玩社團、談戀愛、打工，反正**考取大學跟轉學、轉系都十分容易**，[10]幾可有恃無恐。

　　如此一來，「教」與「學」間的距離愈形遙遠，其因常出自於假想「師」與「生」乃是兩個無所隸屬的「兩造」（即前引潘慧玲所稱之「二元對立」關係，參見圖2.2左右方框），彼此功能相異：「師」的角色扮演乃在課堂「傳道」、「授業」、「解惑」，而「生」之任務則在「背誦」、「記憶」、「接收」、「挪用」課堂所學。「上課」成為單向的知識傳遞過程，而其所學難以應用遑論在日常生活實踐；正如前引Tapscott所言，兩者間「沒有經過任何一人的

---

[10] 語出《聯合報》馮靖惠撰〈世代拔河／學位價值觀崩落　從前擠破頭讀頂大　現在混不下去就轉學〉（https://vip.udn.com/vip/story/122865/6512805?from=udn-category；上網時間：2022.08.08）。

大腦」。

對傳統定義的反思與批判

-- 事實的記憶，只能經由身體感官獲得（按，指背誦）。此一假定不但扭曲學
習的整全意義，也把教育化約成訓練機械性例行公事的記憶力……。機械
教育……主要在訓練工具理性，……極端重視使用線性、邏輯與機械思想而
忽視並貶抑直觀……，提供了零散的訊息與破碎的學科而非整全的跨學科
（transdisciplinary）知識……（林建福，2012：18；添加語句出自本書）。

（一）再論「課程」、「教學」與「上課」之異同

　　上節業已針對何謂「上課」列舉了幾個字典定義，而在字典定義
以外實也曾有眾多研究者試圖解構師生關係，並揭櫫繼往開來、革故
鼎新的再定義。這種檢討多年來促成了「課程研究」的勃然興起，專
研學習者所學為何以及學習內容為何，兼也論辯如何以及為何學習等
議題（見下章討論）。[11]

　　嚴格來說，「課程」、「教學」、「上課」三者意涵略有不同。
王榮恭（2002）曾經多方引用文獻後說明，「課程」原意本指「跑
道」，後則延伸為「學習的進程」（course of study）以及透過此
一進程獲致的教育效果（參見本書第三章第二節第四小節Pinar有關
「跑道」之言）。

　　王榮恭（2002）因而認為「課程」的涵義包含了「正式」（如
透過教科書所規劃的知識內容）與「非正式」（如與日常生活有關的
文化習性與道德訴求）的教學經驗，深具主體性、實踐性與動態性，

---

[11] 改寫自「國家教育研究院」資訊網「課程研究」（curriculum study）詞條
（周淑卿撰寫），見https://terms.naer.edu.tw/detail/1314062/（上網時間：
2021. 11. 08）。

其定義理當涵蓋教學而非反之。

另有甄曉蘭（2004）強調，「課程」本屬流動形式（moving form）不易套入固定模式，「就好像【不同季節的】瀑布【水流量】一樣，是一種動態的形式與結構，持續不斷地改變，永遠不一樣，但總還是保持一種原本狀態（integrity），讓人得以認出其還是同一個瀑布」（頁230；添加語句出自本書，英文出自原文）；其隱喻恰如其分地解釋了「課程」的易變特質，常隨學術典範或教育思潮變遷而出現不同設計與配置。

至於「課程」與「教學」之別，可參照謝易霖（2017：251）所言：「**兩者的關係正似地圖與行動，課程在理念層次打開了我們的視野；教學則是課程實踐。前方的路一直是未知的，而地圖開啟了想像，仍待我們踐履。**」

有趣的是，謝易霖（2017：251）此語乃延續了歐用生（2003：382）對理論與實際的觀察，「**理論和實際是相互驗證、相互形成的**」；換言之，謝易霖認同歐用生的稍早觀點，即課程理論與教學乃是「相為表裡」的現象。

實則歐用生（2010：201-202）另曾指出，就學理而言，「課程」（curriculum）與「教學」（instruction, teaching, or pedagogy）兩者的結合「很像是『被安排的婚姻』，……各有不同的研究主題和內容」，前者（課程）指「計畫，……重視教育經驗的功能（what），而非教育經驗是什麼（is），……是為均一的團體中的『沒有臉的人』（faceless people；按，指學習者）設計的……」（英文均出自原文）。

歐用生（2010：210；英文出自原文）認為，「**教學是一種存有的形式**，……它的語言是詩性的、詮釋學的、現象學的、生命具現化的（embodied），在人說話或生活的故事和語言內。」

由其所述觀之，歐用生顯然與謝易霖看法稍異，認為「課程」理念層次較高，是教育單位或學校為達成教育目標而為教學者與學習者設計、規劃的一套套授課內容與進程。而「教學」則是教學者透過語

言與文字，反映、詮釋、講授、傳遞自己擁有的知識內涵。

　　換言之，「課程」多在反映各科目（領域）的知識如何建構以及建構之（哲）理何在，而「教學」則是落實課程建構的策略與方法（黃永和，2001：210）。[12]至於「上課」，當是任課教師掌握課程設計與教學策略後的實際流程安排，屬執行層次。如此一來，三者意涵重疊而僅有層次之別，實務上也常交換使用並無窒礙。

（二）對「課程」、「教學」與「上課」意涵的批判

　　多年來，針對「課程」、「教學」與「上課」所論為何的反思直可謂不絕於耳，以下三者足可用來借鏡：

1. Freire的「批判教育學」（critical pedagogy）[13]

-- 我必須再強調一次：教學不單是機械性地由教師把學習內容傳輸給被動等著接收的溫順學生。我也要再次強調，從受教者的知識出發不意謂著必須永遠繞著這些知識打轉。出發（starting out）字面的意思是要從起點動身，從這點前往另一點，而不是指滯留（sticking）、固守（staying）。……從「已有的經驗知識」出發是為了超越而不是為了固守那些知識（方永泉、洪雯柔、楊洲松譯，2011 / Freire, 1994: 71；英文與底線重點皆出自原譯著）

---

[12] 延續前註，黃永和（2001：200）歸納多家之言後說明「課程」的定義繁雜且歧異，認為這些「雜多」的定義卻也代表了「不同聲音的動態性」，在「領域上充滿著複雜性，概念上充滿著多元性」。黃永和自己的「課程」定義則是，「教室實際歷程中由師生所共同創造的教育經驗」（頁201、222），其意與本章所談的「上課」意涵接近。

[13] 宋文里（2006：6）指出，臺灣的教改運動雖然曾經風起雲湧，但鮮有引介「批判教育學」，以致首先引發「批判教育學」思潮的P. Freire解放教育理念乏人問津。張盈堃、郭瑞坤（2006：288）則解釋，當年（約在上世紀末以前）在臺灣的學術氛圍（尤其師範體系）多認為「Freire的立場是左派，……甚至是共產黨，所以他們（按，指大學教育學者）避免這東西，因而沒有人開課討論這東西，……對批判就是把它看成是很左的東西。」

南美巴西殖民教育學家P. Freire（1921-1997）的經典名著《受壓迫者教育學》（*Pedagogy of the Oppressed*；方永泉譯，2003／Freire, 1970/2000）就曾強烈批判傳統教育觀念，指其習視學生為「空的容器」（上引Tapscott之言，顯然出自Freire此處所說），而教師之職就在「填滿」知識。或視己如「存款者」（depositor），只需將相關知識「存放」（depositing）在學生帳戶，有朝一日即能自動「生息」增長其見聞並完成教學任務（方永泉，2003：108／Freire, 1970/2000）。[14]而對學生來說，他們在這種教學制度下就只成了「**儲藏事物的蒐集者或兩腳書櫥**」，缺乏創造力也沒有改造世界的動機與能力。

換言之，在類似中文用語「填鴨式教育」的傳統教學過程，知識是由學富五車、知識淵博且領有專業證照的教師「餵給」常被視為一無所知的學生，其目的僅在「填飽」這些理應藉由教育過程「探索」未知世界的學習者。然而一旦習慣這個模式，學生勢必只能接受並跟著教師指定、規範、管制的知識內容而無意於挑戰、改造、批判已知，若要他們超越現有知識以期解決實際問題無異緣木求魚。

Freire稱此「囤積模式」（banking model）的教育過程（方永

---

[14] Freire的教育哲學深邃而富影響性，曾被譽為「可能是二十世紀晚期最重要的【批判】教育思想家，【此書】早已是拉丁美洲、非洲與亞洲最常被引用的教育經典之一」（Smith, 1997, 2002；引自方永泉譯序，2003／Freire, 1970/2000: 40；添加語句出自本書）。有關Freire的生平介紹，可參見施宜煌（2011）；Freire的批判教育學內涵，可參見簡妙娟（2017）、李奉儒（2006）。方永泉（2012：1）曾如此稱許：「Freire不僅是一位摩頂放踵的教育實踐家，也是一位思慮精深的教育理論家，他的教育實踐活動不知道激勵了多少教育工作者積極投入社區及成人教育的活動，而他的教育思想也在當代教育學術研究中投下了巨大的震撼彈，有人甚至形容他的代表作《受壓迫者教育學》（*Pedagogy of the Oppressed*）可能是二十世紀下半葉最重要的教育哲學著作」（英文出自原文）。

泉，2003／Freire, 1970/2000），指其教導出來的學習者僅知背誦卻無創造性思考，久之難以發揮想像力也無法即興應變。知識交流徒然成為擁有者（教師）傳送「禮物」（知識）的單向線性過程，學習者既無批判意識亦無自主觀念，反易將其所受教育視為統治階級的「恩賜」（方永泉，2006：33），失去了反省教育的本質甚至因而「**締造一個堅固的非人道的社會**」（張盈堃、郭瑞坤，2006：267）。

　　Freire（1970/2000／方永泉，2003）認為，若是受教者（學生）深信這種「囤積」式的學習能像存錢一樣只要努力就能日積月累地增加「財富」，或是透過背誦與記憶有朝一日就可「值回票價」甚至「物超所值」，極易由此陷入了「受壓迫者」的慣性，即便如此長期聽命於教師的學習模式，常令他們痛苦不堪或不快樂也難改其志。

　　相較於「囤積模式」的教育方式，Freire改而提出「提問式教育」（problem-posing education）概念，力主「對調」教師與學生的角色，即：

> 教師不僅是教師，在教學過程中，他同時也成了學生；學生不僅是學生，……他同時也成了教師。……這使得原先傳統教育中所謂的「學生的教師」（teacher-of-the-students）與「教師的學生」（students-of-the-teacher）不復存在，取而代之的是兩個新名詞：「同時身為學生的教師」（teacher-student）與「同時身為教師的學生」（students-teacher；方永泉譯，2003：62／Freire, 1970/2000；英文均出自原譯文）。

　　如此一來，傳統的「教師—學生」身分頓時翻轉，「上課」或「講課」不再只是老師自己的事，學生也須（甚而樂於）積極且主動地參與課堂活動並與老師、同學對話，交換想法。

　　而對授課教師來說，學生提供的想法亦可讓其領悟「講課」猶可改進之處，從而得在下次上課（指下週或下學期）找到更適合吸收的

教學方式：「教師不再只是『那個』教導的人，……也受到了教導；學生在接受教師教導的過程中，學生本身也在教導教師」（方永泉，2006：40；雙引號出自本書）。

而此處所言的「那個」，顯指教師原只習於「發號施令」而少視己身亦為學習者，多置身於教學過程之「外」而未實際參與或融入。

若用宋文里（2006：12）的詮釋觀之，「雙方的關係是以交互移情（empathy）的瞭解來維持的，……爲了能起作用之故，權威【如傳統教師】必須站在自由的一方，而不是站在對方」（添加語句出自本書）。

換言之，教育並非由某人（如教師）為另個人（如學生）所實施（即A "for" B），而是兩者攜手共同實踐（即A "with" B）；其言一語道破了「上課學習」的真諦，有其新時代意義而極具啟發性（方永泉，2012：19；參見本書第四章結論一節的圖4.2「新上課模式」）。

總之，Freire的理念基礎就在提倡讓受教者（學生）對所學過程「醒覺」（王慧蘭，2006：67），[15]從而意識到自己可在此過程成為掌握知識傳遞的「主體」，而教師僅是「啟導者」與「點火者」而非

---

[15] 如Freire《受壓迫教育學》（1970／2000）中文譯者方永泉教授另本專著（2012：4）所稱，在追求教育解放的過程中，關鍵在於「受壓迫者本身意識的覺醒（conscientization）」，其譯法顯與王慧蘭的「醒覺」不同。方氏並謂，「覺醒」一詞指受壓迫者除能覺察所受不公待遇外，還要能「採取行動，反抗現實中的壓迫性因素」（頁37），「從其所身受的宰制及剝削情境中脫離出來，……學習到對政治的關心，……重新以批判的眼光來解讀這個世界」（頁258）。

此外，馮朝霖（2006：145）曾將「醒覺」或「覺醒」譯為「自覺」，認為其乃人的本性，是人能意識到的未完成人性，更是對受教者的「可能性」、「發展性」、「自發性」、「自願性」、「需求性」與「依賴性」的關注與尊重。

綜合觀之，方永泉、洪雯柔、楊洲松譯（2011／Freire, 1994）第四章曾針對conscientization有較多說明。

「主宰者」。如此一來，其學習動機理當更為主動、積極而非受制於教師或教科書，反思性也遠較囤積模式為強。

在Freire的認知中，教師仍是課堂活動的主要策劃者與發動者，只是其教學策略應從以往「以教師為中心」的「垂直」模式（指純然的知識傳遞）調整為「以學習者為中心」，兩者互為主體性地透過對話與溝通來深度理解，進而從傳統的上對下知識權力關係解脫（放）（李奉儒，2006）以臻「視域融合」（此四字語出張盈堃、郭瑞坤，2006：278）。

2. 日本教育學者佐藤學對「上課」意涵的剖析

-- 佐藤學在研習會時提及，老師講一句有用的話勝過十句廢話。老師說話要簡約，多說一句就是多餘。他又說老師的聲音表情會影響學生的思考。老師說話切忌高亢激昂。在不穩重、不清靜的教室裡面，師生都不可能聆聽別人的聲音，能聆聽才表示參與其中，這是「學習共同體」的基礎。老師教學時的首要任務就是細心照顧每一位學生，將孩子的意見做有意義的串聯，甚至編織成多層次的概念織物，然後提出有挑戰性的問題，讓學生有「伸展跳躍」的學習機會（陳麗華，2013：43）。

日本東京大學教育學研究科教授佐藤學（1996／黃郁倫譯，2015）是近年來投入「課堂研究」（lesson study；意指「觀課」）最為深厚的教育學者，除曾多次在日本境內並也屢屢前往各國察看教室上課實況，累積已有超過一萬間的教室觀察經驗。[16]

---

16 「超過一萬間的教室觀察經驗」出自衛理女中網頁（上網時間：2022. 03. 20，見http://uranus.wlgsh.tp.edu.tw/wesley/2016/news_page/news_content. php?ID=1570）。歐用生、章五奇（2019：179）指出，日本稱lesson study 為「授業研究」，而歐用生使用「課業研究」，指在學校「觀摩、學習教師的授課方式」，臺灣習稱「觀課」、「議課」、「備課」，簡稱「觀課」。

　　「他右手拿相機，左手拿著錄影機和腳架，鏡頭永遠對準學生。雖然他已經走過一萬間教室，但還是不停下腳步，一步一腳印的在每一間教室裡專注的看著學生……。」這是臺北市新興國中校長謝勝隆對佐藤學的描述，而後記錄在《親子天下》雜誌企劃、出版的專書（陳雅慧，2013：28）。

　　根據佐藤學（2000／李季湄譯，2003：1；添加語句出自本書）的自述，如此觀察的目的是要能與「教室裡的學生和教師【共】同呼吸的」：

> 與其說我想在教室中發現什麼，還不如說我想把教室中所發生的一切全部都收納於心。錄像也是如此。我的目光如攝影機、照相機那樣，不斷反覆地調整著焦點和廣角，以期把所看到的一切作爲一幅幅圖像如實地紀錄下來。教學是充滿活力的，如果我沒能與教室中的一個個學生和教師共鳴的話，那麼，眞實而生動的觀察是不可能的。

　　佐藤學也極為關心臺灣中小學的「課堂教學翻轉」議題，每年都來臺灣三、四次，「全臺灣只剩下澎湖和馬祖沒去過」（陳麗華，2018：109）。他多次來臺觀察的經驗卻發現，「臺灣的課堂教學是世界先進國家當中，少數沒有改變的地方。」其言因而讓新北市秀山國小校長林文生（2013：55）嘆說，「臺灣【再不改變，就】很可能會成爲教育的歷史博物館」（添加語句出自本書）。

　　佐藤學尤其關注推廣「學習共同體」的改革理念，期盼打破傳統教學體制，化學生的被動學習為主動，「藉此跟【上課】神遊發呆、打瞌睡說『掰掰』」。

　　佐藤學認為，臺灣的教育制度與早期的日本類似，都採以教師為中心的單向教學模式，「老師在臺上滔滔不絕講課，學生只能在下面聆聽，反而造成學生上課發呆、睡覺，變成『從學習中逃走』的問題」（佐藤學，1996／黃郁倫譯，2015）。

為了改善這種眾人習以為常的教學模式，佐藤學提出要從 learning[1] 的「知識學習」過度到 learning[2] 的「學習方法的學習」，再往前延伸而至 learning[3] 的「核心素養改革」。

歐用生（2018：132；原文未分段）曾用下列譬喻說明、延伸佐藤學的想法：

> 第一層次的學習，就是別人釣魚給他吃，第二層次的學習是自己釣魚自己吃，第三層次……是不僅要用魚竿釣魚，還要自己去做魚竿，也就是發展自己的觀點，形成自己的心智工具，或是心智框架，來管制自己的認知，讓自己的認知看得到，所謂的後設認知。
>
> ……我認為這樣實用、創新、創意、想像，自己實作的能力，或看到自己的優點、缺點，掌控自己的進度，可能是今後我們課程設計如何達成，教科書的發展如何達成，教學如何革新，……最重要，也是核心教育最重要的一個課題。

在佐藤學最為強調「教室的改革」，認為「學校改革的核心在於教室的改革」（1996／黃郁倫譯，2015：28），曾經分從「時間」、「空間」與「教室語言」等面向分析傳統教學的特徵。

在「時間」面向，佐藤學認為學校（其指中小學）多被規劃為「一階一階往上攀升的【直線式】階梯」（1996／黃郁倫譯，2015：166；添加語句出自本書），以年級來區分所有教材與學習，有如工廠生產線般地組織成單一方向且只能往前而不容許回頭（參見上章所引「教育4.0」）。教師的授課內容也被「均質化」，亦即每門課都有固定且預先設定務須按時完成的教學目標（如常有「趕進度」現象），多透過考試來檢驗其是否達成且成果若何。

而在「空間」面向，佐藤學認為最能展現傳統知識傳遞的特徵就是教室內的「講臺」與「講桌」：一旦教學者站在講臺上以高人【按，指高於學生】一等之姿講課，或站在講桌後方「……**讓雙手支**

撐身體，以保持安定狀態」，就「代表……從中心向外，以放射狀投射的監視眼光，**讓教師位於上意下達的傳遞系統的中心位置，發揮權威化作用**」（1996／黃郁倫譯，2015：172）。

桌椅的配置同樣也有空間權力象徵：「【一律】朝向黑板整齊排列，構成適合傳統授課方式……，方便教師單向的傳達與說明，更明確展現以教師為中心，……如同【法國社會學家】傅柯（Michael Foucault）所說的『圓形監獄（Panopticon，又稱全景敞視空間）』般的權力空間」（頁174；括號內英文出自原書，添加語句均出自本書）。

至於教室的「日常語言」對話，佐藤學（1996／黃郁倫譯，2015）將其定義為「教室語言」，亦足以反映傳統教學模式的特殊性。

例如：一般對話常是不知道答案的人（如問路者）向知道答案的人（如警察）詢問以能獲取資訊。但在傳統教室裡，卻反過來是知道答案的人（如教師）向不知道答案的學生提問，前者還會在問答過程後評價一番方才終結對話。一旦學生回答不能符合教師的預想答案，與日常對話形式反向的師生互動還會持續直至教師滿意，顯示其握有強力主導對話的權力。

佐藤學認為，若要改變教室語言的對話特徵，理當改以學生的疑問（而非教師的詢問）為基礎，讓其「樸直的提出問題……或者是在聆聽他人的應答後觸發的反應，讓自己與他人的應答激盪出火花」，如此一來一往就能產生「多元並相互交集的【教室】語言空間」（1996／黃郁倫譯，2015：183；添加語句出自本書）。

3.加拿大教育學者C．Ruitenberg的反思

加拿大英屬哥倫比亞大學教育系專研教育哲學的Ruitenberg（2009）教授所撰短文言簡意賅，其所述雖然未曾受到如上兩例的廣泛重視，但鞭辟入裡仍有啟迪之效，有關「上課」的諸多譬喻尤能發人深省值得關注。

　　Ruitenberg強烈抨擊傳統事先安排且以考試成果為評鑑基礎的教育方式（predetermined outcome-based education），認為這種凡事講求學習效果的測量設計實屬「錯誤教育」（miseducation, p. 266），不但失去了其原本應有的開放與民主內涵，也讓學生依附在「科學管理」的教學原則下失去了自由探索世界的樂趣（見下章第二節第一小節第二點有關課程研究者R. W. Tyler理念的討論），遑論在學習過程找到意外驚喜（unforeseeable learning; 見p. 267）。[17]

　　Ruitenberg（2009：266-267；添加語句出自本書）強調，「**教育體驗【理應】出自學生充分利用以往經歷的內在因素與課程【提供】的種種外在因素兩者相互作用的結果**」，無法提前準備亦難穩妥預知。

　　這個「相互作用」（interaction）的說法出自美國著名教育哲學家J. Dewey，其始終認為「附帶學習」（collateral learning；指對所學內容養成的某種情感或態度）[18]遠較「預期學習」（intended learning）更為重要，乃因照本宣科的教學方式常阻礙了學生在意想不到的「偶遇」之處覓得鑽研知識的樂趣。[19]

---

[17] Ruitenberg此項批評（以考試成果為評鑑基礎的教育方式）也曾獲得佐藤學的呼應。如歐用生（歐用生、章五奇，2019：188）曾經提及，佐藤學「發現臺灣老師行為主義的觀念還沒有改，經常看到老師給分數、給獎勵，他覺得應該儘量不要用這種方式鼓勵學生。他到臺灣無論哪一所學校，都會看到這種情形，這在日本已經漸漸看不到了。」

[18] 鮑世青（2013：169）曾將"collateral learning"譯為「同時學習」並探尋其出自Dewey（1997）所撰*Experience and Education*的"Criteria of experience"篇章，謂其有助於「持久態度」（enduring attitude）的養成，也對學生的未來有重要意義。

[19] 政治大學教育系馮朝霖教授（2006）曾經撰文演繹「教育美學」的概念，其意與Ruitenberg此處所言接近。他指出，「學習的本質就是邂逅，沒有真正的邂逅就沒有深刻的學習」（2006：150），而教學者的責任就在「既謙卑地護衛學習者的自由，……也縝密與巧思地提供學習者探索、尋

Ruitenberg（2009）也曾另採「設計」（design）概念強調，任何建築師（architect）都不指望使用者全數依其規劃來運用空間，反而常依使用習慣、喜好程度、方便與否來調整原先安排以期更能為己所用，即便此舉可能違背了建築師的原始設計意圖與想像也不在意。

同理，教師不應指望學生完全依其安排的課程進度學習，理當提供適當空間讓學生恣意揮灑，「一個世俗的空間（a worldly space）、一個多元且有差異的空間、一個可以出現自由（freedom）的空間、一個奇特且獨特的個人可以進入這個世界的空間」。[20]

Ruitenberg（2009：270）隨之借用法國社會學家Derrida的「好客」（hospitality）概念延伸說明：教師妥當安排課程而後依此控制講課進度就像是沒有「好客倫常」（ethic of hospitality）的主人，不但規定聚會遊戲、拒絕臨時與會的不速之客，還事先決定每個人能在宴會的開心程度，使得賓主勢必無法盡歡。

Ruitenberg（2009：268）繼則延續Derrida所言敘明，真正的好客主人應能敞開大門無條件地歡迎不請自來的陌生人（stranger）且不考量此人是否值得款待，更要避免以類似警察的問話方式詢其背景而應先行自我介紹。如此一來，主人難免會有暴露住家的風險（to put your home at risk），但也唯有如此才能彰顯「好客」的真正意涵，而讓即便是生客亦有「賓至如歸」的自在。

覓與嘗試的豐富可能性，使學習的體驗充滿『希望的象徵』」（2006：152）。

馮氏的「邂逅」一詞係用德文"Begegnumg"，類同於英文的encounter（偶遇），可解釋為在生活世界「遭遇的機緣性（contingency）（不可預期性）與驚奇，在教育與學習世界則意味歷險與探索的自由，……有助於發現教育美學與人之基本存在的微妙關聯」（p. 150）。

[20] 此處引句是Ruitenberg（2009：271）引述荷蘭籍現任教於愛爾蘭的教育學者Gert Biest所言。

制。

馬蹄形教室因而進一步成為圓形講堂形式，每位成員皆可平等地參與課堂教學活動，主從位置不再由教師統一決定，反而像是「積木」（lego）般地可以隨意組合、排列。

隨著時代演進，大學相關教學環境如今業已漸從傳統的「教師導向」轉而更為重視學生如何在教育過程成為「知識的共創者」（co-creator of knowledge）與「發（追）問者」，「教」與「學」的角色互換改由學生不斷提問並與教師持續互動以能成為深具批判力的「共同探究者」（co-investigators）。

正如美國加州大學柏克萊校區心理系教授Davis（1993: xix-xx）在其專著所稱，多時以來的傳統大學上課模式就是由教授講授並提供有價值的授課內容以備學生抄寫並在考試獲得高分。然而較新的教學理論則認為，「有效教學」（effective teaching）必須奠基於以下四項：

-- 以適合學生能力的方式組織並解釋教學素材；
-- 創造適合學習的優良環境；
-- 協助學生自主學習、自我調節；以及
-- 反思並自我評價其教學內容與策略。

臺灣國家教育學院教科書研究中心研究員李涵鈺（2018）延伸了上述Davis的說法，認為「教學」詞彙一向暗指「先教後學」，多在探索老師如何教而讓學生照本宣科地「受教」。素養導向則強調「學」與「教」（「學教」）的反向思考：老師雖仍是課堂的靈魂人物，但其角色已從傳統的「指揮」、「帶領」轉變為「引導」且不時「邀請」學生進入教學過程，共同建構、探究、深思知識的內涵。

如圖2.3所示，老師的功能已如前述本應在於建立「學習鷹架」

（scaffolding），[24]以提示、支持、激勵學生自主學習甚至相互砥礪，教師可從學生學習過程得知課程結構以及課堂講述的優劣，從而修改、調整並轉變原有設計，學生則能從老師示範的教學模式嘗試自我探索，繼而找到自己最有興趣與樂趣的學習方式。

因而教與學的關係不再分離或對立（參見圖2.3虛線線框），而是彼此融入且相互伴隨，共同探索課堂知識並嘗試創新課程規範所授內容。而上課內容也不限於教科書所及，而能與社會接軌、與學習者的生命歷程接軌、與日常生活接軌（見圖2.3外框；可比較圖2.2）。

圖2.3 轉變後的「上課」概念與其相關情境

（虛線表示彼此間互動、相關）

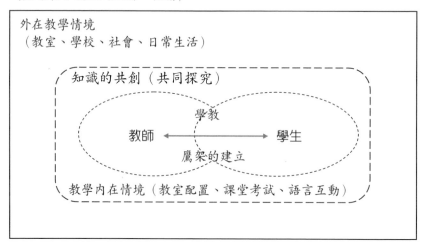

----

[24] 根據「國家教育研究院」的定義（劉威德撰寫；見https://terms.naer.edu.tw/detail/1315766/；上網時間：2022. 06. 19），「鷹架」概念出自前蘇聯心理學家Lev S. Vygotsky，意指教師的角色應如蓋房子的鷹架般成為學生的「支架」而非「指導」，一旦學生學習能力增強，「如同房子蓋好後，要把鷹架逐漸移開。」

　　唯有如此，大學課堂方能轉換過去的靜態施教方式而與外在情境產生動態關聯，並讓學習者得有機會實踐所學，進而應用於日常生活。

　　以下三章是本書的第一部分，討論「課程理論的沿革與演進」，旨在透過探尋「課程研究」的演變興革提供本書學理基礎，以便接續在第二部分以教學實例說明如何執行與前不同的大學「上課」模式。

「上課」的理論意涵：「課程研究」[1]與 A/r/tography（遊藝誌）取向

-- ……教師在教學過程中【有其】無可取代的重要性。教師必須對知識有充分的理解，配合學生的認知發展階段，設計「螺旋課程」，巧妙的運用教學輔具，引起學生的學習興趣，而且鼓勵自發性的直覺思維，讓學生主動探索知識，解決問題。輔具雖然五花八門，但師與生之間產生的互動與關係仍然是教育過程中最珍貴的。……【而】在「教」與「學」的師生互動過程中，學生是學習的主體，但教師是教學的主導者，……有其責無旁貸的重要任務，也有無可取代的地位（鄧宜男，2007：184；添加語句出自本書）。

　　如前所述，我的近三十年大學任教歷程雖曾定時發表學術專業領域（新聞／傳播）的研究成果（見第五、九章討論），卻從未接觸有關「上課」的任何研究文獻。直至因緣際會地閱讀了「課程理論」資深研究者如Pinar以及已故歐用生教授所著諸多論文與專書後始有「一見如故」之感，受惠良多而得檢討自身以往教學經驗，逐步建立自認為頗為意氣相投且如本書所述的一些基本想法。

　　以下三章寫作之旨即在討論「課程研究」的發展變遷、典範轉移、新起內涵以及小結與檢討。

　　第三章首先回溯課程研究的核心概念，接續說明「後現代主義」興起後對課程理論的衝擊以及研究者如何接續提出如「再概念化」的

1　本書未予區分「課程理論」與「課程研究」，合併討論。

嶄新課程典範與方向。

第四章係以崛起於加拿大英屬哥倫比亞大學（UCB）教育領域的A/r/tography取向為基底，闡述其如何以及為何在課程領域引進「美學／藝術」概念。

第五章為第一部分的小結，整理相關理論核心概念以期能為第二部分的實例解說鋪陳相關論述。

此處所談的課程理論／研究相關概念雖不盡然與大學校園的上課模式完全契合，但其所涉教育理念與思維則頗一致，值得參閱。

第三章 「課程研究」（curriculum studies）的演變與興革

從「現代主義」到「後現代主義」的課程觀

一　概述：「108課綱」素養導向與課程研究的可能關聯

依前章所示，一般大學教師（含本書作者）對何謂「108課綱」以及其所涉課程精神多不理解也不關心。即便在此2022年課綱實施後第一屆高中生次第進入大學之際，諸多大學教授仍持慣（舊）有教學理念來冀盼應屆考生的基礎學科訓練理當一如過往地「扎實」，而未關注這些改由素養取向培育的新世代考生究竟擁有了哪些與前不同的多元表現，顯然臺灣教育的課程改革猶有「最後一哩路」尚待克服。

如在2022年5月底前後，適逢111學年大學個人申請第二階段口試正要開展之際，《聯合新聞網》報導，「新型學測只考部定必修範圍，對大學端教學造成衝擊。臺大教授預言，以理工醫農專業學系為例，若只有部定必修的自然科基礎，大學會唸得很痛苦。……幾名臺大化學系口試委員感嘆，今年考生答非所問，重要觀念混淆的情況，比往年嚴重」（底線出自本書）。[1]

如上引新聞報導所示，受訪的未具名大學教師認為此次應考高中生的基礎學科訓練不夠、重要數理觀念混淆、情況要比往年尤為嚴

---

[1] 見https://udn.com/news/story/6925/6352322（刊出時間：2022. 05. 31；上網時間：2022. 06. 01）。

重。而觀其比較對象顯然是舊制高中生，殊不知過去側重基礎學科訓練的課程設計與教學方式，正是「108課綱」念茲在茲所欲變革並改以核心素養與多元取向替代的種因。

《聯合新聞網》次日另則報導論及同校文史領域教授的面試心得，所述與上引完全不同（添加語句出自本書）：「面對108課綱首屆『小白老鼠』考生，臺大歷史學系副教授許雅惠也在臉書分享口試所見，……【認為】有別於以往，今年高中生說起想進歷史系的理由較有說服力，不像空口說白話。不少學生在學校經過社會科『探究與實作』課程的洗禮，對於如何作小計畫、寫論說文（小論文），開始有概念。談起探究過程，能有條理地說明那些接觸到的人、事、物或史料，有的學生還能檢視成果的不足、提出改進之道，這些都是過去很少見到的。」[2]

以上兩則有關「108課綱」新制面試考生的新聞報導所言迥然相異，反映了大學端（尤其頂尖大學）究竟如何選才至今恐仍意見分歧、莫衷一是。

實則此一針對中小學課程的調整，堪稱臺灣教育界多年來的最大變革，未來勢必衝擊大學教育的上課方式與教學內容，值得關心。若部分（如非大多數）大學教授仍不亟思調整其對未來學生的殷殷期盼，教學失落感的負面情緒勢將愈趨嚴重，上課熱情與理想久之或也消磨殆盡。

淡江大學課程與教學研究所教授陳麗華（2018）曾在一場論壇表示，臺灣中小學的傳統教學模式（指改為素養導向之前）多以「講課」與「傳授知識」為主，受限於課程進度的規範而常由老師「灌輸」以致學生只能接收、記憶、背誦，無法活用也難培育「學習遷移」的能力，[3]「如同感恩節大火雞裡面的填料，填了很多東西進

---

[2] 見https://udn.com/news/story/6925/6357513（刊出時間：2022. 06. 01；上網時間：2022. 06. 04）。

[3] 依「國家教育研究院」的解釋（李淑慧撰寫），「學習遷移」（learning

去」（頁111）卻少了整合與反芻的本領；其所談正是上述側重基礎學科訓練的舊制教學模式。

　　陳麗華認為，類似「108課綱」的引進實則代表了教育哲思已從傳統教育領域以客觀、實證為主要內涵的「行為主義」（behaviorism），[4]轉向改以「學習者」為主體來營造學習經驗的「建構主義」（constructivism）[5]：「……其實，仔細檢核班級經營的教學大綱和教學實務，大都是行為主義的想法與作法，所有教學操控都是行為主義的想法。……總之，以行為主義的外塑策略，附隨競爭的刺激感，基本上不是素養導向，不是一種建構的想法」（頁115-116；底線出自本書）。

　　上引陳麗華所言，勾勒了啟動「108課綱」的背後教育哲學與義

---

transfer）指「在學習一件事物之後，對學習另一件事物的影響」，有可能「正向」也可能有「負向」作用。另也有「水平」與「垂直」遷移的實效，前者（水平遷移）係將「已學到的經驗推廣應用到其他類似且難度相同的情境」，而後者指提升學習經驗到更高層次。參見：https://terms.naer.edu.tw/detail/1314356/（上網時間：2022. 03. 16）。

[4] 「行為主義」是興起於十九世紀末、二十世紀初期的心理學流派，認為可以仿效自然科學絕對控制環境變項的研究途徑，客觀地觀察與直接測量（尤其是實驗法）而歸納出人（以及動物）的外顯行為，至今仍為心理學的主流學派，影響所及在其他社會科學領域（如教育學）猶有舉足輕重的地位〔可參見：「國家教育研究院」教育大辭書之定義（由鄭芬蘭所撰），https://terms.naer.edu.tw/detail/1305296/；上網時間：2022. 05. 12〕。

[5] 「建構主義」（也譯作「結構主義」）源自認知心理學，尤其瑞士學者Jean Piaget（皮亞傑）的貢獻最為顯著，強調學習本是學習者基於原有知識經驗而後建構理解並產生意義的過程，其內在常與環境互動而造就知識的學習，主體的認知尤為重要，無法透過客觀途徑將觀察者獨立出來再對客體進行純客觀描述。其論點與上述「行為主義」幾可謂之相反，可參見：「國家教育研究院」教育大辭書之定義（由洪振方所撰：https://terms.naer.edu.tw/detail/1307359/；上網時間：2022. 05. 12）。

理係從行為主義代表的傳統教學定義轉向建構主義，意味著如第二章討論的「標準化」教學模式（如「以教師為中心」、「以固定教科書為教材」、「以完成進度為教學目標」、「以制式考題高低為衡量學習成就」等要點）在「108課綱」均改以「多元取向」為核心，傳統由老師講授而學生專心聆聽的線性上課模式亦已調整為師生共創與互動（見第二章圖2.3；參見黃永和，2001：第五章），其轉折難謂之不大。

綜合觀之，究竟課程設計的哲學義理曾有哪些調整與變化、其核心精神為何、「行為主義」與「建構主義」的課程理念與上課模式又有何種差異、肇因為何，此皆本章有意探索的重要議題。

二 「課程研究」的「現代／後現代主義課程觀」

（一）課程研究的興起與濫觴：J. F. Bobbitt與R. W. Tyler的貢獻

1.J. F. Bobbitt的「課程行政」概念

嚴格地說，課程研究在二十世紀初方才崛起（王恭志，2002），在此之前尚少組建系統性的學術探討（可參見甄曉蘭，2004，第一章第一節之回顧），即便曾有持續不斷的課程改革呼聲卻遲遲未成氣候。

詹棟樑（2002：502）曾舉出十九世紀課程研究的路線，一是德國教育家J. F. Herbart提出的課程理智價值路線，強調身心的陶冶；另一出自英國教育家H. Spencer，主張課程的功用價值，重點在於維護人類生存與生活。前者影響歐洲課程編排甚巨，後者則成為美國課程研究主流，但彼此涇渭分明，各自發展。

直至二十世紀初葉，課程研究逐漸在美國教育學領域受到重視，但南轅北轍的論點爭辯僵持不下，彼此間無論針對理論內涵或實務走向均難獲共識（單文經，2007：55）。

一般多視芝加哥大學教育行政學教授J. F. Bobbitt（1876-1956）

所著*The curriculum*在1918年的出版為「課程【學術】領域的誕生之年」（許宛琪，2009：3；添加語詞出自本書），[6]而該書則為領域「發軔之作」（黃永和，2001：3、135），不僅是「【美國】教育史上第一本課程專論著作」（甄曉蘭，2007：20；添加語詞出自本書），亦是「奠定課程理論基礎的重要里程碑」（甄曉蘭，2004：20；許宛琪，2009：3），[7]曾被譽為「創制了教育新紀元（epoch-making）」（甄曉蘭，2007：36；英文出自原文）。

Bobbitt篤信任何課程設計均須納入可資評斷的成果（效果），尤其關注學習過程是否達成原始設定的教學目標，難怪「維基百科」詞條稱其為「效率型思想家的代表」（*A representative of the efficiency minded thinkers*）。[8]

Bobbitt隨後也曾出版其他相關論著如*How to make a curriculum*（《如何編製課程》，1924）與*The curriculum of modern education*（《現代教育課程》，1941）[9]，因而確立了其常被冠以「課程領域的第一位專業人員」且是「課程專家的原型」（Kliebard, 1968；轉引自黃永和，2001：135）的美譽，甚而有「現代課程理論奠基人」（劉幸，2021：38）與「課程之父」的雅號（鍾鴻銘，2021：

---

6 如楊智穎（2021：1）曾經說明，「若將Bobbitt《課程》一書在1918年的出版，視為課程領域的誕生，如此算來，2018年即滿百周年。在這短短一百年時間，該論著的出版，除促使『課程』提升成為一個獨立的學術研究領域，同時也提供許多課程學者，在Bobbitt課程理論的基礎上，開啟一連串和課程問題的思辯，連帶豐富了課程領域的內涵。」將此書的出版視為課程領域的濫觴，應屬多數（臺灣）教育（課程）學者的共識。

7 無論甄曉蘭（2004）或許宛琪（2009）所寫，實都源自Kliebard（1968）這篇重要文獻。

8 本段引句出自維基百科J. F. Bobbitt條目（https://en.wikipedia.org/wiki/John_Franklin_Bobbitt；上網時間：2022.05.10）。

9 Bobbitt的完整著作目錄參見劉幸、楊智穎主編（2021），附錄一（頁191-193）。

116）。[10]

也因Bobbitt原執教於芝加哥大學的「教育行政」（educational administration；見劉幸，2021）領域，課程研究的早期觀點充滿了行政色彩，如高度追求教學流程的控管與效率（劉幸，2021：45）、主張實施課程必須按照既定計畫循序漸進（王恭志，2002）、需由具有受過訓練的「課程專家」（curriculum specialists）來負責相關事務（甄曉蘭，2004：20）等皆是。

這些行政措施經Bobbitt出版上述專書並極力整合後，課程領域逐步建立了學術專業體系（Pinar, 1988）且具獨立內涵，也從原屬的「官僚支持系統」提升為「跨領域（經常是理論性）的教育探索經驗」（Pinar, 2005: 1；括號內出自原文）。

Bobbitt一向認為課程設計旨在讓學童適應當時正在興起的「工業社會」所需，若非「有用」則無須教導。這點顯與前述「素養導向」的教育目標迥異，乃因何謂「有用」實難定義，單純地以「有用」與否來設計課程恐也過於「功利主義」。

而在Bobbitt的教育行政思維下，「學校彷如工廠」（劉幸，2021：48）而學區督導像是工程師（甄曉蘭，2004：19），課程設計只是為了達成教育行政者原先設定的目標。反之，學習者的自我經驗未受重視，教師也同樣被這種機械化流程綁住而只能（須）拳拳服膺課程設計並「按表操課」。至於孩童更像是「工廠原料」，必須透過學校課程的導引來塑造（shaping）其為適合成長後的社會成品。

此外，早期的課程研究除受風行一時的「行為主義」影響，幾可謂在領域發展之初從Bobbitt出版專書後就「進入了**實證主義的研究**

---

[10] 與Bobbitt同時期另有加拿大籍W. W. Charters同樣畢業於芝加哥大學，亦廣泛被視為「課程領域的開拓者」、「第一代的課程理論家」、「課程專家的原型」等〔語出鍾鴻銘（2019：100）〕，其所著專書常稱作「為Bobbitt的活動分析提供理論基礎」，詳見鍾鴻銘（2021：116）、吳美娟（2007）。

典範」（王恭志，2002：247）。其基本想法在於必須廣泛地蒐集第一手資料，詳加分析後逐步推衍出可以「找出來」的「真實」樣貌，而後回推原先設定教學目標並確認是否有效達成，實施過程緊扣著科學方法的原則與步驟力求無誤且事半功倍（甄曉蘭，2007：22）。

著名的行為心理學先驅E. L. Thorndike其時亦正積極推動「操作制約」（operant conditioning）學習的心理實驗，認為經由不斷地「嘗試與錯誤」（trial and error）即可導引出正常行為，從而延續了稍早由哈佛大學心理學教授B. F. Skinner提出的著名「刺激—反應」理論，假定人如機械並無內在動機而學習是外在的「操作制約」所致（周梅雀，2007）。這些觀點隨之成為「後續十年科學化教育者的聖經（bible）」，也是「賦予教育者用以決定教學效能並據之改進的基礎」（語出Seguel, 1966；引自黃永和，2001：138；英文出自原文）。

雖然Bobbitt（以及Charters）的主張與信念也曾廣受批評，如同時期的美國著名教育哲學家B. Bode（1927）即曾強力抨擊Bobbitt只是「天真地以為科學方法可以產出教育目的、達到培養好公民的理想」，實則其理念「缺乏遠見」、「沒有具體方案」（引自甄曉蘭，2007：36；參見鍾鴻銘，2007）。

這些批評並未影響Bobbitt在課程領域的崇高地位與深遠影響，「幾乎在其後半世紀內，建立在其【奠定的】基礎上，許多書籍寫成、許多博士學位獲得授予、職涯因而建立、數以百萬計的美元投入【這個領域】」（Kliebard, 1975: 27；添加語句出自本書）。

2. R. W. Tyler的「教育科學」（a science of education）概念[11]

在上世紀中葉，行為主義的聲勢達到高峰，尤以曾在芝加哥大

---

[11] 如上一小節所示，最早積極推動「教育科學」此一概念者並非Tyler而是前述Bobbitt，其曾努力引進科學原則並施用於解決教育領域的實務問題，見甄曉蘭（2007：35）。

學受教於Bobbitt，並擔任Charters研究助理的R. W. Tyler（1949）
所撰*Basic principles of curriculum and instruction*（《課程與教學原
理》）最為著稱〔參見王秀玲（2007）的介紹〕。

　　這本書續以「工廠生產」為喻，認為教育過程的成員有著如生產
線般地由上而下的層級關係：學生如原料，教師是工頭，而行政主管
如教育局長則是經理。彼此間透過簡單的線性關係完成最大效益（黃
永和，2001：4），而此線性關係最重要的任務就是追求「行為變
化」（Benjamin, 2007；譯文出自卯靜儒，2007：146），亦即學生
的表現經過學校施教後當能與前不同。

　　Tyler的專書延續了如前述Bobbitt等課程領域先驅一貫強調的
「教育成效」論點，認為課程內涵須具目標導向且應實施教學評鑑，
力求遵循上述「刺激—反應」原則並也信守「決定論」的因果關係
（cause and effect），具有濃厚的結構功能論與實證主義旨趣（王恭
志，2002）。其觀點影響課程領域達五十年以上，一般稱之「泰勒
原理」（Tyler rationale; Cruickshank, 2018）、「泰勒法則」、「泰
勒理論」或「課程基本原理」（Basic principles of curriculum；詹
棟樑，2002：468），主導美國課程領域的發展遠逾任何其他研究者
（甄曉蘭，2004：31）。

　　此外，R.W. Tyler也深受二十世紀初主張「科學管理」
（scientific management）而被視為「現代管理學開創者」的F. W.
Taylor影響（兩者中文譯名皆為「泰勒」），強調透過行為主義觀點
來訂定明確的教學目標，並依其選擇教材、設計教學內容、發展授課
程序，最後還須實施課程評量，如此「順理而有序、和諧而不紊亂」
方能讓教學過程井然有序而學習者也始能長足進步；[12]至於學習者的

---

[12] R. W. Tyler與F. W. Taylor譯名均為「泰勒」，實則兩人先後有別：前者曾
　　獲芝加哥大學博士學位並出任總統教育顧問，《課程與教學原理》於1949
　　年出版。由於其廣泛採納F. W. Taylor的理念而多認定是課程領域「科學管
　　理模式」奠定者（教育百科「泰勒原理」詞條）。

個人主體性、創造力與自主思考（反思）的培育則皆付之闕如。

Cruickshank（2018）曾經整理「泰勒原理」的重點，包括確認教師能明確地標示學生應該完成的學習目標（「教育內容」）；學生在學習、成長與發展過程能獲取相關知識（簡稱「學習進程」）；課程設計容許清晰且客觀地評估（「教材活動」）；課程內容符合邏輯且具成果預期性（「學習科目」）；教師需有專業特質而能完全掌握其所授課程方向（「教育經驗」；引號內均出自王恭志，2002）。

上述這些特質即可謂是「泰勒原理」的核心，而此一線性流程充分反映了其教育理想乃在建立可資評量的「問責制度」（accountability，或譯「績效」，見甄曉蘭，2004：232），要求教師須對自己所教課程負責、學校須對整體課程設計負責、教育行政單位須對教育成效負責。

若能如此層層「負責」，即可預期受教者妥當地為即將到來之成人生活充裕準備（參見王恭志，2002；歐用生，2010：207-208）；教育學領域常稱此為「學校效能運動」（effective school movement；潘慧玲，1999；參見歐用生，2006）。

在崇尚效能之外，究竟學習者自身的生命成長與課程設計有何關聯，則非泰勒原理關心的對象，以致卯靜儒（2007：147）曾經感慨地質問，「**到底學校要教什麼？學生要學什麼？……年輕人將他們最寶貴的青春放在什麼事物上？**」。

無論如何，上述Tyler的專書曾被廣泛地譽為「**第一本將課程發展予以系統化的課程專書**」（王秀玲，2007：164）。如甄曉蘭（2004：30）即謂，Tyler此書「**被公認為課程發展原理最完整、最簡潔、最清楚的闡述，使科學化課程理論發展達到了新的歷史階段，是現代課程理論的奠基石，有人甚至視之為課程的『小聖經』**

倡議科學管理的Taylor原是機械工程師，力圖透過科學化與標準化的管理方式提升工廠生產力與勞動效率，所撰《科學管理理論》（1911年出版）多出自實務經驗（參見F. W. Taylor維基百科詞條）。

（mini-Bible of curriculum），認為是現代課程研究最有影響的理論架構。」[13]

　　而如王恭志（2002；添加語句出自本書）所言，Tyler模式是現代最具影響力的課程理論典範，「視教育目的優於經驗，學習則被視為是特定意圖的、指導的和控制的結果，……其特徵是『線性的跑道』之課程定義，即設定目標、計畫實施以及評鑑結果的課程發展模式。……這種以數字為主體的科學性實證研究，顯著的影響著自【上世紀】二零年代到七零年代的課程領域研究。」

　　專事分析Tyler所著*Basic principles of curriculum and instruction*的王秀玲（2007：164）更盛讚Tyler不但「統一了當時的課程語言」，也「建立課程界的共識」，是「二十世紀上半葉課程思想的集大成者，在課程史上具有重要的傳承地位」，而其建立的課程模式「單純且易於瞭解，……概念架構歷久不衰」（頁165）。

　　上述諸多引句讚美之情溢於言表，簡明且扼要地指出了早期課程研究者所持的核心要義，也都稱許如Bobbitt, Charters, Tyler等先行者協助建立了課程領域的專屬地位，引領後續相關理論的普及與茁壯。

　　豈料這些休聲美譽在1970年代以後卻也風雲變色，前述相關重要學術論著頓時成了「課程改革運動」眾所批判且嚴厲攻訐、指摘的對象。

　　在討論後續變化前，可先酌引詹棟樑（2002：469；引號出自原文）的評價以為此節小結：

　　……泰勒是課程領域最德高望重的專家、教師和行政人員，
　　對課程的貢獻是前無古人，至今尚不見來者。他的寬容、大

---

[13] 王秀玲（2007：164）引用McNeil（1990：78）亦有此一「小聖經」的說法，兩者（甄曉蘭與王秀玲）的出處顯然都是McNeil (1990)。

度和崇高品格，像其對課程的卓越見解一樣，是不可多得的人才，以及所具有之寶貴的精神財富。然而後現代課程觀出現以後，連泰勒的理論也遭受批評，「泰勒原理」成為許多後現代主義者攻擊的目標。對此，泰勒從未正式辯解過，他把爭端交給歷史去解決，相反地，他卻積極主動地吸收批評者的研究成果。

（二）「課程研究」的典範轉移──「後現代主義課程觀」的發端與演進

-- 我們必須讓自己接受……我們已經不再生活於「現代」世界。「現代」世界已經成為過去……。我們還沒有找到要根據什麼來定義【後現代世界】，只能依靠它（按，指「現代」世界）已不再是什麼來瞭解。在適當時候，從現代科學到後現代科學的轉變，顯將對應於哲學和神學領域的改弦易轍（原文出自Toulmin, 1982: 254；後載於Doll, Jr., 1993: 4-5；引號、添加語句與底線均出自Doll, Jr.原文）。

　　根據許芳懿（2006b：203），課程研究領域曾在上世紀中葉經歷了幾度典範轉移與變遷，可略以1970年代為其分水嶺。簡單地說，這裡所講的「典範」（paradigm）[14]代表了不同研究者與其學術社區同僚獲取課程知識與講授經驗的不同想法，也隱含並反映不同教

---

[14] 此處所稱之「典範」（paradigm）出自上世六零年代由著名科學社會史研究者T. Kuhn所撰之 *The structure of scientific revolutions*（1962／程樹德、傅大為、王道還、錢永祥譯，1994：235-236），其意在於「一個社群的成員所共享的東西，……【或是】一個科學社群由共享一個典範的人組成，……他們都受過同樣的教育與養成訓練；在這過程中，他們都啃過同樣的技術文獻，並從這些文獻中抽繹出相同的教訓」（添加語句出自本書）。

學者設計課程時的專有價值屬性。

但典範轉移或變遷的原意並非全然「以甲代乙」，畢竟舊有典範亦有其貢獻而「不容加以【全盤】否定」（王恭志，2002；添加語句出自本書），重點當在於檢討如何從舊有思想「轉型或蛻變」（transformation or metamorphsis; Maftoon & Shakouri, 2013: 306）。

「轉型或蛻變」之意本指眾多「異例」（anomalies）出現後無意附和或苟同舊有典範，繼而發展出與前不同之學術觀點（亦稱「世界觀」或「關照角度」；黃永和，2001：2）。

但新舊之間未必相互排擠反常「共存」（co-exist）或「同態」（isomorphic；此語出自黃永和，2001：28，指「聚焦於同一時代的類似問題」），甚至同一學術社區的不同專業人士亦多「各擁其主」，端視研究者個人主觀如何認定並篤信這些不同典範的理論內涵。

教育學研究者詹棟樑（2002）曾在其厚達六百餘頁的巨著仔細探索「後現代主義」的起源、發展、思想內涵與教育觀點，並曾闢有專章（第十一章）詳細說明「後現代（主義）課程觀」（括號出自本書）的發生、醞釀、發展現況與轉變脈絡，統稱1970年代以後出現的課程典範為「後現代主義」影響下的哲學思維，其特點在於不再接受前述「線性的、統一的、可預測的、決定論的【實證論】傾向」，轉而崇尚「解構」、「去中心化」、「多元化」（2002：468-469；添加語句出自本書）的旨意。

詹棟樑（2002：471註3；底線出自本書）稱後現代課程觀「是透過參與者的行為和交互作用而形成的，而不是透過那些預定設定的課程教學而建構的。」這裡所稱的「交互作用」（interplay），當然包括了教學者、學習者、學習同儕等課程參與者彼此之間的互動以及其與教學情境（如教室、日常生活、社會現狀甚至教科書）等的交流相通與接觸來往（復見本書第二章圖2.2與2.3）。

詹棟樑（2002）進而強調教師的角色在後現代社會亦與前不

同，除了仍是課堂教學的領導者外，當也扮演「學習者」角色並持續與學生共同成長。[15]整個課程設計的重點不再關注最後成果的優劣，改而側重學習過程且視其為「開放的」、「可以調整的」、「感性的」、「活潑的」（頁472）；此種知識觀的重置與轉換顯與上章所述的Freire觀點一致。

若以時間劃分，上世紀的七零年代當是後現代主義的「整合時期」，直至今日此一思潮仍在發展並未歸併出任何特定風格，而是在多個領域（如建築、文學、藝術、哲學）持續提出「否定過去」與「超越過去」（此處之「過去」指「現代主義」）的觀念與作為（參閱詹棟樑，2002：第一至四章）。

詹棟樑（2002）曾經比較現代主義與後現代主義課程觀的差異，認為前者源自牛頓的自然科學知識論觀點，內涵是「封閉的」、「統一的」、「可預測的」、「決定論的」（頁467），習視社會真實（如課程）為「可以從【主體】外部加以研究的意義系統」（頁482，添加語句出自本書），而研究步驟必須仿造自然科學的理性分析方式，透過精準且嚴謹的步驟來發掘並確認研究對象的因果關係。

而後現代主義課程觀則是「動態的」、「開放的」、「不確【定】的」，「是由內在的自我調節系統為主，研究者並非從外在入手進行研究，而是對內在系統的解釋」（詹棟樑，2002：482，添加語句出自本書）；研究過程常強調「情性」並探求個別研究對象的特質。此點與王恭志（2002）曾經列舉「現代主義」追求「統一的」、「經濟的」與「直線思維」模式，而「後現代主義」是「隨意性」、「遊戲化」、「脈絡化」、「去中心化」、「反威權化」等說

---

[15] 詹棟樑（2002：495）曾說明，教師角色在「後現代課程觀」應該「改造」為：「課程的首要解釋者」（primary interpreter）以及「平等中的首席」（first among equals），並從原有的學生學習外在情境（如前述僅「發號施令」且是教學的「專制者」）轉化而與「內在情境共存」並與學生共同學習，是「學生價值的強加者與解釋者」。

法如出一轍。

詹棟樑（2002）尤其批評前述「泰勒原理」的謬誤，認為其「**預先決定目標**」且堅持目標位居課程發展的核心地位，卻常因此導致目標決定一切，甚而影響「**學校信奉類似教育哲學篩子的過濾，以免選擇不合適的課程目標**」（頁470）。

詹棟樑（2002）另也強力推薦美國教育學者W. Doll, Jr.（1993）出版的專書，稱其「**研究後現代課程方面不可或缺的經典**」（頁474），乃因其曾深入闡述「後現代課程典範」（post-modernism perspective）的真貌，努力破解前述「科學管理」或「科學分析方式」（尤其牛頓代表的知識觀）帶給課程研究的諸多「教條」。

依維基百科，Doll, Jr.是1980年代最早提出「後現代主義課程觀」的美國教育學者，其最受推崇的觀點包括透過前述皮亞傑的「認知建構論」以及1977年諾貝爾化學獎得主俄裔比利時籍的I. Prigogine「混沌理論」（chaos theory），詳述課程理論必須更新之因（見Doll, Jr., 1993：第三、四章；添加語句出自本書）：[16]

> 我們今天觀察到的世界、宇宙以及真實（reality）乃是「複雜、有時間性與多元的」混合物，以此替代簡單、靈性與統一的傳統【行為主義】觀點。這種新視角需要不同於牛頓與測量式課程【觀點】帶給我們的典範以及教育模式。我們必須超越測量式課程並邁向有轉變（transformatory）作用的課程。

由其章節分配觀之，Doll, Jr.專書係採「封閉系統」（closed system）對比「開放系統」（open system）的譬喻來分別描述「現

---

[16] 引句出自維基百科W. Doll, Jr.詞條（見https://en.wikipedia.org/wiki/William_E._Doll_Jr.；上網時間：2022. 05. 28），該詞條的前一句原出自Prigogine & Stengers（1984：xxvi），後一句則引自Doll, Jr.（1986：13）。

代主義」與「後現代主義」，[17]前者（「現代主義」）約起自中世紀與啟蒙時代而在十八、十九世紀盛行，篤信宇宙間的交流有其可預測並控制周遭各種變化的簡單二分法機制，屬於「確定性的系統」（deterministic system），影響所及在十九與二十世紀的社會科學以及教育學領域皆有關鍵作用，如前述Bobbitt的現代教育觀點與「泰勒原理」皆屬之。

但源於生物學甚至物理學（如Prigogine的混沌理論）其後皆已接受「有機變化」（organic change）的世界觀，而放棄了自牛頓以來的「機械物理學」典範（黃永和，2001：4-5），[18]認為社會系統各有其「自生」（autopoiesis或self-production，譯名出自蔡琰、臧國仁，2010：237；馮朝霖，2002：11譯為「自我創化」）、「自我再製」（self-reproducing）與「自我調節」（self-regulation）的本能，[19]也可透過系統的相互作用而與混亂環境互動。教育學領域（尤其課程研究）亦當承襲此一轉變逕而接受「一種有機典範的課程

---

[17] 「封閉系統」（closed system）對比「開放系統」（open system）出自 Soltis所撰〈緒言〉（Forward），Doll, Jr. 自己使用closed vision（封閉視野）與 open vision（開放視野）二詞。

[18] 黃永和（2001：第三章）延續了Doll, Jr.（1993）專著所言，曾經深入且仔細的介紹「科學典範的轉移」，包括Prigogine如何從混沌理論延伸導出「自我理論」、複雜科學如何產生、生物學的系統性思維內涵為何、德國社會學家魯曼的社會系統理論為何、腦／心智的複雜適應性系統學習觀如何影響思維系統等。黃永和綜合整理出「二十世紀新科學指出了一幅*自我組織的、動態的、整體的、複雜的、不可完全預測的、非線性的與富生命力的世界圖像，……可稱為『有機典範』」，認為其已取代了長久以來西方科學的「機械論世界觀」並可推演至課程研究（引句出自頁100-101），值得參閱。

[19] 「自我再製」（self-reproducing）與「自我調節」（self-regulation）均出自德國社會學家Luhmann（1993／魯貴顯譯，1998）的社會系統概念，認為社會係由不斷發生的「傳播網絡」組成。

觀」，藉此彰顯「能使學習者恢復主觀性、內在知覺、內在經驗與內在演化能力的道路」（黃永和，2001：199）。

Doll, Jr.（1993：162）特別指出後現代主義的知識觀是「動態的」、「開放的」、「建構的」且具「創新性」，不像現代主義論者那樣總是進行「客觀的」評鑑，而需透過「協商過程」（a negotiary process）[20]，由教學相關社區（communal setting）成員（包括教師、學生自己、同儕甚至家長）共同互動來促進知識轉換，其「共同互動」方式可採類似研究生學位口試或是入學審查的模式。

如此由眾多相關成員所建立的關係，Doll, Jr.（1993：162）稱之為「矩陣式」（matrix）的課程建構，其特色就在於成員間的相互來往極為密切，也常由此產生有關課程的「意義之網」（web of meaning）。若課程的內涵愈是豐富，互動點就會愈多，其所構建的聯繫也愈為密切，產生的意義當也愈形深遠。

教師在此過程扮演了核心卻非獨斷的評鑑角色，重點仍在促成學習者透過「反覆運算」（iteration；黃永和，2001：207譯為「疊代」）且不斷地「回歸反思」（recursive reflection；黃永和，2001：207譯為「遞回性反思」）以期達到「實作→批判→實作→批判」的發展歷程，旨在讓學習者實作時回歸自己（反思），進而與他人（教師、同學、家長）交換意見（聆聽不同意見），如此就可避免如「現代主義課程觀」純以成績（grades）為評鑑來源的封閉式設計。

Soltis（1993：x）曾在Doll, Jr.專書的〈前言〉（Forward）指出：「由定律與統一關係帶來的確定性已成過去，取而代之的是轉換、多元詮釋與另類模式成為理解和建構意義的基礎；開放性是後現

---

[20] 此段所引的"A negotiary process"是Doll, Jr.（1993：174）使用的專有詞彙（一般皆用negotiation或negotiatory），而其下句所談由「社區相關成員」（communal setting）共同來促進知識轉換以及下段所言的「反覆運算」與「回歸反思」都可觀察到臺灣推動「108課綱」的身影。

代框架的基本特徵。」

（三）後現代課程觀的「再概念化」（reconceptualization）

如王恭志（2002）所言，課程研究受到「後現代主義」思潮的影響後，自1970年代開始有了諸多反省與變化，新銳理論與研究相繼興起、萌芽、茁壯，自成一家，尤以「再概念化」學派最受到矚目。

曾在美、加多所大學教育學院任教的W. F. Pinar常被推崇為新思潮的「始作俑者」（王恭志，2002）、「**發動者**」（許芳懿，2006a：47）、「**彙集者**」（甄曉蘭，2004：38），其1975年出版的專書*Curriculum theorizing: The reconceptualists*（甄曉蘭，2004：38譯為《課程立論》，本書下節譯為《課程論理：再概念化論者》）結合了與前不同的哲學思想、心理學理論甚至美學試圖「重建概念」，期能為課程研究帶來與前不同的理論新意。

首先，Pinar（1975：5-6）將這個領域的早期發展分為下列面向：

其一，視理論為開發與研究課程如何設計的「指導架構」（guiding framework），也是評估、規範與指導課程發展的工具，具哲學形式而非實證取向；

其二，採科學主義，描述並確認與課程相關的諸多變項（variables）藉以探究並驗證其間關係，相關研究者多屬「概念—經驗論者」（conceptual-empiricists）；

其三，課程理論的作用乃是「有創造力地智性工作」（creative intellectual task），目的在於批判現有框架以期發展更具成效的新課程討論方式，受到後現代思潮影響甚深（參見Rocha, 2021所說）。

但無論哪個面向，Pinar（1975：8）認為課程理論的上述早期建構者總是關心「知識」如何產出、是否足夠；與社會、人文、個人素質等其他要素如何相關；其他社會力量（政治的、意識形態的、建制的）如何影響課程內容；課程設計又如何與設計者的「價值觀」有關。一言以蔽之，Pinar（1975：11）強調課程理論旨在討論如何創造良善的學習環境，一向是教育學門的理論精髓所在。

Pinar前引所指的第一、二面向在1970年代以前占所有課程研究的九成以上（歐用生，2006：5），常著眼於學習目標的設定與實施、評鑑，尤其致力於討論如何從學科結構的擬定與規劃來組織課程，乃奠基於科學主義而崇拜效能、生產與改變，缺點則是「**充滿了對人【按，兼指教師與學生】 的控制**」，使得教育本質常有工具導向而成為技術訓練，甚而有「生產者—消費者」的商業模式意味（Pinar, 2005: 2），易於造成學習者自我疏離於生命經驗（許芳懿，2006b：196）。

Pinar（1975）稱此一時段的課程學者為「傳統論者」（traditionalists），指其延續了自1920年代即已開始的行為主義導向，期以「**課程改變（curriculum change）的技術理性思考來帶動課程實踐，強調課程設計、可觀察的學生行為改變、課程實施和評鑑**」等要項（引自許芳懿，2006b：199；英文出自原文），其所代表之學術思路常稱「課程發展典範」（curriculum development paradigm），如前述Bobbitt, Charters, Tyler等前輩研究者均屬之。

但如Maftoon & Shakouri（2013：303）所言，「課程發展典範」歷經1920-1970年代幾近半世紀的重視後，已趨成熟而漸無新意猶待注入不同知識論點。Schwab（1969：1）即曾宣稱課程研究其時（1970年代）業已「奄奄一息」（moribund）難以為繼〔詹棟樑（2002：486）譯moribund為「步入窮途末路」；參見黃繼仁，2005：20；Ben-Peretz & Craig, 2017〕，因而在世紀之交出現與其不同的學術觀點已是大勢所趨無可迴避。

舉例而言，「課程發展典範」多視課程為外在「事實」

（curriculum as facts），須如前述由受過專業訓練（證照）的教師講授，但其猶不得依自身觀點擅加詮釋而須按課程設計（如教科書）蕭規曹隨，乃因課程內容俱為既定且屬社會遺產。

　　而較新典範則認為「**課程如實踐**」（curriculum as practice），強調知識的產出乃由師生合作達成，尤其關注學生如何創新知識，其「問責」方式多透過「資料共用」、「工作相依」、「目標互存」等從無到有的動態過程共享與建構，與課程發展典範一貫側重之「知識的線性傳遞」理念殊異（王雅玄，2018）。

　　Maftoon & Shakouri（2013：304-305）因而認為，新的課程典範代表了從古典的「指導主義」轉向「建構主義」（instructivist to constructivist pedagogy；如下節所示「理解典範」），包括了「重構」與「批判」兩個陣營，前者認為課程所授必須提供學生解決實際生活問題的工具與實踐能力以期協助重構社會秩序，而後者則強調教育旨在鼓勵並培育眾人以自己認為適當的方式投入社會改革以能維持不同受教者的「個體性」（individuality，指每個人獨有且與他人迥然不同的人格特質）；此些說法多年來無論中外都曾掀起廣大討論。

（四）「**課程理解典範**」（curriculum understanding paradigm）的崛起

　　前引Pinar（1975）專著的副標「再概念化論者」（The reconceptualists；王恭志，2002；許芳懿，2006b；甄曉蘭，2004：32等皆譯為「概念重建者」）足以顯示其所持立場與前述發展典範的傳統論者殊有不同，旨在提倡多元化與人文取向而常被簡稱「理解典範」，本意在於強調課程之重要性乃在協助學習者「理解」受教的意義（Pinar, 2004: 1），尤其重視「共同參與」與「價值共同創造」對課程設計的意涵，有本體論的寓意（鍾鴻銘，2008a：232-234；可參閱下章Irwin提及的「學習社群」）。

　　Pinar（2004：1）強調，「課程」的英文出自拉丁文的*currere*，有「**在跑道上跑**」的動詞蘊意，而不僅是原屬名詞的靜態「**跑道**」本

意，尤指「讓個人與團體瞭解自我而產生行動的自學策略」。唯有如此重新詮釋其原有特質（指由名詞轉而專注其動詞意涵）並主張動態且與外在世界的互動過程，學生的自我探究主體性方可建立，從而得以開創「生命願景的無限想像力」（引自張宏育，2008：14）。[21]

在實踐上，Pinar（2004）特別重視「自傳式書寫」（autobiographical writing；另見Pinar, 1994；鍾鴻銘，2008a），強調學習者在閱讀課程文本或聽講教師授課後，理應記下對其有特殊意義的文章段落。而後透過與教師以及其他學習者的對談而重新省察這些書寫內容，兼而反思課程所得與經驗的開展，有意識地回顧、前瞻、分析並綜合學習所得（鍾鴻銘，2008a：225）；如此一來，即能轉換傳統教學的靜態抄寫筆記（如前章提及的「板書」）為具有「自我主體意識」的書寫且能將所學轉為己用。在此同時，教師亦可書寫其上課所感、所悟後成為教學經驗的探索者，藉此洞察如何精進而有利於其提升專業知識，亦屬動態歷程。

而上述這些都得倚賴課程理論的「再概念化」，指強烈批判曾經支配傳統、主流課程領域久矣的「工具理性」，進而嘗試重構其他可

---

[21] 根據詹棟樑（2002：496），將「課程」（curriculum）視為「跑道」（拉丁文為currere，而英文為race-course）最早是英國哲學家（詹棟樑稱其「教育家」）H. Spencer在其1859年所撰"What knowledge is of most worth"一文。詹棟樑解釋，最常見的課程定義是「學習的進程」（course of study），又稱「學程」，因而課程既可視為一門學程，亦可指學校裡的所有學程（見頁512，註25）；顯然Pinar此處的延伸，遠較Spencer與詹棟樑所言更具「動感」。另據甄曉蘭（2004：233），「早在羅馬哲人Marcus Tullius Cicero為Muerna所作的一篇辯護詞上，Curriculum一字已演成含有『人生的過程』的意義，然後再由這裡演化為『學識過程』、『生平』、『思想步驟』、『言談程序』等意義」，由此可以推知課程「是對生活經驗的詮釋」，也可解釋為「教育專業生命中的『旅程』與『賽跑』」（頁235），呼應了上引Pinar的說明；黃永和（2001：222）則指稱，Pinar的原意本是「教育脈絡中的經驗」。

能發展面向，尤應多元化地加入來自美學、政治與歷史、現象學與生態學、族群與性別、故事與傳記式等與生命經驗有關的後現代主義人文內涵（鍾鴻銘，2008a：232）。

　　整體而言，如鍾鴻銘（2008b：10-12）的整理，課程領域「再概念化」的內涵不外乎下列幾項：

　　-- 以整體與全面的（holistic）觀點來看待「人」（教師與學生）的知識與課程經驗，尤其強調「個人」（受教者）方是知識建構的主體；

　　-- 以自我經驗的敘述（即「自傳式書寫」）而非客觀中立的歸納法則為主要途徑（無論研究者或學習者），且允許多樣性與多元性；

　　-- 關注政治與社會情境對課程發展的影響，而非視其為靜態的客體真實；

　　-- 不斷地重新定義課程且持續進行（亦見許芳懿，2006a：52）。

　　甄曉蘭（2004：38）曾言，Pinar領銜的改革派雖無統一的學術見解也曾飽受質疑與批判，但其多年努力確實已讓課程研究領域「有明顯的轉向」（頁39），反映了七零年代以後的豐碩成果，甚而在1979年出版*JCT: Journal of Curriculum Theorizing*（《課程論理》期刊），迄2022年持續發行22卷，並在發刊主旨說明該刊與「課程論理的『再概念化』運動持續連線，旨在提供並影響課堂實踐的重要作品以能挑戰學科、文類與文本界限的呈現形式」，[22]其關鍵作為顯而易見。

---

[22] 引句出自*Journal of Curriculum Theorizing*網站https://journal.jctonline.org/index.php/jct/about（上網時間：2022. 06. 13）的介紹文字。

合併觀之，甄曉蘭（2004：40）對「再概念化」學派的總結頗為中肯，有「蓋棺論定」的意味：

> ⋯⋯雖然無法反映美國課程領域的課程發展實務現況，也無法代表整個課程領域的理論建構學術生態，但無可否認地，Pinar等人 ⋯⋯【的觀點】確實也呈現出當代課程領域在「後現代」脈絡之下，形成一種拒絕專斷、歡迎差異的多元論述特質，而課程理論與實務的建構與反省，似乎也就在這種不斷地「解構」與「重建」之間，得以開展至無限的可能（添加語句出自本書）。

三 本章小結：由「再概念化」到「後再概念化」的演化

源自1950-1970年代前後發生的重大政治與社會事件（如蘇聯發射第一顆人造衛星Sputnik以及六零年代的黑人人權運動、反越戰示威等；見甄曉蘭，2004：33的討論），促使美國課程研究者如前引W. F. Pinar等相繼提出了有諸多反思與批判意涵的學術路徑，繼而建立起與前不同的思維與理論。

而歐洲人文主義哲學思潮如「存在主義」（existentialism）與「現象學」（phenomenology）的興起與移植美國後的影響尤其重大，以致到了上世紀末，眾多嶄新研究議題、研究文獻、學術會議、專業學會甚至專屬學術期刊都如雨後春筍般地加入課程研究範疇（見楊俊鴻、蔡清田，2010），其論述重點不再以行為主義或實證論點為主，改以這些來自歐洲的新興思潮為本。

而在1980年代後期甚至出現「『後』再概念化」（post-reconceptualization; Kridel, 2010；鍾鴻銘，2008b：22-27；楊俊鴻、蔡清田，2010：163譯為「後『概念重建論』」）一詞，旨在描繪課程領域的研究重點業已超越早期專注於科學主義而改以海納百川之格局突破自我框架，廣泛地接納各家學派之思辨與論述，跨

領域、國際化、全球化的諸多議題其後均已納入課程領域的研究與討論常態，因而呈現「百家爭鳴」（a cacophony of voices; Pinar, Reynolds, Slattery, & Taubman, 1996: xiii；歐用生，2010：209-210）的喧騰鼎沸樣貌，其討論題材的多元程度與理論深度亦早已逾越前述Schwab的讖言（「課程研究領域業已奄奄一息」）所能預料與臆度（見Doll, Jr., 1993: 161的說明）。

　　本世紀初，「發展典範」與「理解典範」間的藩籬不復清晰可辨（楊俊鴻、蔡清田，2010：164使用「界線……模糊」一詞），改而「**強調創造力、想像力、原創力的重要性，……【尤其】教導學生如何質疑並不是可怕的，而是要勇敢面對並激烈的討論，提出問題、尋求解釋、探尋理由**」（歐用生，2010：157；參見第五章第一節「珊珊的故事」）。

　　面對此些調整，本書將在第二部分提出三個教學實例以期反思如何循此脈絡開闢新局。在此之前，下章猶有自本世紀初其開始推動的新起「遊藝誌」取向值得介紹，藉此擴大課程研究的可能涵蓋面向，進而發展跨領域的「文化混種」（hybridization）課程觀（王恭志，2002）。

第四章 從課程研究的「『後』再概念化」到「課程美學」取向

A/r/tography（遊藝誌）研究的興起與內涵

-- 教育即「成人之美」的藝術，意味著教育的歷程在於成就一個人的美好，意味著人找到自己在世界當中的意義，並成為他自己，也就是人自身的自我完成性。這樣的歷程是一種美學的向度，<u>沒有標準答案</u>，而是一個<u>不斷變動與綻放生命之美的過程</u>。但這樣的自我完成性，必須放在更為廣大的脈絡架構之中，<u>也就是人與他人之間的關係</u>。……每個人的自我完成性，<u>要與他人的自我完成性之間，有著緊密的連結關係</u>，……必須藉著<u>相互合作、彼此友愛互助的形式</u>，才能夠……呈現一種<u>自我完善與彼此共好的美的圖像</u>（許宏儒，2017：328；底線出自本書）。

一　概述：從E. W. Eisner（1933-2014）的「教學如藝術」論點談起

根據維基百科，[1]E. W. Eisner在上世紀中葉曾於美國University of Chicago（芝加哥大學）跟隨前章提及的J. Schwab教授學習，取得教育碩士與博士學位後旋即獲得留用擔任教職，1965年轉往加州Stanford University（史丹佛大學）任教直至2006年退休。

Eisner認為美國中小學長期忽視「藝術教育」的重要性，課程設

---

[1]　見E. W. Eisner詞條（https://en.wikipedia.org/wiki/Elliot_Eisner；上網時間：2022. 06. 10）。

計多以標準化考試與死記硬背為基本模式，讓學童既沒有機會欣賞藝術也缺乏創造性思維（Eisner, 2002: 50）。而Eisner自謂從小就對視覺藝術深感興趣，求學時期與任教後都持續關注並鼓吹課程理應納入藝術成分，包括「生產／創作藝術」（productive aspects of art）、「批判／鑑賞藝術」（the critical aspects）與「藝術史」（the historical aspects）等面向。

　　Eisner從六零年代開始持續撰文呼籲重視藝術教育，而上述三者即是其所論的改進起點。如「生產／創作面向」在讓學生實際投入藝術作品的產出、「批判／鑑賞面向」鼓勵學生以「觀者」（the viewer）角度體驗、感知並說出藝術作品對其感官有何刺激與影響。至於「藝術史面向」，則可探索藝術活動與作品的演進與變化兼而反觀自身所處位置。[2]

　　但Eisner認為，提倡藝術教育並非硬性要求中小學提供相關課程，或是取代核心課程如數學、科學、歷史、語文等的教學方式，而是進一步地推動「視教學為藝術」乃因藝術與創造力的教育無所不在（the education of art and creativity belongs to all），[3]亦即任何科目的課程活動都應納入有「藝術內涵」的思維與行動，提升學習者的「藝術智能」（artistic intelligence）且讓上課有「如沐春風」的美感，符合教育學家J. Dewey（1934）早期對藝術教育的期待（Eisner, 2002: 43）。

　　所謂「藝術內涵」，指讓學習者感知並學習（以下皆出自Eisner, 2002）：

---

[2] 以上文字除參考原書外，部分改寫自英文維基百科E. W. Eisner詞條（https://en.wikipedia.org/wiki/Elliot_Eisner；上網時間：2022. 06. 10）。

[3] 引號內文字出自周淑卿（2007：404）的標題，英文出處如上註英文維基百科。周淑卿（2009：6）曾多方引述Eisner並稱「教學即／如同藝術」（teaching as art），但「教學不等同於藝術」（teaching is not art），因而建議用「藝術性的教學」（artistic teaching）彰顯其意（見頁8）。

1. 妥適地安排「部分」與「整體」間（nuances of the parts）的「關係」以能呈現藝術行動所欲表達的意義。如畫作的不同明暗調色、演奏樂器的相互搭配、雕塑創作的構建等，皆須運用不同材料組建其間的「關係」後方能顯現整體美感，而如何提升組建關係的「判斷力」（judging）至為重要（pp. 75-77）；

2. 即便有些人認為「想像」有「扭曲真實」的危險（pp. 82-83），藝術活動的最大作用仍在鼓勵「想像」以能觀察到前所未見的面向。何況，擁有想像力常可獲得驚喜回報，正如俗語所說，「**想像力讓飛翔變得可能**」（imagination is given license to fly; pp. 198-199）；

3. 任何困難都有多個解決方案，問題也不限單一答案；不同的文化、生活方式、信仰都讓人感到有趣甚至興奮；

4. 觀看、解釋世界的方法多樣（multiple perspectives），學習藝術活動能因習於使用多元角度觀察事物而不受固有「參考架構」（frame of reference）所限，而教育（課程）的作用就在提供多樣的參考架構以讓學生能在其間轉換自如，進而體驗具有個人、獨特甚至專屬觀點的樂趣（pp. 83-85）；

5. 「目標」很少固定且常隨情境與機會變換（flexible purposing），要有能力也有意願「忍受／屈服於」（surrender to）無常變化、意料之外，學習具備如爵士樂手的即興創作能力（jazz improvisation; pp. 77-79；參見Barrett, 1998）；

6. 學生「觀賞」藝術品並「說出」其意涵時（see and talk, p. 26），勢須發揮詩意潛能才能找到適當語詞，因此藝術可以幫助孩子學習如何說話（pp. 86-90）；

7. 任何細微末節都可能產生重大後果（nuance matters），而藝術創作與活動的要義就在關注微妙之處（subtleties）；

8. 所有藝術活動都要先轉換所想為某種形式（art forms）後，再行採用適切材料（material）來表現技巧。如要展示馬兒在原野奔跑的美姿，筆畫是材料，而以水彩或油畫表現則是藝術形式（art

forms, pp. 79-81）；

9. 不同藝術形式所能感悟與體驗的經驗範圍常有多樣性，如劇場表演同時吸引視覺與聽覺，而不同形式帶來的溝通效果就有不同；好的藝術形式作品會讓我們樂於重複欣賞而不感疲憊（pp. 81-82）；

10. 藝術活動的重要性不言自明，有些是因「過程」重要（如樂器練習），另些是因「結果」重要（如與他人一起演出），還有些則因「回報」（reward）重要（如受到同行的尊重）。無論哪種類型，其最大啟示當在提升學習者的內在／美感滿意（intrinsic/aesthetic satisfaction; pp. 202-203），享受過程而非結果。[4]

　　以上這十點就是Eisner力主應將藝術內涵納入課堂教學的主因，亦即如能在各個科目都培養學習者的組建關係能力、在學習過程納入想像力、瞭解觀看世界有多樣方法、善處意料之外、關注微妙之處、培育即興創作能力、學會如何觀／鑑賞並「說出」藝術作品的表現方式等，就能樂於與人協同合作相互扶持、以柔軟心來善待他人、從自己為主體出發而與人「共好」（許宏儒，2017：360）。

　　周淑卿（2007：404-405）曾經歸納Eisner所言幾種具有藝術特質的教學方式，如任何上課的「節奏」、「討論速度」（pacing）、老師說話的「語氣」、「語調」以及「臨場控制」都「**一如舞者、演員和畫家的創作**」，有賴教師細心安排以讓學習者得以沉浸有如觀賞藝術表演的氛圍。為了因應如此上課可能突發而至的「不可預期

---

[4] 本段所寫統稱「Eisner談『藝術教學十課』」（10 Lessons the Arts Teach），取材參考https://www.artbuddies.org/stories-and-events/2014/12/10-lessons-arts-teach-by-elliot-eisner.html （上網時間：2022. 07. 03），未附頁碼的第三、七、十點改寫自https://www.giarts.org/article/elliot-w-eisner-role-arts-educating-whole-child（上網時間：2022. 07. 08），此處所附頁碼指Eisner（2002）原書頁數。

性」，教師必須見機而作從而達到非事先安排的「意外驚喜」。

　　換言之，視「教學如藝術」（或稱「藝術性教學」）的境界就在設想「課堂」為師生共享的「小世界」，其表現方式無法事先妥當規劃也難實施例行化的「備課」、「講課」、「議課」、「說課」、「寫課」，反而常從「節外生枝」的過程激發新的想法與創意。師生由此共同展開探索之旅，讓「意外」即時轉化為「契機」並化平凡為神奇，藉此豐富上課的意涵與境界，達成師生的心靈契合與交融。

　　因而倡導「教學如藝術」之旨，當在營造「上課」的教學氣氛有如創作者思考其作品的美感情趣，共同關注「隨機應變」、「靈活開放」、「情感體驗」、「感官體會」等藝術活動的本質，拋棄傳統由上對下的固定講課形式，讓學生成為課堂中心所在，而教師則是營造課堂氣氛的主導者。

　　嚴格來說，Eisner並非提出藝術教育或美學教育的第一人，但其長期一貫地投身於課程教育並主張將藝術的創意特質納入課堂教學，其貢獻實已遠逾任何其他教育（課程）研究者，難怪生前曾獲獎多次以感念其長期關注藝術教育，影響所及並也促成了「教學如藝術」概念在九零年代成為課程研究的後起之秀。

　　本章延續上章有關「上課」概念的研究／理論脈絡，探索「後現代主義課程觀」猶未觸及的「美學」（藝術）取向，並以在本世紀初方才興起的A/r/tography「遊藝誌」課程研究為例，試圖解析更多有關如何「上課」的理論，希冀有助於本書第二部分的實例個案說明。

➡️ A/r/tography（遊藝誌）課程研究的美學取向：「三位一體」[5]的概念

-- 過著既像是研究人員又像是教師的藝術家生活，就是對生活有了覺知（a life

---

[5] 「三位一體」一詞取自羅美蘭（2011），指教師應兼具藝術創作者（**Artist**）、研究者（**Researcher**）與教學者（**Teacher**）的角色。見下說明。

of awareness），以開放【態度】面對周遭複雜事物，並也刻意地選用不同角度看待事物（Irwin, 2004: 33；添加語句出自本書）。

（一）R. L. Irwin與其研究團隊的首本專著

A/r/tography（以下簡稱A/r/t）一字出自加拿大英屬哥倫比亞大學課程與教學系（University of British Columbia Department of Curriculum & Pedagogy），由R. L. Irwin教授主持的研究團隊自2004年開始撰寫的一系列研究報告。團隊成員（含Irwin）雖屬不同學術領域但多各有藝術背景，相關專長包括視覺藝術、繪畫、雕塑、製紙、紡織品製作、詩作、戲劇／劇場等（參見Irwin, 2017: 133），能提出A/r/t概念足見其別具慧眼、自出機杼（見下說明）。

Irwin在與de Cossen（2004）合編專書的〈導論〉（Irwin, 2004）曾經說明，提出A/r/t這個概念意在強調「教學者」不僅是「研究者」，亦具「藝術家」的身分，不斷地游移（in-between）於此三個角色之間並統整各自代表的「行／實踐」（doing）、「知／智性」（knowing）、與「創作／造」（making）蘊意，藉此呈現美感教育的價值。[6]

---

[6] Irwin（2004：27）首段即曾敘明此三者出自希臘先哲Aristotle的知識三論（three kinds of thought），包括「理論」（theoria）、「實踐」（praxis）與「創作」（poesis），分別指向「知／智性」、「行／實踐」與「創作／造」，對應了研究者對理論知識的興趣、教學者對實踐問題的關心以及藝術家的創作經驗。

Irwin引用美國教育家J. Dewey的「美感經驗」（aesthetic experience）並由此整合「知識」（intellect）、「實踐」（practical）、「情感」（feeling）三者，也曾套用前引Eisner的「教育鑑賞」（educational connoisseurship）概念，強調藝術的功能就在凸顯「實踐」在教育領域的重要性。

Irwin連續引用上述幾位重要理論家的用意，顯在說明A/r/t概念的推展乃有

　　而由此文副標「a metonymic métissage」（暫譯為「混雜的轉喻」）即可推知A/r/t具備了「混雜」（métissage；楊俊鴻、蔡清田，2010：168譯為「交雜兼容」）的特點，乃是「介於英語與法語之間、自傳式與民族誌之間、男性與女性之間的<u>跨疆界（borderlands）語言</u>。從隱喻性來說，這些跨疆界之處正是混雜的行動所在，策略性地消除了殖民與被殖民者間曾經存在的邊界與障礙」（Irwin, 2004: 29；底線出自本書）。[7]

　　Irwin（2004：29）接著說明，研究者、教學者與藝術家的身分多時以來常彼此對立且其間有著上下階層關係，如研究或理論知識多被視為優於「做」或「行」的實踐知識，後者則也常刻意地避開有關情意的討論，以致這些本屬Aristotle所稱的「三位一體」知識形式卻因錯誤認知而難融合。因而此文（以及其書）就在透過上述「跨疆界」的游移論點，鼓勵將此「知識三論」納為可化解不同意見的哲學辯證多元觀點（a multilectical view; p. 28）。

　　Irwin認為，身處「跨疆界」領域的教學者與其他社群成員間或常意見矛盾、想法對立，時而彼此觀點分歧時而尋求突破，唯有透過對話方能取得諒解並從差異取得共通，而後「重新思考」（re-thinking）、「重新生活」（re-living）、「重新創造身分」（re-making）、「重新探索」（re-search）並「重新學習」（re-learn），繼而生活在新的「第三空間」（the thirdness）或「新的第

　　其所本而非無的放矢，而這些重要思想家所言就可視為A/r/t的理論基礎。

[7] 王佩蘭（2013：20）曾經引述蕭宏祺（2009：311）的書評，解釋métissage「是一種在加拿大發展的跨不同殖民歷史的反省書寫，其書寫過程彰顯個體如何協調英、法不同殖民者產出的獨特所在地化協調與再賦權，……是一種跨疆界（borderlands）、跨英法語、跨人權、跨性別間的語言書寫，也是一種策略性地消除殖民及被殖民者間界限與障礙的活動，……常被認知在有連字符號『-』關係中」，此處的「跨疆界」譯法即從蕭宏祺，連字符號亦常寫成斜線號「／」。

三世界」（a new third world），相互理解、欣賞並也共同再現生活真實。

　　如此一來，如研究者、教學者或藝術家的單一身分不復緊要而得同時兼有多個身分（multiple identities），彼此之間既有聚合也尊重相異（pp. 28-29）。

　　此處Irwin所稱的「第三空間」，[8]即指上述三種身分能夠並存且同時從事思維、創作、自我省察與書寫。三者間的斜線符號「／」（有時亦用連字符號「-」）有其重要隱喻作用，專指在此第三空間的邊界遊走、轉移、變動然後尋求對話，據此開拓嶄新且帶有美感經驗的專業教學表現。

　　由此可將Irwin（2004）提出的A/r/t核心概念繪製如圖4.1。如其所稱，A/r/t的核心就奠基在上述「混雜」概念，即平等地持有研究者、藝術家、教師的三位一體身分且無先後次序，繼而得在跨疆界的第三空間（見圖4.1右邊）藉由不斷地游移，而漸次融合其各自代表的「行動／實踐」、「知性／智性」、與「創造／情感」蘊意（見圖4.1中間），同中求異且也異中求同，從而打開自我與他人之間的界限（見圖4.1中間的雙箭頭），並在日常生活不斷探索新的行動。

　　Irwin（2004：35-36）在該文結論曾言：

> 透過「混雜」概念來發展A/r/tography理論，是我們身處跨疆界時，重新想像生活歷史而創造性地發展了自我與他人的互動方式。

---

[8] "thirdness"與"a third world"的「第三空間」譯名從歐用生（2010），其曾詳細介紹「第三空間」（"the third space"）源自後殖民理論家H. K. Bhabba，旨在討論不同文化間的「混種」與「交互作用」可以透過相互接觸而出現新的空間領域，正可用來討論「課程領域的跨域之美」（頁111標題）。Irwin（2004）曾分別使用"the thirdness", "a third world"與"the third space"等不同字眼來指稱A/r/t所處的跨疆界，但未說明其等來源。

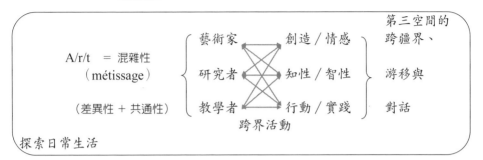

圖4.1 Irwin（2004）描繪的A/r/t概念*

*本圖為本書作者整理原作後繪製。

A/r/tography是一種再現形式，當其與「混雜」瞬間相遇時，會優先考慮文本與圖像。但最重要的是，A/r/tography與我們每個人感知且具有深刻意義的生活有關，不僅揭示了曾經隱而未見、創造前所未有並也想像希望實現的目標。

Irwin（2004）此篇起手之作僅有11頁，尚不及Pinar所寫的16頁〈前言〉長度。但其曾頗費周章地說明如視覺（圖像）與文字（文本）為何擁有相同書寫功能，讀來頗為費心卻也嫌累贅，此點當與該書其他篇章皆是視覺藝術之作有關。

Triggs（2017：3）其後整理Irwin團隊近二十年的立論強調，此文（此書）前接後現代課程理論研究者如Pinar, Greene, Ted T. Aoki（加拿大最著名的前輩課程領域學者；參見Pinar & Irwin, 2005）與Eisner等人發起的第二代課程研究浪潮，內容雖屬初定仍頗深邃而有承先啟後的重要學術價值與地位。

（二）R. L. Irwin與其研究團隊的第二本專著[9]

Irwin與其研究團隊其後陸續出版多篇專文（如Springgay, Irwin, & Kind, 2005; Irwin, 2006; Irwin, Beer, Springgay, Graucer, Gu, & Bicke, 2006），針對美學／藝術教育、理論與研究的關聯、方法論等要點逐步構築了A/r/t的思想體系。

2008年續由其時任教於University of Toronto（加拿大多倫多大學）的S. Springgay掛名第一而與其他研究團隊成員（含Irwin）合編第二本專書（見Springgay, Irwin, Leggo & Gouzouasis, 2008），並由Irwin & Springgay（2008）聯手撰寫首篇章節介紹A/r/tography為何是「實踐為體的研究」。

Irwin & Springgay（2008）延續了第一本專書導論（Irwin, 2004）的基調，通篇解析並論辯「游移」、「混雜」、「跨疆界」等概念的理論意涵，其方法論則援引諸多後現代主義大家如法國學者M. Merleau-Ponty（梅洛・龐蒂，1908-1961）的「觸覺論」（touch）以期擴張A/r/t「**奠基於實踐的理論要素**（practice-based theoretical underpinnings; 見Irwin & Springgay, 2008: xxi標題）。」

有別於十六至十七世紀法國哲學家R. Descartes（笛卡兒，1596-1650）的「心物二元論」（mind-body dualism），認為身體和心靈分離且分別獨立存在，Merleau-Ponty主張身體的感官經驗如觸覺是認知、瞭解外界的重要途徑（因而挑戰了傳統認為的視覺作用），主體間以相互接近、連結、相關等方式來理解外在世界，亦即「**理解是以共存（coexistence）方式領會**」（引自Irwin & Springgay, 2008: xxi）。

此處Irwin & Springgay（2008）借用法國另位著名思想家Jean-

---

[9] Irwin（2017：134）自述此書出自其所指導的多位博士生的畢業論文，與首本（Irwin & de Cossen, 2004）不同之處在於新作專注於發展A/r/t的方法論內涵。

Luc Nancy（讓－呂克・南希，1940-2021）的「共存」理論，強調「存在」（being）的本質乃是「與人共在」（being with），[10]奠基於互動雙方各自捐棄己念而相互接觸且「我」（I）並不先於「我們」（we），意義就此得以在「存在者」之間構建、發展（Irwin & Springgay, 2008: xxi-xxii）。

　　Irwin & Springgay（2008）進而解釋A/r/t的要義就在反映「相互體現」（inter-embodiment）、「在關係中存在」（being(s)-in-relation）、「社區／群實踐」的理路，任何研究均屬一種交換過程、無法脫離身體，而是透過心靈、身體、自我以及他人間交織完成，繼而與世界持續互動。

　　換言之，非如傳統實證主義者習視理論或研究為蒐集或解釋資料的單純行動且其目的就在驗證研究問題或假設，以實踐者（尤指藝術家或教學者）為基礎的A/r/t理論則改透過不斷地「提問」來探求知識，長時間地由心靈與身體共同運作，藉此主動且持續地（being in motion）體驗生活。如此一來，實證主義強調的「或然性」（probability）與「合理性」（plausibility）皆非衡量研究好壞的標準，惟「可能性」（possibility）才是。

　　此處的「實踐者」非指個人而是「社群」（communities）成員，乃因無論研究者、教師或藝術家總是在實作中持續地與同僚、學生或社會大眾對話以能相互瞭解。如研究者總得閱讀其他人所撰相關文獻，也常將自己研究所得交付同僚審查；教師透過本書前章（第二章）所談的「學習共同體」而與其他教學者「學共」（或「共學」）；藝術家更常參加展覽或演奏會以觀摩他人作品。

　　Irwin隨之採用另兩位法國後現代主義哲學家G. L. R. Deleuze（吉爾・德勒茲，1925-1995）與F. Guattari（皮埃爾－菲利克斯・

---

[10] 本書〈前言〉一節所引的短文，將「being with」譯為「與在」，其意相同。

伽塔利，1930-1992）的「塊莖」（rhizome）概念（見Deleuze & Guattari, 1987），強調A/r/t方法論講求的知識探求過程就像是他們形容的塊莖生長方式，既沒有起點也缺少終點，總是「游移」於不同跨疆界的縫隙之間（interstitial，亦可譯為「間質性」）尋找新的可能，也不斷在生命探求的過程生成（becoming）問題並在不同概念間學習，期能發現與前不同的方向來融合研究、教學與藝術創作（Irwin & Springgay, 2008: xx）。

Irwin & Springgay（2008）在結論一節重申，A/r/t的方法論基礎就在不斷地探問生活以使一些猶未命名的事物「複雜化」，也在實踐中發展理論，從而超越了客觀知識的界限。因此，A/r/tography的成員必然經常游移於空間與時間沉思，並也堅持面對日常諸多現象時保持開放性。因而A/r/tography 即可謂是在相遇各種主題、思想與行動的間隙過程時，持續提出新組合的努力。

此文（Irwin & Springgay, 2008）旁徵博引後現代主義的相關文獻，相較於前文（Irwin, 2004）的理論深度頗有提升，作者（們）汲汲於建立具有方法論特色的嘗試也值得肯定。

整體而言，由Irwin研究團隊歷經近二十年發展的別具一格研究主題至此已有相當學術規模，也為課程研究的「『後』再概念化」提出了具有獨特風格的後設思想，隨之引發臺灣課程研究者的關切並跟進。

（三）A/r/tography（遊藝誌）課程研究的中文學術旅程

1.許楓萱（2010）的首開先河

A/r/tography一詞的中文出處已不可考，目前所能搜尋到的最早用詞出自歐用生（2012：15-16），言簡意賅地提出了「遊藝誌」的譯名，惜未說明其寓意。

實則在歐用生此篇專文之前，尚有由其指導的許楓萱（2009）博士論文曾經論及A/r/t，但其因故已難尋獲，僅能依其同一時段在

學術期刊發表的研究論文（許楓萱，2010）略窺一二。

　　許楓萱（2010）並未使用「遊藝誌」一詞而是通篇以A/r/tography或「藝術／研究／教學（A/R/T）」貫穿，因而「遊藝誌」此一詞彙的正式問世可暫以上引歐用生（2012）為其濫觴。另有陳雪麗（2019）與陳瑩璟（2020）近作均採「『游』藝誌」（雙引號出自本書），顯然譯名未見統一且定義仍嫌分歧。

　　洪詠善（2014：48，註三）亦曾自述使用「藝『游』誌」乃因「藝」者出自A/r/t的首字（藝術），而「游」係引用《論語》〈述而篇〉的「『游』於『藝』」，「強調一種自然自在優游的態度」，[11]「誌」則來自graphy的翻譯，「傳達書寫／研究之意涵」。其言部分解釋了其博士論文指導教授歐用生（2012）採用「遊藝誌」之因，但為何歐用生採「遊」而非「游」字則仍不可考。

　　許楓萱首先延續前述Irwin研究團隊（2004）的觀點，認為A/r/t代表了「【教師】美學社群」（aesthetic community）的出現，成員兼有「藝術家」、「研究者」與「教學者」的跨界角色，彼此分享教育專業經驗以能共同成長。

　　許楓萱（2010）特別強調「A/r/t社群」的重要性，認為若能以其為教師的學習活動單位，即便一開始探究某個議題時彼此各自帶有個人執著，經過眾多成員的參與討論以及群組分享後，就能「……一同建立或解構盤根錯節的底層生活，四面八方地搜索文本，深究彼此的關聯並找出可供……啟發的研究心得」（頁105）。

　　根據許楓萱（2010），A/r/t社群的另個特色，即在廣泛地運用故事「自我披露」（self-disclosure）來探索寫作者的美感經驗；這點與前章（第三章）談及的Pinar（2004）「自傳式書寫」有異曲同

---

[11] 依《教育部重編國語辭典》網路版，「優游」通「優遊」（見https://dict.revised.moe.edu.tw/dictView.jsp?ID=153715&la=0&powerMode=0；上網時間：2022.07.16）。「國家教育研究院雙語詞彙」網站以「藝『游』誌」（雙引號出自本書）名之，應係在該院任職已久的洪詠善所寫。

工之妙。

　　因而許楓萱（2010：107）宣稱A/r/t有「質性研究取向」的特質，推崇與「我的」、「藝術」、「生活」有關的生命故事並以此作為後續分析、理解的源頭，藉此透過自我敘述來回顧與並反省甚至對話，「**這些文本，不只在於記錄故事，更是生命的發現、實踐、與改變的過程**」（頁108），承接了現象學的方法論而有「後現代課程觀」的特質。

　　總體而言，許楓萱（2010）認為A/r/t研究深具多元化特色，不但展現過去少見的「**冒險犯難精神**」，更替教育學領域（尤其課程研究）「**引入了活水**」（頁111），並也延續了前節由Eisner率先探索的「藝術教學」宏旨，具體而微地體現了「後現代課程觀」力求「在**教學實踐中促進美感經驗**」（頁109）的精神，有重要時代意義。[12]

2. 歐用生的後續擴充

　　歐用生（1943-2019）曾在國內多所大學執教並擔任臺北教育大學前身的「臺北師範學院」教務長、校長，任內創設臺灣第一所「課程與教學研究所」（含博士班）。退休後受聘為多所大學的講座教授，春風化雨三十年，曾經撰寫、主編教育（含課程、教學、研究方法）相關書籍多達55本（部分資料出自歐用生、章五奇，2019：年表）。

　　而歐用生（2012）有關A/r/t的首篇專著係發表在香港中文大學出版的《教育學報》，內容涵蓋「詩性智慧」與「A/r/t」兩個子題，意在呼籲課程研究者調整傳統課程理論的「認識論」與「方法

---

12 事實上，臺灣中小學老師藉由「社群」來相互砥礪、彼此觀摩教學的嘗試早已開始。如南投爽文國中教師王政忠自2015年暑假即已推動「全國偏鄉教師暑假教學專業成長研習活動」，第一年就吸引了超過1,200名教師自費出席，此稱「我有一個夢」的「夢1」活動。迄2021年的「夢N」，全國各地基層教師自發性地參加總數業已突破四萬人次，為108課綱的實施奠定了重要基礎。可參見王政忠（2017）關於此項活動的自述。

論」，改採「存有論」的實踐辯證觀點，關注「我是誰」、「我在哪裡」、「我爲何到這裡」、「爲何這個就是世界」以及「我爲何來到世界」這些與人文願景與生命形式息息相關且影響深遠的課程實踐形式（頁16），延續了Macdonald（1988）提出的「**詩性智慧的想像**」（mythopoetic imagination）卓見。

歐用生隨即解釋，「詩性智慧」（mythopoetic）一字係由希臘文的「神話（故事）」（mythos）與「創造」（poiein或to make or do）組成，前者表達「知識的來源」而「創造」則是「表達方式」。

據此歐用生將「詩性智慧」概念與前引Eisner美學／藝術教育串接起來，強調教學過程不僅要有「技術性的知識」（episteme），更要有「實踐智慧」（phronesis）與「藝術知識」（artistry；參閱本書首章Nonaka & Takeuchi, 2021近作所述的「實踐智慧」）。

「技術性知識」類似實證主義一貫強調的理論知識，有放諸四海而皆準的真理意涵，但其缺點則是無所變通而只能照「章」（理論）行事。「實踐智慧」代表的則是「道德的知識」，訴諸於個人的自我認知，須依事件的相對重要性方能判斷、採取行動。

至於「藝術知識」，歐用生（2012）延續Eisner的說法，認爲教學就是藝術表現的形式，也是「**利用技能或智慧完成的美感經驗**」，含括想像、創意與敏感性等核心內涵（頁19）。

延續這個脈絡，歐用生接續介紹了A/r/t與課程理論的關聯，包括前述Irwin（2004）提及的「混雜性」與「第三空間」，強調教師身具混雜角色就易引起內在掙扎，勢須自我調適。但其優點是，「傳統」在混雜世界不再是主體而惟「多元」才是，因而教師可以就此「**再創造、再研究、再學習理解、鑑賞和呈現世界的方式，統整求知、實踐和創造，追求兼具知性、感情和實際的美妙融合的美感經驗**」（頁20-21），尤以第三空間的「模稜兩可」境界最足以產生更多可能。

由此歐用生（2012：22）大膽地指稱，A/r/t強調的「自我研究

是一種表演、自我定義、自我展現、自我探究,在參與自傳、故事的書寫;生活在自傳中尋找創造的活力,用新的方式書寫自己,將別人書寫的我加以重寫,超越邊界、疆界和限制,試驗不同的文本形式,展現不同的聲音」,其言遠較本書前章(第三章)所引Pinar(2004)的「自傳式書寫」更為精闢易解,所談幅度也遠較前引許楓萱為廣,直指教師書寫教學經驗的重要性與價值,極有參考價值(參見本書第五章第三節我的自述)。

在其專文最後,歐用生(2012:23)重申「存有論辯證」議題是「課程【研究】理論化」的主要途徑,妥切地反映了A/r/t課程教學的核心意義:

> 教師是研究者,亦是藝術家,但研究者、藝術家和教育者自身不能存在,而是單一而複數的存有,在參與於個人的探究時,亦與他人一起探究,結成實際的社群,進行整體的探究,創造深層的理解和意義。……
>
> 在這種課程中,知識在舞蹈中轉型,不斷超越,成為有魅力的、美學的、精神的、想像的領域。這時,學習的重點不是學科、計畫或目標,而是正在形成的自我的覺醒,將生活中的個人、社會層面交織起來,覺醒生活的意義,回到自我(頁24;原文未曾分段)。

整體而言,歐用生(2012)全文係以「存有論的辯證觀」為其討論核心,念茲在茲地建議教師從「自我」出發以尋回生活意義,探求如何求知、如何學習成為人、如何與他人/環境互動、如何建立主體意識、如何理解自我,可通稱其為有關「自我」為何的存有具現。

回顧歐用生(2012)此文一再拋出的幾個與A/r/t相關的重要概念如「課程美學」、「詩性智慧」、「藝術教學」等,均在其所撰述的其他論著早有涉及且常不厭其煩地反覆說明。

例如:在歐用生(2006)論及課程改革的「再概念化風貌」

時，就曾討論相關主題如「再概念課程重視自傳的、現象學的經驗」（頁13），因其認為課程的意涵本就是「將我們的過去、現在、未來告訴我們的孩子的集體的故事」（頁13-14），因而教師若身為研究者，就可成為「自己的研究者、自己的認知結構的形成的研究者」（頁14）；這些論點實也出自並延續了前章（第三章）所談由Pinar極力提倡的「自傳式書寫」概念。

他亦曾多次提倡「課程美學」並認為「教師即藝術家」（此言出自Dewey；見歐用生，2006：第三章標題），力主以藝術家的求知方式來培養教師的教學知能：「作為藝術家和藝師，<u>教師要『閱讀』言語無法表達的教室生活的訊息，體會情境的質的線索，這需要『教育的鑑賞』</u>（educational connoisseurship）」（頁74；英文出自原文，底線出自本書），其言並未晚於Irwin研究團隊。

而從其多篇專文所述可知，歐用生所涉的理論涵蓋範圍既深且廣，部分實已超越Irwin與其同僚所論，足可與上章詹棟樑（2002）與黃永和（2001）專書接合卻又更具新意，有其獨當一面的價值。

3.其他研究者的跟進
(1)王佩蘭的博士論文

在許楓萱（2009）之後，歐用生曾經再次指導博士生撰寫以A/r/t為主題的畢業論文（王佩蘭，2013），[13]以第一人稱的自述方式討論如何引介此一概念於「【國小】校長美學領導的未墾地」（頁15；添加語句出自本書），進而尋覓「校長身分認同的實踐故事」（頁15-16）。

---

[13] 王佩蘭（2013：26）曾經提及其「第一次接觸A/r/tography」，是在讀書會聽到歐用生介紹許楓萱「學姐」的博士論文，「那次讀書會之後我開始蒐集、閱讀⋯⋯相關書籍及論文研究，一步步地走進A/r/tography探究的奧妙世界」，顯然許楓萱、歐用生、王佩蘭三人相繼投入這個主題，是臺灣課程研究往美學轉向的重要因素。

　　王佩蘭首先融合A/r/t與Aesthetics（美學）從而創建A/R/TxAesthetics一字，[14]並以「A² Leadership」（合併上述兩字字首均為"A"的領導角色）為隱喻，在論文中詳盡地描述其身兼藝術家／研究者／校長角色的游移美學領導歷程。

　　王佩蘭（2013：10）首先自問，「從藝術家的角度來看學校領導，會是怎樣的風景？藝術家與校長角色之間的交錯會產生什麼火花呢？有了藝術意識的領導歷程會不會造就一個美麗的桃花源？」。

　　帶著以上的研究提問，王佩蘭回到自己擔任行政工作的小校（僅有八班），期盼能以A/r/t理論為基礎創造「校長領導」的第三空間，從而帶來「校長領導美學」的新圖像，而這個新圖像就出自與藝術交會的美感經驗（原文未曾分段）：

> ……眼睛突然開了、感受突然強了，……或許讓自己和教師們回到自己的「感覺與感動」，就像畫家校長看到學生藝術品時的尊重，藝術老師對於學生創意的堅持，這些回歸感覺的歷程，會讓自己對於校長領導工作及面對老師、學生的每一刻都產生驚奇、感動與意義。
>
> 或許在校長領導的過程中引入藝術體驗、用藝術家的角度思考、讓藝術為自己及教師發展打開另一個自我，知覺到、聽到、看到日常生活中未被覺知的、未被說出的、未被聽到的，引發新的覺醒，或許融入藝術美學的領導思考，是讓校長領導呈現驚奇面貌的一種可能性（頁10-11）。

---

[14] 此處的x是「乘號」而非英文字母的x。王佩蘭（2013：14、16、29-33）亦曾自創A/r/pography（簡稱A/R/P）一字藉以說明「藝術家／研究者／校長」的三合一混雜角色，但未說明p之意為何，猜想應是國小校長principal的簡稱；另在頁44提及校長具有「首席教師」的角色內涵，因而p亦可能有primary之意。

為了詳細記錄自己如何透過反思而成長，王佩蘭（2013）除了勤於撰寫故事外，自述從2010年9月就開始留下「札記」，每天記錄所有感觸、感覺或意識到的「第三空間游移事件」（頁193），一邊寫、一邊反思，也不斷地自我提問如「何時」、「何事」、「進入何種角色」、「有何疑問」，藉此取得第一手資料以備事後整理並檢討如何回到真實的自我。

在結論一節，作者提及A/R/P的基本角色可歸納為：「藝術家的精煉【鍊】感官與心靈」、「研究者的視野與耐心」與「校長的承擔與專業」（頁179；添加語句出自本書）三者，而這三者的角色特質如能表現得愈為明顯，則愈容易進行第三度空間的移動。

(2)洪詠善的接棒

另一篇也是由歐用生指導而以「美感經驗觀點的教學再概念化」為題的博士論文（洪詠善，2008）未曾引用任何A/r/t的相關文獻，顯見其（以及指導教授歐用生）是在這個時間點（2008年）之後方才開始涉獵A/r/t研究議題。

但洪詠善（2014）稍後則曾參酌佐藤學的「學習共同體」概念，兼而連結Eisner（1960）提出的「美學社群」與Irwin（2008）的「藝游誌社群」，強調「藝術領域教師的學習共同體是一美學社群，也是相互學習的藝游誌社群」（頁41），而藝術教師則是這個社群的促進者與行動者，負有持續回應學生學習同時也深化同僚教師專業實踐智慧的重任。

洪詠善（2014）串聯了上述佐藤學、Eisner以及Irwin提出的教學新理念並稱之「藝術教師的學習共同體」後（見頁55），對於如何融合藝術教學抱持樂觀態度，認為其從「教室課堂」到「教師社群」再到「學校美學社群」均可涵蓋，從而鼓勵藝術教師「多元跨界」地展開對話、相互學習並持續為之。

三 本章小結：從「視教學如藝術」到「遊藝誌社群」的上課意義

-- 古今之成大事業、大學問者，必經過三種之境界：「昨夜西風凋碧樹。獨上高樓，望盡天涯路。」此第一境也。「衣帶漸寬終不悔，為伊消得人憔悴。」此第二境也。「眾裡尋他千百度，驀然回首，那人正在，燈火闌珊處。」此第三境也（語出王國維《人間詞話》，引自張作錦，2022.07.15）。

　　本節正在構思階段，正巧讀到《聯合副刊》刊登新聞界耆宿張作錦先生的大作（2022.07.15），追念中國學術界三位以道殉身的國學大師王國維、老舍與傅雷，並以上引王國維在《人間詞話》所寫經典名句總括其一生學術思想。

　　根據網站資料，王國維曾被譽為「……**真正的國學大師**。在中國美學史上，第一個明確提出了『**美育**』的概念，……【認為】美育是養成人的高尚趣味的一個導向、一個價值取向，……【而】教育之宗旨何在？<u>在使人為完全之人物而已</u>，……<u>美之為物，使人忘一己之利害而入高尚純潔之域</u>，<u>此最純粹之快樂也</u>」（添加語句出自本書），[15]其對「美育」（美學教育）的觀點（「使人為完全之人物」以入「高尚純潔之域」），與本章所引許宏儒（2017）所談之「**教育即『成人之美』的藝術**」意涵一致，正可用來總結本章。[16]

---

[15] 引自《壹讀》〈王國維：論教育之宗旨〉（見https://read01.com/BExM7K.html#.YtOupXZBw2w；上網時間：2022.07.17）。此文實則述及王國維認為教育之大業應包含：智育、德育（即意育；按，道德意志的內在力量）、美育（即情育）三者，缺一不可。

[16] 許宏儒所談之「教育即『成人之美』的藝術」觀點，應係出自馮朝霖多年來鼓吹的教育美學，可參閱馮朝霖（2000）。

　　簡單地說，本章延續上章有關課程研究從「現代主義」到「後現代主義」的發展路徑，專事討論「美學」取向如何接續成為多元、人文、跨領域的思辨與論述，並以加拿大課程學者從本世紀初開始發展的A/r/tography美學取向為基底，試將其所述內涵納入課程研究以能擴充其廣度與深度，以利於下章的重新整理。

　　上章有關「上課」的理論討論顯示了，過去一百年來的課程研究已自獨尊實證主義的課程觀調整為後現代主義的多元論點，廣泛接納各家思想，經歷「再概念化」甚至「『後』再概念化」後，逐漸脫離傳統視教師為中心而改以學習者為主體，強調受教者方是知識建構的核心（目的），而課程或教育的主旨就在輔助或協助學習者自我探索以期建立深富生命力的學習經驗。

　　然而如此變革猶未掌握「上課」與學習者間的互動意涵，因而從上世紀九零年代以後興起的「教育美學」（藝術教育）概念適時地填補了其間不足，無論中外教育學者皆曾深入剖析「美學」（藝術）如何可以增進教育內涵。

　　教育學者陳雪麗（2019：28；英文出自原文）認為，「**後現代課程理論的課程實踐極具難度，教師必須打破對傳統課程強調線性的（linear）、語文的（verbal）、分析的（analytical）和理性的（rational）觀點，拔除過去對固定文本的依賴，朝向詩性智慧，開發心靈、感悟與直覺。教師要跨出這一步確實有難度，但值得嘗試，建議參考A/r/t的社群運作發展歷程。**」

　　陳雪麗所言雖僅針對中小學教師，但大學教師亦應適用。尤以經過108素養課綱薰陶的新學子已然次第進入大學，如何如其所言「**跨出這一步**」嘗試新的上課方式勢在必行，值得所有大學授課教師「**參考A/r/t的社群運作發展歷程**」，邁向具有「遊藝誌」美學教育內涵的新「上課」模式。

　　綜合本章各節所談，可以圖4.2進一步彰顯任何上課情境均應含括不斷遷移但又共存的角色如研究者、藝術家、教學者（教師）以及學習者（學生）；前三者在Irwin與歐用生等的研究專文已有論述，

惟兩者仍皆遺漏「學習者」扮演的共創（學）角色。

如圖4.2所示，在四個角色不斷變遷的過程，核心意旨當係從「自我」到「他人」所發展的共同主體性，即前述由法國哲學家Jean-Luc Nancy提出的「共存」概念，互動雙方（或多方）放棄彼此成見而樂於「與人共在」，從而在上課情境建立長期且主動的生活探究過程，由此提升美感體驗，並以書寫與視覺方式將這些感觸寫入日誌（見圖4.2右邊）。

圖4.2 由A/r/t（遊藝誌）與歐用生相關研究啟發的新「上課」模式

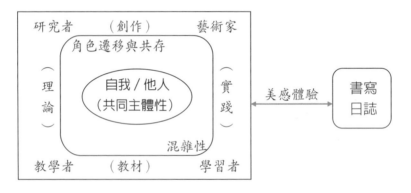

以上所述若合併日本與臺灣近些年來針對中小學教育（見本書第二章）啟動的改變，可知在不同國家都正重建課程領域的內涵。但迄今課程研究仍然缺少針對大學教育的省思，無論教學內容或上課方法都鮮少觸及，即便眾多課程研究者曾經多方檢討中小學課程教學的優劣好壞，其所談或難轉移並適用於大學課堂。

難道大學教育無須反思課程、教學、上課模式？大學課堂難道仍舊延續過去多年來由教師主導授課內容的方式，學生只要依照老師所授教材就可學到（見圖4.2方框下層）？

第五章 整理「上課」研究的理論模式
兼談我的對應研究脈絡

-- 如我多年來重複所說，如果大學想要讓其教學技術適應現在的【學生】對象，就須顯著地改變教學方法。……<u>教授們必須放棄傳統的講課，開始聆聽並與學生對話</u>── 從廣播式（broadcast style）改為互動式。第二，他們應該鼓勵學生……從【自我】發現的過程學習，並【嘗試】批判式思考而非只是背誦教授擁有的資訊（store of information）。第三，他們應該鼓勵學生相互合作並與校外人士來往。最後，他們需要根據學生的個人學習方式來調整教育模式（出自加拿大 Trent 大學名譽校長 Don Tapscott 2009年06月04日在 Edge 發表之演說，見 https://www.edge.org/conversation/don_tapscott-the-impending-demise-of-the-university；添加語句出自本書；底線與英文出自原文，上網時間：2021. 11. 05）。

➤ 一、概述：從「珊珊的故事」談起

　　起草本章時，恰在《聯合新聞網》讀到了節錄自兒童家庭醫師李佳燕（2018）所寫專書的一篇文章，[1]可略述如下（底線與添加語句出自本書）：

　　　　珊珊從小隨著擔任外交官的父親在國外讀書，小六時回臺讀了一學期，但因學習壓力過大而不適應，被診斷出甲狀腺功

---

[1]　https://udn.com/news/story/121484/6329533（上網時間：2022. 07. 31）。此文出自李佳燕（2018），頁232-239，篇名「功課抄人」。此處改寫自《聯合報》的節錄文字。

能異常。就醫時常跟李佳燕醫師抱怨，「為什麼上課時不能發表意見，尤其是與老師不同的意見。」

珊珊說，在美國上課時，老師要求學生必須發表看法且要和老師不同，「愈稀奇古怪愈好，……最好是【讓】老師聽到時，眼睛睜得好大，快掉下巴的最好……。」

珊珊尤其不滿臺灣的老師非但不讓同學講話，還要求大家在座位上既不能出聲也不能動來動去，一坐就是四十分鐘。珊珊只好把自己想像成植物，哪種植物都好，「最好是一棵樹，不要是玫瑰花、水仙花，因為花還會隨風搖曳，樹木才能定定地立著。」

如此一來，珊珊認為，「學校就像是植物園，每一個班級，就是一個區。例如：我們班可以叫做『檜木區』，隔壁班就叫做『樟木區』、『黑板樹區』之類的。老師施肥，我們負責吃肥料長高。老師是陽光，每一株樹都乖乖朝向光源長大。」

作者李佳燕醫師問說，「為什麼我們會把一群活潑【蹦】亂跳的小動物養成植物呢？為什麼我們期待小動物以植物的狀態成長呢？」

珊珊高中時期曾又回臺上課卻仍難適應，只能再次離開臺灣重覓就學機會。去國前，珊珊跟李醫師言明不會再回臺灣讀書了，因為「如果我再繼續留在這裡唸書，我會窒息而死」。[2]

　　本書讀者看到李醫師的描述一定跟我一樣眉頭為之一皺，心頭也為之一酸，好奇「怎麼會這樣子呢？」臺灣的小學教育何以將學生

2　李佳燕醫師的專書於2018年出版，若當年珊珊返臺時唸讀高中，加上李醫師謂其已五年未曾再次返臺，則其小學時期的抱怨發生在更早的四、五年前。如此一算，其所述故事應是2010年以前的往事而非近期發生。

「養成」植物？

　　珊珊實有不知。雖然她曾在美國與法國就讀小學，但如本書前章列舉的文獻分別出自美國、加拿大、日本的課程研究者，顯示這些國家皆曾經歷類似臺灣中小學的教學困境。研究者多時以來持續針砭並發表眾多分析報告後，始得逐步調整教育政策隨之改進舊有課程設計與教學方式，讓學生上課能有「如魚得水」之樂。

　　如本章（以及第二章）前引加拿大Trent 大學名譽校長Don Tapscott的2009年演講記錄顯示，該國也曾遭遇類似教學窘境：「教授站在講臺上面對一大群學生的老式講課方式（old-style lecture）仍然常見，是一種以教師為中心、單向、一體適用的模式，而學生在學習過程則被孤立」（英文出自原文）。

　　Tapscott接著又說，「然而這些在互動式數位世界長大的學生，學習方式【早已】不同。他們在谷歌與維基百科受教（schooled），想要【四處】探索而非依賴教授詳細繪製的路線圖。他們想要生動的對話而非講課，他們想要互動式教育」（英文出自原文，添加語句出自本書）。[3]

　　因而珊珊的自述（如上引底線文字）讀起來十分接近本書第二章第二節被Freire詬病的傳統教育「囤積模式」，而日本學者佐藤學的「教室改革」原也是要對症下藥，期盼改變該國學生如珊珊一樣地「『從學習中逃走』」。同樣的，臺灣近年來實施的「108課綱」著眼於透過「素養導向」來調整以往「以教師為中心」的教學體制，期能讓學生融入上課情境而不再是教室裡的「植物」。

　　由此觀之，珊珊羨慕並引以為參照對象的國外教育模式並非多時以來就如其所述的多元、多樣、有趣，實也曾歷經幾度改革風潮後方才找到更為貴近「以學習者為主體」的教學方式。

---

[3]　引自https://www.edge.org/conversation/don_tapscott-the-impending-demise-of-the-university；上網時間：2022.08.02。

　　因而如Tapscott描繪的加拿大早年大學教育情景、佐藤學所述的日本中小學危機、Freire於上世紀七零年代針對巴西（或美國）教育缺失提出的批判，均與上章教育（課程）學者共同掀起的臺灣課程改革運動幾無不同，只不過Tapscott講的是大學校園而其他幾位的描述對象多是中小學校。

　　而臺灣從「108課綱」實施至今已滿三年。如本書前章文獻所示，研究者在此之前曾經透過課堂現場觀察、田野分析、文獻檢閱後，持續撰寫研究報告呼籲改變中小學的教學模式。歷經多年努力始才實施新的課綱，預料其影響力將與日俱增，而那些曾讓珊珊頗感不適應的教學方式或將逐步減少甚或消弭殆盡。

　　至於大學端是否準備好面對這些與前不同的高中畢業生呢？大學教師是否整裝待發地重新檢視自己的上課模式，而樂於改採「以學習者為主體」的教學策略？這些疑問猶待未來檢驗。

　　本章分為三個小節：第一節為「概述」。第二節略談何謂「理論」後隨即整理第三、四章的課程理論發展歷程，說明其如何從早期實證主義觀點改而接受後現代思潮的薰陶，其後復再加入與美學取向相符的人文意涵。第三節則擬略談我的相關研究脈絡，旨在說明其如何曾與課程理論／研究對應、契合甚至交錯重合。

▆ 整理前兩章「課程理論／研究」的發展脈絡

（一）有關「理論」的相關定義與意涵

　　何謂「理論」？教育部國語辭典提供了幾個基本解釋，與本書較為相近者乃是「由實踐中歸納或由觀念推演而得到的有系統、有組織的說理或論點」以及「論事物之理，對實際或實踐而言」，[4]兩者俱都顯示理論固屬「有系統、有組織的說理或論點」，但其不能偏離實

---

[4]　https://dict.revised.moe.edu.tw/dictView.jsp?ID=61971&q=1&word=%E7%90%86%E8%AB%96；上網時間：2022. 08. 02。

際執行層面，「說理」與「執行」顯為一體兩面。

另有「國家教育研究院」提供由教育學者李奉儒教授執筆的定義則稱，「理論」一詞有多個不同意涵，均指「針對某些類似的事件或現象，依據思考或想像活動中的概念化作用，從而形成的結果」，屬於「暫時性的解釋」，或以近乎合理的說法來解釋過去發生的某一現象，也常在科學領域用來預測未來發展。

李奉儒並稱，「理論」專指「純粹的知識及觀察」，而「實踐」（practice）則是「知識以外的行動」，兩者實「是相互關聯的，實際【踐】不能沒有理論作為依據，理論不能沒有實際【踐】作為內涵」（添加語句出自本書）；[5]其與上引教育部國語辭典所述的理論與實踐乃為一體兩面並無二致。

綜合以上幾個定義可知，理論可視為針對一組（或一系列）有群組關係的系統性知識之<u>述說</u>，多從日常生活經驗（實踐）出發（見圖5.1底層），透過轉譯過程（圖5.1最左邊）而將與其（日常生活經驗）相關的物件及其意義整理在一起並加以<u>陳述</u>，藉此顯現彼此間的組合關係，可簡化為：「一組敘述了其所含類別間關係的知識陳述」，或可更直接地稱其：「理論即陳述或述說」。[6]

在自然科學領域或是篤信行為主義的社會科學領域（如心理學），理論（見圖5.1中間方塊）常被指稱係由一些稱作「概念」（concepts）的類別組成，彼此或相互影響或僅具單向影響。如圖5.1中間方框內之「理論1」是由「概念1」加上「概念2」集合而成，而「理論2」與「理論3」內容皆含「概念3」。

同理，傾向科學主義的領域常主張「理論」必須具有「可驗證」（verifiable）或「可控制」性質，且任何相關述說皆須解釋其間的關係緊密與否。如社會學家陳秉璋（1985：9；底線出自本書）即曾

5　見https://terms.naer.edu.tw/detail/1310542/；上網時間：2022.08.02。

6　此節所述有關理論的層級與內涵，出自我在政大傳院「傳播理論」課程第二週的授課內容。

圖5.1 與「理論」有關的定義與詞彙*

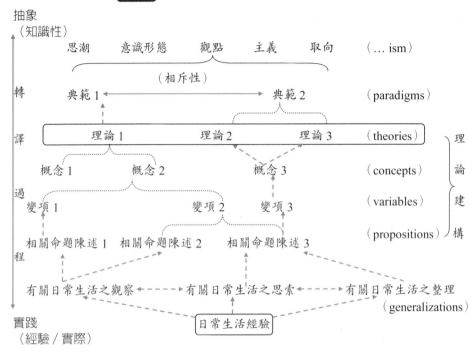

*虛線表示相關類別間有組合關係

說明，理論係「有既定意圖，**透過邏輯思考運作整合而成的一組具<u>可驗性</u>的相關概念**」，其說法與前引定義若合符節。

但在文學或人文領域（如藝術），此「可驗證性」與「可控制性」難以透過研究取得（如「美」的概念就難驗證或控制），因而理論的特質重在解釋／詮釋日常生活的某些事情何以出現以及其與其他事物間的關係為何（見圖5.1下方有關日常生活的觀察、思索、整理）。正如Bailey（1990：7）所言，理論並非僅是將現有研究聚集起來，而是「**跨越知識鴻溝而建立的新說明**」（new formulation）。

同樣在行為科學領域，「概念」係由可驗證的「變項」（variables）組成，彼此互為影響或為單向影響，而此影響程度（如單向或多向）就是透過前引所示的「假設」（hypothesis）經過驗證

後確認。如圖5.1中間，「概念2」由「變項1」與「變項2」組合，而「變項3」則是「概念3」的主要內涵。但在人文領域，概念的特質則僅關乎說理周延與否，可定義其為「陳述的前後脈絡」。

　　上述由「命題」、「變項」、「概念」到「理論」的組合過程常用來建立具有「可推論性」（generalizability；指研究結果可否用來解釋其他相同現象）與「可複製性」（replicability or reproducibility；指研究過程可否再製並獲相同結果以證明其有效程度）的社會科學原理原則，一般謂之「理論建構」（theory building or theory construction；見Hage, 1972; Shoemaker, Tankard, Jr., & Lasorsa, 2004；見圖5.1右邊）。但在人文學科，「理論建構」並未廣受重視，乃因其對理論的定義與解說與上述過程迥然有異。

　　而在理論之上（見圖5.1上層）另有「典範」（paradigms），由內涵相近且在某一特定時空情境廣為接受的理論知識體系組成。不同典範間常有強弱之分與競合之勢（如有關地球究係「方」或「圓」之科學典範），因而其變換乃屬常態（見圖5.1所示之「相斥性」）。

　　典範之上猶有可看出其變化與動態關係的思想體系，常稱之「觀點」、「取向」、「意識形態」、「主義」或「思潮」，簡稱ism，[7] 即在某特定時空情境興起的思想趨勢或傾向（如「後現代主義」、「結構主義」等），經常影響人們觀察事物的角度（常稱「世界觀」），並在不同領域產生眾多與此趨勢相符的理論進而成為新的典範。但也可能反向為之，即眾多理論經驗證或說理後產生新的思潮（如基因理論興起後，人們面對生命已有不同觀點），從而造成不同的典範或主義。

　　總之，理論是不斷演進的動態過程，這個演進過程就是透過持續不斷的學術論證藉以釐清理論的外延（指其適用的範圍）與內涵（構

---

[7] 可參閱維基百科的相關解釋：https://zh.m.wiktionary.org/zh-hant/ism；上網時間：2022. 08. 06。

成概念的要素總和）。理論不代表「標準答案」或「唯一答案」，因為所有理論都因社會持續變動而經常出現新的日常生活狀態以致對其有了與前不同的觀察、思索與整理；由是，理論實是長期處於異動狀態而迭有增減、調整、變化。

（二）有關「課程理論／研究」的相關定義與意涵

如上節定義所示，當本書述及「課程理論／研究」時，即指針對課程設計、教學內容或上課方式而提出的一組（或一系列）有群組關係的系統性知識述說。

不同時代導引的課程理論常受當個時代的思潮（主義）影響，因而如前章提及的Bobbitt與Pinar就因所處時代的主流思潮是行為主義或後現代主義從而發展了不同理論內涵，且後起理論常與前個時代奉為經典的理論相互牴觸、排斥。

從本書第三、四章所引文獻觀之，課程理論／研究的傳統約可分成以下幾個時程，其間清晰可見與相關思潮（主義）間的互動關係：

1. 課程理論／研究約從1918年開始建立學術專業知識體系。詹棟樑（2002）曾稱此前在德國與英國曾有涇渭分明的兩個課程價值路線，分由德國教育家J. F. Herbart與英國教育家H. Spencer為代表人物，影響了歐洲與美國在二十世紀初期前後的中小學課程編排甚鉅（參見第三章第二節第一小節）；

2. J. F. Bobbit於1918年出版首本課程領域專書，依此建立了恪遵工業社會所需的「現代（科學）主義課程觀」，並也奉行當時初露鋒芒的「行為主義」，強調課程設計理應由教育單位訂定目標並設計課程評量標準，藉此理解教學是否「有用」；

3. 二十世紀中葉前後，「科學主義課程觀」的聲勢達到最高峰，R.W. Tyler推行的「科學管理」模式強調建立「問責制度」，包括教師須對自己所教課程負責、學校須對整體課程設計負責、教育行政單位須對教育成效負責，此稱「泰勒原理」或「泰勒法

則」，影響課程領域發展逾五十年；

4. 約於上世紀1980年代，受惠於「後現代主義」在歐洲興起並逐漸引進如藝術、建築、哲學等領域，自然科學界如物理、生物學同時間受到「開放系統論」（如混沌理論）的影響，美國課程學者W. Doll, Jr.率先引進了「後現代主義課程觀」，強調動態、開放、建構的觀點，認為應由教師、學生自己、同儕甚至家長互動來共同促進學習者建構鷹架，以轉換知識為己所用；

5. 由Pinar等教育學者引導之「再概念化」學派發展成為「後現代主義課程觀」改革運動的最重要一支理論派別，強調知識的產出乃由師生合作達成，尤其關注學生如何創新知識，重視「共同參與」與「價值共同創造」對課程設計的意涵，主張「個人」（受教者／學習者）方是知識建構的主體；

6. 本世紀初，藝術教育研究者E. W. Eisner提倡「教學如藝術」的美學論點，鼓吹營造「上課」氣氛有如藝術創作者思考其作品的美感情趣，師生共同關注「隨機應變」、「靈活開放」、「情感體驗」、「感官體會」等藝術活動的本質，拋棄傳統由上對下的固定講課形式，讓學生成為知識學習的中心所在，而教師則是主導課堂氛圍與教學進程的關鍵；

7. 延續Eisner的「教學如藝術」觀點，加拿大英屬哥倫比亞大學課程與教學系R. L. Irwin教授主持的研究團隊自2004年起提出「A/r/tography」概念，指稱「教學者」不僅是「研究者」亦具「藝術家」身分，不斷地游移於此三個角色之間並統整各自代表的「行／實踐」、「知／智性」與「創作／造」蘊意，藉此呈現美感教育的價值；

8. 臺灣課程研究者歐用生偕同其指導的多位博士研究生，在2010年前後廣納R. L. Irwin的課程觀點，改持「存有論」哲思建議教師從「自我」出發探查如何求知、如何學習成為人、如何與他人／環境互動、如何建立主體意識、如何理解自我，師生一起探索生活場域，共同體驗實際情境可能產生的變動。

　　合併上述八點可知，過去百餘年（1918年迄今）來的課程研究發展路徑大約隨著「前工業社會」、「工業社會」、「行為主義」（強調管理科學）、「後現代主義」（如建構主義）、「美學思潮」等路徑而可分成「前發展期」、「傳統取向」、「建構取向」與「藝術取向」等階段（參見圖5.2左邊），其雖看似涇渭分明、前後有序，實則彼此交疊鑲嵌、錯綜纏繞，並非井然有條。

圖5.2　整理本書第三、四章的課程理論發展脈絡

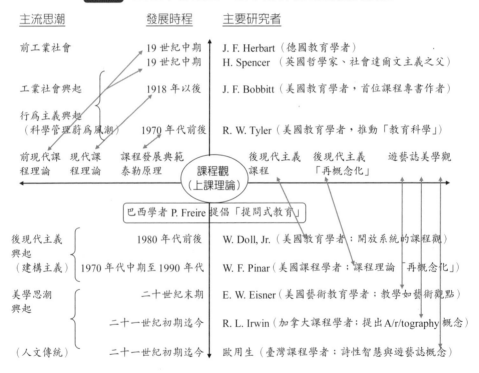

　　延續圖5.2的整理，可以借用教育學者黃永和（2001：223）的課程發展比較，進一步展示傳統「現代主義」課程取向（「科學主義」）、「後現代主義」課程取向（「建構主義」）之異同，並增列「美學／藝術」取向以示其間差異（見表5.1）。

表5.1　傳統取向、後現代主義取向、美學取向的課程比較*

	傳統取向（科學主義）的課程發展	後現代主義取向（建構主義）的課程發展	美學取向的課程發展
學習結果[8]	被認為可獲得且可預期	不以成績（grades）為評鑑來源	不可預期的結果具有高度價值
課程目標	奠基於形式結構的預先決定的目標	學習者對某一主題的當前理解是起點	目標很少固定且常隨情境與機會變換
課程順序	有一種最理想的教學順序（sequence）、技能或教材內容的連續體（continuum）	每個學生以不同的發展順序來理解某一主題，在學習歷程不斷自我組織與演化	教師上課見機而作，從「節外生枝」的過程激發新的想法與創意
學習活動	事先計畫好的特殊學習活動	個別學習者發展各自學習活動，教師只提供支持性的環境。透過詮釋的歷程，學習者自行追求自己的目標	學生成為課堂中心所在，而教師則是營造課堂氣氛的主導者，雙方共同探求知識
課程發展	所有的學習者都會以相同的概念水平處理學習材料	相同的學習材料被不同概念水平的學習者使用	「游移」於跨疆界的縫隙間以尋找新的可能，樂於擁抱陌生情境，並加入藝術活動常見的「玩興」與「扮演」

（下頁續）

8　黃永和原著將「不可預期的結果具有高度價值」列於建構主義之下，本書改置為美學取向。

	傳統取向（科學主義）的課程發展	後現代主義取向（建構主義）的課程發展	美學取向的課程發展
課程計畫	問題由教科書與教師提供，倚賴二手來源	問題產自學習者為獲得其自己設定的目標而嘗試	具備如爵士樂手的即興創作能力
學習任務	每位學生完成自己的學習任務	鼓勵學生進行問題解決與意義協商的互動	在相遇各種主題、思想與行動的間隙過程，持續提出創新組合
課程知識	期望學生接受官方知識	期望學生視知識為自身的詮釋	師生在互為主體中進行教學實踐，由教師引導學生產生創見、感覺、想像與行動方式
評鑑	奠基於學生對官方知識的再製	奠基於學生重建個人知識時所獲得的成長	學習者自我探索以期建立深富生命力的學習經驗

*以上表格修改自黃永和（2001：223，表5-2），美學取向各欄為本書添加。

三　我與課程領域的對應研究觀點：「開放系統」觀點、「（共同）建構」觀點、「美學／敘事學」觀點

-- 學術理論之功能還更進一步讓我們能夠理解有關周遭世界的來龍去脈，因為這些理論不僅是「經驗之談」更是思考結晶，都是一些學有專精者經過許多研究論辯、分析、濃縮後產生的命題陳述，有其「可歸納性」（generalizability or generalization），作為「佐證」之可能性也遠較一般人之經驗談為多（我在政大傳院「傳播理論」課程第二週的授課內容；參見圖5.1）。

（一）綜論：從我的博士論文到專書出版

上節回顧了前章（第三、四章）所述的課程領域發展歷程，分以圖5.2與表5.1探索社會思潮變遷如何曾經影響課程理論／研究間的推展與蛻變，並以多位主要研究者為軸，說明其如何透過研究成果提出與前不同的理論主張，進而促成學術典範持續改弦易轍，影響重要教育議題包括何謂「課程」、如何「教學」以及「上課」方式為何等。

回顧我的教學與研究歷程雖如前述未曾（或從未）與課程理論／研究的演進脈絡重疊，但是在思想層次則實多有意氣相投之體會與品味，稍加梳理即可發現彼此多年來始終踏訪著近乎一致的足跡而相去無幾（見下節說明）。

例如：我在2009年向「行政院國家科學委員會」（簡稱「國科會」）申請當年度專題計畫時，曾以下圖（圖5.3）說明我的「近五年研究計畫內容」，顯示早年（1980年代中期）係以「新聞理論建構」為題撰寫博士學位論文，其主要理論依據是「一般系統論」，與前引Doll, Jr.提出的「開放系統」如出一轍。

圖5.3 我的研究軌跡（2009年所繪）*

研究主題	早期研究發想（含博班）	新聞與社會	新聞與生命	新聞訪問理論建構	傳播敘事之理論建構	此次提案
跨越時間	（1980-1990）	（1992-2002）	（2002-2005）	（2006-2009）	（2009-2010）	（預計2010-2012）
核心意旨	社會相近論	專家生手	新聞美學	敘事傳播	生命故事訪談	旅行敘事
主要內涵	新聞理論之建構（一般系統論）	新聞框架理論（共同建構論）	研究理念之轉型	結合敘事與傳播理論（敘事論）	結合生命故事與傳播理論	結合旅行與傳播敘事

*出自我的2009年「國科會專題計畫申請案」之「研究歷程綜述」圖一「提案人之研究脈絡簡圖」

　　而後十年間，我則沉浸於「新聞專家生手研究」並於1999年完成專書，借用「共同建構」概念說明新聞產製乃是新聞媒體與消息來源共同參與的過程；此點與前章所述的後現代主義論者如Doll, Jr., Irwin以及黃永和多認為課程乃由「學習者」與「教師」（以及其他社區成員）攜手參與知識轉換的觀點並無軒輊。

　　及至2002-2005年間，我的研究主題轉向「新聞美學」（news aesthetics；見圖5.3中間），繼而接連多年追隨「敘事典範」（narrative paradigm）分從「老人傳播」、「生命故事訪談」、「旅行敘事」等子題向國科會申請各年度計畫並均幸蒙通過，其內容皆與A/r/tography（遊藝誌）理論的部分理念緊密連結。

　　以下擬整理上述研究歷程如本節標題所示的三個主軸〔開放系統、（共同）建構、美學／敘事學等〕觀點，簡略回溯我的三十餘年（1987年迄今）研究脈絡如何曾與上節所談課程理論／研究息息相通、其因若何，其後並將檢視我參與兩個研究群「共同學習」的經驗與收穫。

（二）我的三個研究主軸

1. 開放系統觀點

　　如圖5.3所示，我的博士論文（Tsang, 1987）係以「社會相近」（social propinquity）概念為理論基礎，提出命題與假設以期驗證國際新聞的多寡乃與「社會相近」概念有關，亦即兩國間如歷史文化、地理、政治經濟等變項愈為相近，則某國（如美國）有關另國的國際新聞流量愈多。

　　而我採用「社會相近」概念的目的，乃在透過「一般系統理論」改採第三視角，認為國際新聞的流通重點並非國與國間的關係是否「平等」，而是「相近」與否。研究結果顯示，七個研究假設有四個經統計驗證顯著屬實，因而可以推論國際新聞之數量的確「適度地」（moderately）與「社會相近」概念相關（pp. x & 208）。

　　博士論文的前言（preface）這麼寫著（添加語句與底線出自本書；p. vi）：

　　整篇畢業論文可視為一段理論建構的練習，透過循序漸進的【整合】過程來描繪有關<u>一般系統理論</u>的理論視角……。GST【按，即一般系統理論的英文簡稱】一直是一種「超越性」（transcendental）的【研究】方法，試圖在各個層面提供「水平」整合。……無論成功與否，本論文試圖提出並檢驗一系列與相近性概念相關的假設……。從某種意義來說，本論文是我過去幾年就讀德州大學奧斯丁校區研究生課程所得知識的累積。

　　上引「一般系統理論」（general system theory，即GST）[9]是由生物學家L. von Bertalanffy、神經生物學家R. Gerard與經濟學家K. Boulding聯袂在1954年發起成立「一般系統理論研究學會」〔the Society for General Systems Research，後改為「國際系統科學學會」（International Society for the Systems Sciences）〕時命名，旨在研究「不同【學術】領域的概念、規律與模式的同構性（isomorphy），……**鼓勵缺乏理論的領域發展適當的理論模式，【消弭】不同領域間的理論重複，並加強專家間的交流以期促進科學的統一**」（添加語句出自本書）。[10]

　　實際上，正如我的博士論文所述（見pp. 20-21），「一般系統理論」常與其他系統觀點相提並論，如由美國數學家N. Wiener（1961）提出的「控制論」（control theory）；英國心理學家W. R. Ashby（1956）的「模控學」（cybernetics）；由此兩者延伸的「社

---

[9]　國內傳播學者蔡琰（1995：165）譯GST為「大系統論」，其意相同。

[10]　引自https://en.wikipedia.org/wiki/International_Society_for_the_Systems_Sciences（2022. 08. 11）。

會模控學」（social cybernetics；見Buckley, 1967；黃永和，2001：218）；數學家C. Shannon & W. Weaver（1949）的「資訊理論」；以及W. B. Cannon（1963/1932）的「均衡論」（homeostasis）等。

名稱雖然有異，但其共同關心以下幾點：（系統）整體大於部分之和、（系統）整體決定部分的性質、孤立於整體的部分（系統）無法理解、部分（系統）間總是動態相關或相互依存。

由此，「系統」即可定義為「**有組織且動態的【整體】結構，……其所含部分總是相互關聯並與環境互動**」（Tsang, 1987: 100；添加語句出自本書）。整體與部分間乃屬「層級關係」（hierarchical order or level structure），除互有往來外並具「雅努斯效應」（the Janus effects），即「**所有系統包含兩個相反面向，往下看是獨立整體，面朝上則是從屬部分；一張是主人的臉，另張是僕人的臉**」（p. 102）。

而對開放系統來說，最重要的概念就是上述W. B. Cannon提出的「均衡論」（homeostasis），意指系統必須讓來自環境的資源與訊息適當地流入或流出以維持平衡。此點對封閉組織而言無甚重要，因其只要維持自身內部的平衡狀態（equilibrium or steady-state）即可。但對開放系統而言，與環境互動並與其他相關組織來往乃是關鍵所在。

何況採用開放系統論的觀點來討論學術議題，可在論及社會變遷時避免過於簡化地落入傳統實證主義的線性因果關係推論（pp. 108-110），防止如還原論者（reductionism）慣性地將所有社會問題都拆解為「部分」而遺忘整體的意涵。

2.（共同）建構觀點（co-constructionist perspective；見臧國仁，1999：351）

我在1987年完成上述博士論文後隨即返國任教，於1992年受邀參與政大傳播學院鍾蔚文教授領導之「專家生手研究群」，在接下來的十年開展了有關「新聞工作者如何發展專家知識」（expert knowledge）之研究旨趣，分從「認知心理學」、「資訊傳布」、「傳播理論」等角度探析新聞工作者成長的背後原因，如其個人知識結構（基模）如何協助完成報導任務。而我則專注於新聞工作者如何與受訪消息來源互動，就此逐步鋪陳了有關新聞／媒介的「框架研究」（news/media framing research）。

簡單地說，「框架」乃是「**一種結構組織，有如興建房子的建築結構或撰寫故事的情節**」（臧國仁，1999：26，註一）。在新聞領域，一般多以「言說／論述分析」（discourse analysis）途徑探討媒介工作者如何述說故事、如何權衡重要議題的報導價值（news values）、如何選擇並組合外在資訊以建立組織框架（media frames）。其後我即匯集研究所得撰寫《新聞媒體與消息來源──媒介框架與真實建構之論述》（臧國仁，1999）專書，討論新聞真實建構生態的相關元素。

此書開宗明義地使用後現代主義現象學派的「社會建構主義」，認為知識與真理皆為「創造」而來，「真實」（realities）則是透過不同符號與語言系統傳遞，具有多面向與可塑性的特質而非顛撲不破。

換言之，「**社會中存在有不同真實面，真實乃是社會建構之物**」（頁55）。真實由「事實」（facts）組成，但各種「真實」描繪的「事實」不盡相同，乃因不同符號與語言系統（如文字相對於影音）所能傳遞的訊息載量不同，以致其描繪的事實真相未必相同也不必等同。此點與傳統客觀主義者一向認為，新聞報導之目的乃在客觀地反映社會真實且知識也能忠實地說明「世界像什麼」（what the world is like）等觀點大異其趣。

由此可知，社會建構觀點對「知識本質」及「人與知識」的看法與前迥然不同，一方面否定實證論有關「知識」如何產生的諸多假設，另也就人與知識的關係提出新的觀點，認為如「真實」、「事實」、「真理」（truth）、「客觀」、「理性」（rationality）這些看似相近卻互不隸屬的詞彙皆係建構而來，其意義因人而異或因社區

及文化而有不同，常因受限於語言或符號的多義或多重性而流於各說各話。

最後，社會建構觀點強調「關係」的重要性，認為知識並非個體獨自創建，而是與社會其他成員以合作方式共同完成也共享成果，其間受到社會環境與社區文化影響甚多。

由上引觀之，過去我在探析「共同建構」概念時提出的諸多觀點，實與前章課程領域研究者提及的「共存」、「社群」相近，著眼點皆在否定實證論者單純、簡化且靜態的觀察世界方式，也無意接受或渲染個人（無論教師或新聞工作者）專業自主決策的重要性卻廣泛地忽略其他社會成員（如教室的其他同學、新聞消息來源）的關鍵性引導作用（以上討論參考臧國仁，2004）。

3.「美學／敘事學」觀點

「美學」（敘事學亦然）議題過去殊少受到傳播領域研究者關心，主因即在於其「本體論」（ontology，前章歐用生稱其「存有論」，可簡單定義為「知識的核心內容為何」）與「認識論」（epistemology，也稱「知識論」，指「知識所應涵蓋之範疇為何」）均與傳播領域的主流典範之「實證主義」迥異，以致「美學」（以及敘事學）與「傳播學」研究者鮮少往來遑論進行學術知識的交流（以上定義改寫自蔡琰、臧國仁，2011：31）。

對我來說，採取「美學」取徑討論傳播現象誠屬極大挑戰，幾已顛覆了在美國多年求學期間所接受之社會科學實證學術訓練內涵。但在此之後，研究理念有了根本性的調整，關心對象漸由「行為」而趨「故事述說」、由「驗證」而趨「析理」、由「理性」而趨「感性」，影響所及並也促使人生觀（生命觀）與研究典範轉入與前完全不同的人文導向，收穫極多。

蔡琰、臧國仁（2011：26：添加語句出自本書）曾經簡約地記

錄了當年「向美學轉」的起因與過程：[11]

> 約在2000年前後，……【我甫】結束「新聞框架」之探
> 索，正擬另闢蹊徑調整研究興趣。其時正逢臺灣「埔里921
> 大地震」（1999年）以及美國「紐約911世貿大樓倒蹋」
> 事件（2001年）相繼發生，兩件自然／人為災難帶來極大
> 震撼，有關「新聞美學」（news aesthetics）之討論隨即展
> 開，試圖理解「為何……閱聽大眾在『傷心、憤怒』之餘，
> 仍要追求『更多、更深入』的新聞報導？……為何這一樁樁
> 發生於國內外的重大災難新聞，竟會造成臺灣閱聽眾產生如
> 此資訊飢渴與需求？而此類重大災難新聞除提供警訊與真相
> 外，是否亦有『美』的功能而得淨化人心、尊重生命、共享
> 經驗？」。

如今檢視當時所撰兩篇「新聞美學」論文（臧國仁、蔡琰，
2001；蔡琰、臧國仁，2003），由其所附「參考書目」可知其時並
無相關傳播文獻可資借鑑，只得改從「美學」領域重新查閱、瀏覽。
撰寫時之遣辭用句均小心翼翼，不時檢討傳統「新聞真實」概念並旁
徵博引以示與學術主流論點（指客觀主義）猶有接軌而未有造次企
圖，心虛程度明顯可見（改寫自蔡琰、臧國仁，2011：26）。

所幸「美學」思想淵遠流長，漫遊其間深有所感，藉著撰寫論文
而大量涉獵如現象學者M. Heidegger、R. Ingarde、文學理論家M. M.
Bakhtin、美學研究者朱光潛、滕守堯、高宣揚等學術巨擘之名作，

---

11 此段文字原在描述該文兩位作者如何分別轉向而探索美學與新聞的關聯，
 此處為閱讀方便，省略文獻出處。另如該文所述，第一作者原係戲劇領域
 出身，無論美學理論或實務均曾浸淫甚久，瞭解也頗深，因而此處所稱之
 「向美學轉」專指該文第二作者（即本書作者）的體悟。又，此文部分出
 自兩位作者更早所寫之其他文章，出處省略。

囫圇吞棗之餘頗受啟發，意外地進入了此一富含人文哲理之典範領域。

　　隨後延續此一脈絡，自2005年起轉而探索「敘事理論／研究」相關議題，先以「老人敘事」（narrative gerontology）為題發表短文，長度僅及五頁，卻是開啟敘事研究之「起手式」。十年間另以「時間敘事」、「創意／創新與敘事」、「新聞敘事」、「旅行敘事」、「圖文敘事」、「新聞訪問敘事」、「想像敘事」等子題分別寫就專文刊出，逐步累積並建構了有關「敘事傳播」概念的基本圖像，終而能在退休前出版專書（臧國仁、蔡琰，2017）。

　　我的美學研究路徑與Eisner, Irwin或歐用生看似無甚關聯，實則皆與後現代主義接合。如我曾在臧國仁、蔡琰（2017）說明，「以人為本」之敘事行為係以「說故事者」為主體所在，透過不同媒介與媒材之故事講述歷程而與他人建立關係並展開互動（臧國仁、蔡琰，2017：266），其關注對象（「人」、「他人」）以及強調「互動」的觀點與美學課程研究者並無二致。

　　該書最後曾經整理「敘事傳播」的理論內涵，分從「本體論」、「知識論」與「方法論」說明如下各點（臧國仁、蔡琰，2007a：273-274）：

　　-- 以「人」為說、聽故事的主體時，所採立場實是「共生平等」（而非傳統傳播效果論所持之「資訊提供者位階較高」立場）；此乃其「本體論」特色；

　　-- 任何人講述故事時皆可透過「再述」而不斷轉換原有情節，因此故事有其延展性也持續等候下個說故事者補白；此即敘事傳播之「知識論」特色；

　　-- 故事也可透過不同媒介而產生變異並持續更動，旨在吸引更多人青睞；此為敘事傳播之特有「方法論」取徑。

　　合併觀之，我的美學／敘事研究取徑受到後現代主義的人文取

向影響甚深，由此棄守法國哲學家R. Decartes的「我思故我在」理性思維，轉而接受過去半個世紀曾經影響文學理論、文化研究的感性傳統，強調「生命共享」、「意義共構」、「相互參與」、「彼此連結」、「共同擁有」之意涵，因而與前述美學課程者研究的理論本質殊途同歸（臧國仁、蔡琰，2017：286）。

4. 略述我參加研究團隊的經驗（改寫自臧國仁，2018）

在結束本節有關我的課程理論／研究對應觀點之前，似應略加回顧我多年來參與相關研究群的經驗，畢竟正如前章（第二至四章）曾多次提及的教師「學習共同體」社群概念，其組成實有助於**深化同僚教師專業實踐智慧的重任**（見第四章第二節第三小節），也是第三章許楓萱（2010）所稱的「A/r/t社群」作用。

而如前述（見本章有關「（共同）建構」觀點小節），我曾在1992年受邀參與「專家生手研究群」，旨在瞭解新聞工作者（如記者、編輯、美術編輯）之「專業知識」內涵為何、其「專家能力」特質為何、「行業知識」有何特性等，試圖掌握新聞工作的關鍵表現以期轉換成為教學內容，參加時間長達十年之久。

其後在2001-2002年間，我轉而加入政治大學廣播電視系蔡琰教授的「新聞美學研究群」，討論內容圍繞在「何謂美學」、「哪些美學概念可能與傳播領域相通」、「新聞報導是否具有『淨化人心、尊重生命、共享經驗』之美學意涵」等。

研究群在2001-2005年間加入了「老人」議題並更名為「老人傳播研究群」，兩年後經審查通過以「校通識課」之名開授「老人（生命）與傳播」課程，於2012年復依此課教學經驗撰寫並出版專書《老人傳播：理論、研究與教學實例》（蔡琰、臧國仁，2012）。2013年研究團隊再次更名為「人老傳播研究群」，藉此展現「人老」（aging）與「老人」（the aged）議題之異：前者與生命歷程有關，而後者僅涉族群。

也緣於從老人議題切入時加入了有關「敘事」的討論（即前

述「老人敘事」），自2005年起研究團隊深入探索「說故事」（storytelling）與傳播間的可能構連，並於2017年出版專書《敘事傳播：故事／人文觀點》（臧國仁、蔡琰，2017），重新定義「傳播」之意涵為「說故事」而非傳統的「（線性）訊息傳遞過程」。

由以上簡述觀之，長期參與研究團隊乃是我在過去三十年持續投入的重要學術工作，也是我學術生涯裡最為精采的一頁，其意義不但堪與前章所述的「學術共同體」媲美，也顯示大學教師若能組成類似研究團隊，當也吻合黃永和（2001：222；添加語句出自本書）視課程為「**教室實際【教學】歷程中【，】由師生共同創造的教育經驗**」的說法，有助於共同反思、並肩創新進而提升教學品質，與第四章所引歐用生「存有論辯證」主張「結成實際的社群」巧然吻合。

四 本章小結（兼談第一部分之小結）

-- ……教學就是這麼一回事：一位老師，他時而教學，時而教導（如果他還能做到教育，那麼他的層次就更在這兩者之上了）。在傳遞知識的同時，他也在傳遞一種屬於他自己的「肢體」模式：一種聲音，一種噪音，一種步態，一種舉止，一種傾向、傾斜或偏移，一場個體的偏航。沿途中，他所承載的知識逐漸和他的手勢融為一體，成為他的一種特質，為他上色，讓他一步步地邁開了知識的步伐（一個思維的、同時也是教育的過程）（郭亮廷譯，2018／Nancy & Monnier, 2005: 71；括號內均出自原書）。

本章以及前章（第三、四章）回溯並整理了「課程理論／研究」百年來的發展軌跡，並論述我自己的研究經歷以能與其對應，藉此說明理論知識如何可能導引研究者如我以及大多數課程研究者的學術思想脈絡、研究取向甚至生命觀點，從而樂於修正教學內容與上課模式，期能與學習者一起成長。

下圖整理研究者追尋（理論）知識的不同途徑。由圖5.4內圈觀

之，理論（以及典範、意識形態、主義、思潮、觀點、取向）實皆研究者觀察日常生活世界的諸多變化（如從工業社會、後工業社會到資訊社會）後所提取、生產的知識內容（見圖5.4上層），有時為歸納形式（即從一系列具體事實概括出一般原理），有時則為演繹形式（指由普遍原理原則推演至特殊事象），兩者皆為可供學習的思想根源。

圖5.4　整理本章（以及第一部分）有關理論與實踐的關係*

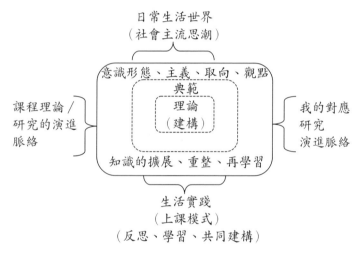

*虛線表示各區域間常有互動關係而非截然二分

　　圖5.4最內圈暫以「理論（建構）」名之，但已如前述此為實證主義的概念，一般人文學科並無相關詞彙而僅關注理論的前後脈絡是否梳理並陳述得條理分明、錯落有序。而後這些由理論提煉的原理原則隨即成為實踐工作的參考對象（見圖5.4下層），而實踐所得亦可能反之歸納或演繹成為上述原理原則的來源。

　　如在課程領域（見圖5.4左邊），目前正積極推動的「以學習者為主體」上課模式就是歷經長時間的知識擴展、重整、再學習後共同

建構的理論新方向（見圖5.4內圈下層），研究者如佐藤學常至中小學教學現場「觀課」，就是期盼能從這些田野觀察獲取新的研究發想，復經參閱過去理論文獻後就此提出研究創見。

我的研究過程亦如圖5.4右邊，不斷地從文獻（理論）閱讀受到啟發，而後歷經研究群成員的「共學」討論後逐漸發展出與過去不同的研究創新觀點，無論八零年代的「國際新聞流通」研究、九零年代的「新聞框架」研究、本世紀初的「新聞美學」取向、近二十年的「敘事傳播」提議皆是。

由此對照課程領域的過去發展軌跡以及我自己的研究路徑或可推知，學術研究的理論反思與教學實務各有其所長而無所偏廢；課程領域如此，我的傳播學門如此，大學其他知識範疇當也同樣如此。

以下擬轉往實踐部分，仍以三章篇幅分別介紹我曾開設的三門課程內容與上課方式，藉此呼應第一部分的理論章節，或可相互對照；第二部分最後一章（第九章）為整理與檢討。

第二部分

「上課」的實例個案與解析

-- 傳統的教室風景，大抵就是教師揭示了今天教學的主題方向，然後「一言堂」的講授；如果換成「課堂學習共同體」的操作，就是教師要改變授課方法，把主動求知權放在學生的手上，因此你的課程設計就會增加活動，讓孩子們分組，可以四個人一組，彼此探討老師今天所給予的任務，該如何解決。所以，當我們看日本數學課的「學習共同體」時，<u>你會發現老師不是在教數學</u>，老師是在談數學（潘慧玲，2013：82）。

一　概述：我的「上課」理念與課程改革經驗

　　本書第一部分的三個章節（第三、四、五章）業已檢閱課程領域的理論／研究發展進程，兼及我的研究經驗如何得以與其對應、契合。

　　如上章（第五章）所示，相關研究者（包括我與眾多課程研究者）多從教學實務工作體悟授課的窒礙難行之處，再經查訪相關理論／研究文獻後得以接觸最新典範進而察覺其與傳統思潮不同之處，接著從中自省、反思、領會新的上課可能模式，終能逐步建立與前不同的教學觀、生命觀、世界觀；此些轉折常是漫漫長路難以一蹴而就，總要經過一段時間的錯誤嘗試方可達成。

　　就以我曾親身經歷的教學創新來說，面對社會環境的變遷以及新聞媒介（尤其紙媒如報紙）的發展前景不明，我系（政大新聞系）早在千禧年前後就曾調整校園「實習報紙」的定位與運作方式，力求從「實習」改為「實驗」且不再以「熟悉業界成規」、「追求專業品

質」、「嚴格審稿標準」等為教學鵠的，反而鼓勵學生在「做中學」甚至「從錯中學」（參見本書第八章），藉由事後反思來達成「自我導向學習」的意義。

改制過程常得面對學生屢屢抱怨自己是新制實施的「白老鼠」（試驗品），此本常態而須耐心解釋調整制度的始末與原因，歷經多方溝通方能減輕學習者因不適應而帶來的怨聲載道。好在大多數同學都能體諒改制的不便並也漸次接受新制的優點，一學期後就已不再耳聞此類抱怨（當然新的其他抱怨又起）。

實習報紙原為必修課，每學期共有近百位學生修習，卻僅由一位任課教師以「指導老師」身分搭配行政助教一人總管所有實習報紙的出報流程，無論寫稿、審稿、編輯、上稿都由其「說了算」。

為了避免新聞內容出錯，指導老師每週出報前一晚皆須在作業現場指揮若定，直至夜深方得返家休息。次日中午猶須帶領所有修課同學檢討出報流程以及新聞內容的良窳，整體教學任務既繁瑣又費時費力。

新制改由多位高年級生（俗稱「將官」）協力負責第一線的審稿，改而定位教師為引領學生反思的「顧問」（coaching），以「促進者」（facilitator）身分與修課同學「討論」、「示範」、「諮詢」新聞實作的其他可能，然後透過閱讀出報後的每週檢討報告（類似Pinar推動的「自傳式書寫」）從旁協助同學完成出刊流程。

自此，教學重點不再如以往係以「熟悉業界常規」（俗稱「黑手訓練」）為目標並假設學生畢業後必將進入報社為前提，改為藉由實務工作思索、挑戰、推敲、探索業界常規以便未來猶有自我成長空間。

從當時留下的紀錄觀之（見臧國仁、石世豪、方念萱、劉嘉雯，2001），改制後的創新設想與作法有：

-- 學校教育之功能不在提供學生一生可用的標準答案，而僅在培養基本知識（陳述性知識）以及臨場應變的能力（程序性知識）；

-- 延續上述理念，大學新聞教育的實習制度實施目的，應僅在提供「接近」典型情境（如新聞行業）的工作實境，讓學生得以就此學習如何藉由上述程序性知識因應各類突發狀況，瞭解「變即人生」的道理，從而得以拋棄以往從測驗或教科書獲得固定知識的學習方式；

-- 容許學生在犯錯中學習，協助其自行揉合理論與對現場情境的認知，兼而發展應對策略並建構知識（Sternberg & Wagner, 1986）；

-- 鼓勵學生成為「反思的實踐者」（reflective practitioners; Schön, 1987），而非比照業界標準並追求專業品質；

-- 強調學生是知識的主體，「做」與「學」無法由別人（如教師）越俎代庖而須自己全程親身參與；

-- 老師透過自己的專業知識，從旁指出學習旅程猶有哪些其他可能的探險路徑，藉此促成學生反思並自我成長。

由以上簡述觀之，我與新聞系同僚早在本世紀初進行課程改革時，即已透過「從做中學」、「學生是知識的主體」、「容許犯錯」（從錯中學）、「變即人生」等理念試行接近前章述及的「後現代主義課程觀」教學理念與實踐方法，顯見其的確曾經符合時代所需且契合學生學習欲求。

課程研究者甄曉蘭（2004：1-2；英文均出自原書）曾謂，

> 課程理論與實務不能截然二分，……兩者其實是處於一種不斷轉變的折衝情勢（a constant and shifting terrain of negotiation），必須……試著透過批判的辯證思考（dialectical thinking），將彼此對立的現象作一統合，以理論來開展實務視野……，讓實務得以充實理論內涵、醞釀產出更有益於實務改進的課程論述。

延續甄曉蘭（2004：235）的另個建言，「課程唯有實踐才能展

現其生機，而教師的課程意識與教學實踐又是課程實踐的核心。」任何大學教師若有意進行改革課程策略或採用如本書以下三章所示的不同上課方式，可從自身的教學實踐過程獲取第一手經驗後逐步（年）調整，久之即可累積新意。

其後如能回歸本書第一部分的課程理論並延續上引甄曉蘭（2004：235）所言「**透過批判的辯證思考（dialectical thinking），將彼此對立的現象作一統合**」，而後將教學經驗陸續撰寫學術專文投稿發表（參見臧國仁，2021、2009、2000），當能「**產出更有益於實務改進的課程論述**」。

實例個案的實施背景

以下三章就是本書所擬的教學個案實例示範，取自過去我曾執教的三門課授課內容，從期初「教學大綱」的設計至期末「教學成果」的評量兼及一些「上課」實際所感所悟，或能提供有志者參考。

可惜的是，此三門課其後皆因院系課程調整而與他課整併不復存在，但其教學執行方式仍可適用任何學門的大多數課程，重點在於任教者調整教學心態、改變實際作法、納入藝術性教學的上課內涵，而後依照本書第一部分課程研究者提出的相關理念打開教室大門讓教學內容產生質變，持續走上變革之路（部分文字出自潘慧玲，2013：86-87）。

我在執教近三十年間曾經授課多達三、四十門，部分課程純屬「救急」性質而僅曾開授一次（學期），另些則因時間久遠以致上課資料多已佚失而未選入以下的實例個案解說。

但大體來說，以下選入的三例個案上課內容皆屬「臧氏教學法」的精髓所在，既有各自獨特性而彼此間亦有相關性，當能彰顯本書所欲凸顯的互動、共構、對談式上課範例。

然而每門課的教學策略與上課內容實都涉及了長時間的準備與持續調整，如第三門實例個案「採訪寫作」課從任教第一年（1987）

直到退休前一年（2016）一直持續開授幾無間斷。而第六、七章所示各項上課細節亦非固定不變，既有源自早先其他課程的教學經驗而又融入了屬於該學期的新創作法。

而我從教學之初（1987）即已在每課實施「課後評量」（參見臧國仁，2009），其所得結果亦於次學期之初立刻展示給接續修課的同學以利其預知課程內容。而開課第一週也都發送「教學大綱」（syllabus）說明課程理念，後期更曾添加「上課公約」（見下章說明），旨在提醒修課同學「學習是自己的事」；此皆累積多年教學經驗後發展的個人特色，當皆有參考價值。

以下三個教學實例的授課過程曾經簡略地寫在第一章所述的臧國仁（2022b），本書擴充該文並調整其順序，分依「課程設置背景與教學設計」、「事前準備：教學大綱」、「課程執行：教學實踐活動」、「課後評量：教師上課的教學成果」、「總體評析：整理本課與課程研究的對應與契合」等項說明。

三　有關「自傳式書寫」：第一人稱的自述

如前章（第三章）所示，「自傳式書寫」曾在課程領域的後起「理解典範」扮演重要角色，其因當可歸功於Pinar（1994, 2004）多時以來持續發表論文與出版專書，反覆地強調其可視為「理解典範」獨（特）有研究方法，學習者皆可藉由自我書寫來檢視、探究生命經驗而將所學轉為己用，從而凸顯「自我主體意識」。

實則「自傳式書寫」過去亦曾廣受其他領域重視，共同呼應了社會科學「向自傳式方法轉」（the autobiographical turn; Gorra, 1995）的新起思潮，強調任何說故事者（包括研究者）皆可以自我「生命講述」（life accounts）方式來表徵特定時空之生活經驗，由此顯示由過去到現在的人生旅程如何變化（a journal of change; Gouzouasis & Yanko, 2017: 60）。

以下三章採用自傳式書寫並以「第一人稱」敘述（自述）我的過

往三門課程教學經驗（參閱臧國仁、蔡琰，2010所述之「自傳式生命故事述說」）。

基本上，此處所言均曾參酌其時親撰的期初教學大綱與期末評量所得，藉以說明傳播領域如何得採Pinar以及理解典範倡議的「以學習者為主體」人文理念，兼而回應前章提及之Freire「提問式教育」模式。

第六章　個案實例一

「以學習者爲主體」的傳播理論課「上課」模式

一　前言：從歐用生的喟嘆談起

-- ……為什麼我要談這個呢？因為，我們就在為了讓校長、老師都要學習，打開門，「互相漏氣求進步」，所以我們在新的課綱就有規定，……校長與每位老師每學年應公開授課乙次。……我（按，指歐氏自己）教得這麼差，我都願意打開門，做觀摩教學給大家看了。你們教得那麼好，有什麼好怕的。所以我都建議校長……公開宣示，學習是我們學校的核心價值，……要加強校內老師知識的創新和分享。……我不會，我就向學生學，我就向家長學，我就向老師學，你們校長只要表達態度。

……所以打開門，大家互相學習，別讓大家誤解老師是最不想學習的。六年前引進學習共同體，親師生共同創造，老師向老師學、向學生學，學生向學生學，家長也一起來，親師生一起學，互相學習，互相聽，互相問，互相學（歐用生，2021：119；底線為本書所加，原文未分段）。

以上這段話出自前引已故臺灣課程教學先驅歐用生教授（2021）某次在「臺北市立大學教育學系」演講時的談話內容，相當程度反映了他的教學觀。

在演講中，他提及前章述及的日本著名教育學者佐藤學某次來臺參觀教學，「走進教室兩分鐘，就看到臺灣的【小學】老師是不民主的」，因為老師習於「安排學習共同體」、「指定小組長」、「決定【學生】報告的棒不棒」、「指定會的教不會的」（歐用生，

2021：120-121；添加語句與底線均出自本書）。

歐用生因而嘆息，「……這樣的學習共同體是半桶水，沒有翻，**也沒有轉，仍是需要教育再翻轉，甚至是後滾翻，是倒退** 」（頁120-121）。

在場聽眾是該系師生（研究生），許多且是在職進修的國中小教師與校長。歐用生有鑑於其等至今仍精通「教」而不擅長「學」，能妥善地準備教學觀摩卻無法領悟如何將「學習共同體」仔細地「概念化」，因而感觸良多。

歐用生說，「臺灣的【小學】老師就是不相信學生，【分組時總是】需要一個小組長，很堅持很固執，堅持自己【按，指老師】的想法，討論也不用，五分鐘下去巡視，用【限定】時間滴滴答答來逼死人【按，指學生】！組長心跳的很快，組員也是，這是工業時代【強調】效果效率的【做事方法】，<u>沒有把人性放在第一位</u>」（頁122；添加語句與底線出自本書）。

小學如此，大學呢？大學教授是否較小學老師更樂於「學習」如何教學呢？或者，大學教師是否更會教書且更樂於將「學習」的權力歸還學生呢？如何做？

本章將以前節所述的章節架構略述我在「傳播理論課」的實際上課模式，其所述皆出自我在各學期的實際教學內容。

二 課程設置背景與教學設計

（一）課程設置背景

我曾在2007年上學期起開授「傳播理論」課共四次／學期／年，從而開啟了與學生「共同學習」（前稱「共學」或「學共」）的經驗。

此課原屬傳播學院大學部六門必修課程之一，開在大二上學期，由四位老師每週各自分授三小時，每班修課學生約在五十至六十人之譜，來自全院四系（含「傳播學士學位學程」）以及雙修、輔系、交換生等。

　　從課程結構觀之，此課原係傳院大一入門課程「大眾傳播概論」之後接課程，又是大二下學期「研究方法」之前接課程（此課後改在大三開設，見下章），有其「起承轉合」作用。設課前提乃在期盼協助學生獲取「傳播理論」的基礎知識，以利其後順利進入各（新聞、廣告、廣播電視）系修習系屬專業課程。[1]

　　但考察中外傳播理論的教學方式與內涵迄今少有一致看法，深度倚賴授課教師依其各自認定之理論定義、結構與層級講授，與其他學門（如社會學、企管學、心理學）之入門理論課程常有「共同教學大綱」（master syllabus）情況迥異（臧國仁，2009：244）。

　　此外，傳播理論課之「本土化」嘗試迄未足夠，授課內容幾全出自國外研究文獻，而教學者與學習者均習以為常不以為意，以致「傳播理論」上課所述現象常與本土（或華人）社會脫節，影響所及易於導致學習者熟悉他國傳播現象卻無所知悉本國傳播理論之在地意涵（臧國仁，2009：244）。

　　面對「教材未能統一」與「過於倚賴國外文獻」此類教學現象，本課教學大綱設計之初即曾考量如何提供有關本土社會傳播現象之討論內容（見本章〈附件二〉上課大綱有關期中、期末、彙整作業之說明），鼓勵學習者提出反思與發想。

　　執行方式除規定「期末報告」須說明如何「套用」相關理論於臺灣現象外，另也透過期末作業「彙整理論專書」要求修課同學提供本土情境的反思，此點隨後成為教學主軸所在，常在課程討論時提醒同

---

[1]　根據政大傳播學院「課程地圖」，「傳播理論」課曾先改為「傳播與社會」，但111學年（2022. 09）入學適用的大一下學期則已再次調整為「傳播與當代思潮」（見https://comm.nccu.edu.tw/uploads/asset/data/62f20f1d3a978263bb62f288/%E5%82%B3%E6%92%AD%E5%AD%B8%E9%99%A2%E5%A4%A7%E5%AD%B8%E9%83%A8%E8%AA%B2%E7%A8%8B%E5%9C%B0%E5%9C%96_111%E5%85%A5%E5%AD%B8%E9%81%A9%E7%94%A8_%E7%89%88_0602.pdf；上網時間：2022. 08. 25）。

學關注臺灣（華人）傳播特色。

（二）授課理念與教學策略

有關「傳播理論」課程究應如何教授相關文獻不多，其涵蓋內容本為具有內在結構之「已知」（即一般所稱之「理論」知識），授課方式理應納入可以提升「程序性知識」（指「怎麼做」的實作知識）的授課內容，以利學生整併所學而能「見招拆招」地解決實際問題，可稱其「知變」、「應變」、「擅變」的能力培育（改寫自鍾蔚文、臧國仁、陳百齡，1996：113、115）。

根據鍾蔚文等（1996：118），有關傳播領域的「程序性知識」包括：「如何發現與界定問題」、「如何搜尋相關知識與資料」、「如何分析與整理資料」、「如何呈現資料」、「如何應用上述知識的知識」（或稱後設知識或反思能力）。三位作者尤其認為理論課程之本質，「不僅在傳授或介紹各種理論，藉由理論知識的討論來訓練觀察與分析的能力可能才是此類課程的重點所在」（頁118；底線出自本書）。

延續上述觀察，本課教學策略因而包括：

-- 學生須自行練習搜尋相關理論資料、閱讀研究文獻、講述並分享所得，以便得與教師及其他同學「共同建構」（共構）有關傳播理論的豐富內涵；

-- 教師角色在於建立討論氛圍，鼓勵學生加入教學情境並建立其學習自主性，而非如教師講授而學生聆聽的傳統「上對下」教學模式；

-- 學生必須練習反思能力之培養，針對其有興趣之理論主題延伸討論與見解批判，免於受到教學者之框架影響，從而建立其「程序化」之後設理論知識。

（三）課程設計

　　由上述授課理念教學策略出發，具體課程設計包括以下重點：

1. 理論學習：學期前六週由教師將全班任意分為十二組，分由「新聞系」、「廣告系」、「廣電系」、「傳播學士學位學程」、「輔系或雙主修」同學搭配而成，隨機指定一人為組長，負責協調全組完成全學期三份主要作業。

   隨後，該組自行擇定任何一本以「傳播理論」為名之中、英文教科書，共同閱讀後向全班同學介紹該書重點，於上課前一日合撰五頁長度之書面報告並存檔於教學網站以供教師、教學助理、其他同學事先瀏覽。在此同時，組員亦須各自撰寫製作報告之心得一份連同書面報告繳交，長短不拘。

   上課時，全組共同製作可供15-20分鐘口頭報告的投影片，報告結束隨即接受全班同學提問。

   學期後半（共六週）的學習方式與上述類似，但報告內容改由各組自行選擇任何「單一傳播理論」並說明其淵源、發展與演變。

2. 課外討論：每週除由兩組輪值報告外，其他十組各經小組討論後合撰共同回應一篇，針對報告組上課所言提供兩頁左右之延伸心得，繳交時間為當週上課兩天後之中午十二時前，隨後由教學助理與任課教師分別撰寫「再回應」與「再再回應」。

3. 期末彙整作業：每組同學需就全學期所學撰寫「傳播理論」專書一本，僅需「目錄」（table of contents）無須書寫各章內容，但須附加長度約為五頁之反思，討論此一專書設計之「優缺點」以及為何有此「優缺點」。

   所謂「優缺點」，意指各組採取之理論切點有何強弱點、有何一般讀者不易察覺之框架、閱讀時應注意哪些事項（包括與臺灣或華人社區如何相關）等，旨在培養同學自我剖析（反思）的能力，以免陷於無法察覺之框架陷阱。

與上述「理論學習」方式相同，期末作業除由全組合寫書面報告外，每位組員仍須各自撰寫回應心得，用來與教師溝通互動，長短不拘。

三 事前準備：教學大綱

有關教學大綱的研究文獻有限，直至2020年始有前引Irwin教授的同僚Samuel D. Rocha（2020）出版首本專書討論其教學哲學的意涵，並提供實際案例。

Rocha專書所述與本書同樣關心教學大綱如何展示人文（藝術）關懷（見該書的「跋」epilogue專章），提供了總共十二門課的大綱內容，包括某一門課橫跨五個學年（2015-2020）的歷時性大綱撰寫過程（見該書Part 1），內容多元且詳盡，有其學術旨趣。

對我而言，每學期的授課時程並非從第一週開始，早在寒、暑假期間即已根據上學期所得之「教學評量」調整、修改教學大綱內容，可視為與修課同學的預先溝通管道並在第一週上課利用兩小時詳盡說明，以利整學期師生互動無礙。

以下且以「課堂公約」、「教學大綱正文」、「評量結果」三者分述教學大綱內容（以2010年秋季班為例，詳見本章〈附件一至四〉）。

1.課堂公約（參見本章〈附件一〉）

如前所述，開學第一週就已備妥「教學大綱」，事先置放在教學網站以供修課同學提前閱覽並預知課程進行方式與流程。為了防止修課同學習焉不察地來上第一堂課，自2009年起本課設計了「課堂公約」，要求修課同學先行瀏覽、列印、簽名並於第一週上課時繳交。

「公約」內容分成十點，分別針對「遲到早退」、「請假缺席」、「主動閱讀上課報告」、「上課認真聆聽報告並踴躍發言」、「下課努力與組員相處得宜」、「輪值報告時全力以赴」、「與小組長（以及組員）相互配合」、「與其他組員正向來往」、「避免抱怨

別人或自責」以及「自我督促認真向學」等項要求同學勾選同意，如有填寫不同意則須與教師當面溝通、說明。

在公約最底下，修課同學必須「畫押」簽名以示確已仔細閱讀，其後尚須留下聯絡方式經彙整後公布在教學網站以便各組組內成員得以相互聯繫。

此外，源於我執教日久且年齡愈長，深恐身體外表變化（如頭髮漸白）而讓修課同學產生無形距離，公約增寫我的暱稱「臧哥」藉此拉近彼此距離也減少同學的畏懼與隔閡。

如圖6.1所示，此課透過教學大綱與課堂公約（見圖6.1左邊）促成以「修課同學」為主體的「學習共同體」模式，而任課教師、教學助理、同組其他同學、同班其他同學（見圖6.1中間）均以「合作者」角色來協助修課同學完成全學期三份作業（見圖6.1右邊）。

圖6.1　傳播理論課的「學習共同體」上課模式之一

2. 教學大綱之正文（參見本章〈附件二〉）

至於教學大綱內容常長達十頁，除「前言」（即「寫在上課之前」）外尚且包括「課程介紹」（含「授課教師」、「本課教育哲學」、「教師教學信念」、「本課宗旨」等）；「課程內容」（簡介作業方式）；「成績評定」；「注意事項」等，其後詳細說明三份作業以及課程進度表。為了協助同學順利執行作業，教學大綱也臚列了政大圖書館收藏之「傳播理論」中英文專書（本書省略未附）。

「前言」之作用乃在略述開課心情與設課背景，提醒修課同學

「師生一起建構起知識學習的旅程」之樂趣所在，籲請同學「與我一起進入傳播理論的殿堂，享受知識的奧（神）祕與有趣（好玩）」（見本章〈附件二〉前言），呼應了前章（第二章第二節第三小節）所引Ruitenberg有關「好客倫理」的論點。

3.上學期的評量結果[2]

教學大綱最後兩頁常附上前學期的「教學評量」結果（參閱本章〈附件四〉所附本學期的「教學評量」結果），並也整理前學期由同學自填的學期缺課紀錄，可讓新學期修課同學事先理解本課上課模式。而我整理評量結果後的「綜合評述」也一併提供，所寫有助於呈現課程整體進行風貌。

四 課程執行：教學實踐活動

（一）上課方式

如前所述，本課各週進度流程緊湊，除第一週課程介紹外，第二週即由任課教師以兩小時講述何謂「理論」（書面與口頭報告內容上課前一天均已置放於教學網站），第三小時則召集預備報告小組確認其次週所選傳播理論專書以及分工、流程等要務。

第三週起展開為期六週的「期中報告」流程，每週由兩組輪值，口頭報告時間為十五至二十分鐘。報告結束立刻即席問答，分由「非報告組同學」、「任課教師」、「教學助理」提問而由報告組同學當下釋義，彼此交換心得。

對大二新手而言，要在講臺上據其所知說明專書內容並回答同班同學的提問並非易事，何況任課教師與教學助理（多為碩博士班研究生）亦在現場隨時補充發問，更易對報告組同學產生心理壓力。

但此種「見招拆招」式的「程序性知識」學習途徑，已如前述有

---

[2] 由於篇幅所限，本章〈附件二〉省略「上學期」所得；此處「教學評量」一詞與原有「教師評量」意同。

助於報告組同學建構自己的專屬基本傳播理論知識後，隨即組織、整理、轉述其「所知」給其他同學，接續以即席答辯方式面對難以預先妥善準備的各種提問，正是上述「知變」、「應變」、「擅變」能力的具體培育途徑。

何況此點除能提升同學的「程序性知識」外，亦可促進其「敘事智能」（narrative intelligence；見圖6.2外圈），彰顯前述「學習共同體」的重要作用。

此處所稱的「敘事智能」概念源自「敘事典範」（narrative paradigm；見Fisher, 1987），認為任何「理論」總是透過某種「故事講述」（storytelling）形式（通常是教科書）方能讓其他研究者或學習者明瞭其意涵的來龍去脈（本書亦是）。

由此延伸，傳播理論之內容即可視為「**從真實世界選擇（挑選）與重組（排序）某些事件片段後之再現（representation）成品**」（臧國仁、蔡琰，2007a：17），也是理論述說者（如本班報告組同學）觀察、認知（思維）、回憶外在情境變動（如傳播理論的本土意涵）後，透過語言符號述說以建構自身文本世界的過程。

若從此點出發，如圖6.2所示，「傳播理論」教學者與學習者的課堂互動並非傳統思維之老師「教」而學生「學」上對下關係，而是理論故事的「共同建構」（co-construction；取自Jacobs & Ochs, 1995）過程，雙方平等地透過課堂內之持續對話（包括書面回應）而對「理論」以及「傳播理論」這些「客觀真實」交換彼此觀點，從而建立具有自我主體性的見解。

因而初學者如本班同學自行透過資料蒐集（找到適合報告的傳播理論專書以及單一理論）、文獻比對（參考其他相關專書）、小組討論等練習而將其所感知的理論「故事」向其他同學（含教學者）分享、講述、闡釋（此即前述「程序性知識」之展現），由此逐步形成具有互動特色的「故事【學習】的社區」（narrative community；本小節改寫自臧國仁，2009：246-247；仍見圖6.2外框）。

圖6.2 傳播理論課的「學習共同體」上課模式之二

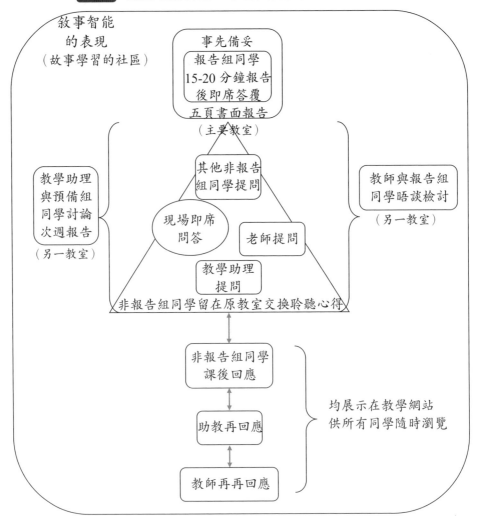

（二）第三小時的「課內晤談」配置（圖6.2左右側）

　　本班每週分由兩組同學輪值報告後，如何善用第三小時關係重大。首先，報告組撰寫書面報告並在口頭報告後常有眾多心得與不解、疑惑可資延伸。第三小時正可用來由我與其晤面（見圖6.2右

邊），探詢每位組員的報告組構經驗與想法，從而交換意見兼也解惑，更藉此認識同學避免他們只是「名字」而已。

晤面結束後當即送回各組報告評分結果（含聆聽口頭報告分數），如此報告組即可當下得知其表現優劣；評分時，均附有一至兩頁由我親撰的閱讀與聆聽心得，仔細說明該次報告強弱之處而非僅有得分。

在此同時，次週「預備報告組」在另間（第三間）教室與教學助理會面（見圖6.2左邊），討論其已選定之傳播理論教科書或是單一理論。原則上，教學助理以聆聽為主而非指導以免同學過於倚賴以期建立修課同學的學習自主性。

至於其他同學則留在原教室針對當日報告組的口頭說明（以及書面報告）交換意見，並由組長彙整後撰寫並上傳小組「回應」，隨後（當天）即由教學助理據此一一「再回應」，我隨之接手「再再回應」。由此不但共同完成上述「故事學習的社區」的意涵，也呼應了Bakhtin（1981）的「雙聲發聲」（double voicedness）概念，即對話總是多聲的，包括自己與他人的聲音（引自歐用生，2006：211-212）。

另經助理統計後，某學期共有網上相關討論達526篇，每週平均30.9篇（每組每週約2.81篇），含上課前之書面報告、非報告組之回應、課程助理之再回應、教師之再再回應等。教師回應各組報告共55篇（每週平均3.23篇），含上課前閱讀報告組書面大綱之回應、上課後之回應、閱讀網上回應後之再再回應等。

此一數字足可反映整個學期本課師生的確透過書面方式頻繁互動，經常「回應來」、「回應去」。觀其內容多屬前章由Pinar提倡的「自傳式書寫」形式，或是各組聆聽他組報告後寫下對其有特殊意義之共同心得，或是任課教師閱讀各組報告以及各組所撰心得後之批閱迴響，皆屬「有意識地回顧、前瞻、分析並綜合學習所得」（引句出自鍾鴻銘，2008a：225）。

整體而言，此課係由教學者與學習者共構知識並彼此學習何謂

「傳播理論」，雙方皆樂於交換看法而未定於一尊。報告同學可自主地搜尋資料與文獻來分享，教學者則依其所知的理論片段回應並延伸報告組所談，共同探究符合現實與臺灣在地傳播現象的「文本世界」。

五　課後評量：教師上課的教學成果（教學評量表）

（一）概述

　　本課全學期均為十八週（每週上課三小時），偶有遇到國定假日而上課週數略減，課程安排均依實際上課週數調整。

　　一般來說，除第一週介紹教學大綱而次週由我介紹何謂「理論」外，其後連續六週均由同學分組報告其所自選的「傳播理論」專書。期中第九週改由我整理前六週的報告內容或邀人演講並以「上／下午茶」形式上課，期以輕鬆方式舒緩開學以來的緊湊（緊張）氣氛。隨後六週仍由修課同學針對某一「傳播細論」仿期中報告形式，分別提出書面與口頭報告（見本章〈附件二〉教學大綱所含之進度表）。

　　第十六、七週為期末彙整作業報告時間，第十七週並發送自評表，由每位同學具名填寫後繳回並於次週統計完畢，計入學期總成績的10%。第十八週發還各組書面作業並結算、送出學期成績，兼而邀請同學匿名填寫本課「期末評量」。

（二）自評表（見本章〈附件三〉）

　　如〈附件三〉所示，此表由修課同學自行具名填寫，共含五個項目（「出席狀況」、「上課準時狀況」、「上課發言及討論情形」、「上課前後閱讀網路資料情形」、「小組合作情形」），依「很好」、「好」、「普通」、「不好」、「很不好」五個等第計分，總計二十分，占全學期總分10%（亦即僅核半計分）。

　　此表同時邀請同學推薦所屬各組全學期投入最多的同學，經彙整後依照推薦次數酌加總分。全組五人如有三至四位推薦同一位同學，

受薦者即可獲得全組唯一加分總分3分；如舉薦分散，則可能有兩位同學各獲總分2分加分。

　　由於自評表皆由同學自行填寫，真假實難查核也無須查核，優點則是因係自填而極少受到同學質疑分數高低。

（三）教學評量表（見本章〈附件四〉）

　　除上述「自評表」外，彙整作業口頭報告結束前亦請同學「匿名」填寫對教師教學的評量，由其就本學期以來的學習情形給分並提出意見，在1-100之間選擇適當分數，1是極不同意，100是極同意，50是無意見，結果呈現在〈附件四〉（此表為最後一次開課的2010年期末發送）。

　　如〈附件四〉所示，「傳播理論」課共開課四次（學期），分別獲得89.54（99上學期）；91.0（98上學期）；90.3（97上學期）；88.8分（96上學期），平均89.91分（100分為滿分），差強人意。

　　在回饋意見方面，如下列均節錄自匿名同學所填（添加語句出自本書）：「學生可發揮創意、自主學習、團隊合作」；「喜歡【本課】採報告方式自發性的閱讀資料」；「可以自己選擇想要做的題目，三次報告剛好不會太多」；「對學習傳播理論而言是最好的上課方式」；「訓練從無到有，請繼續這樣的上課形式」（見〈附件四〉「本課優點」；「優點」或「缺點」俱為我的分類）。

　　令人遺憾的是，此種教學方式仍令部分同學忐忑且每學期皆然，以致類似「希望多聽到老師的授課內容」、「太過學生導向了，學習成效完全取決於同學本身」、「缺乏全體性、脈絡性的傳播理論架構」、「沒有強迫性閱讀，資訊不完全」、「欠缺理論整體理解」等意見不絕於耳（見本章〈附件四〉「本課缺點」）。

　　某學期某位修課同學甚至言及「近日xx師（按，指同時授課的另位老師）的班上在考試了，我都無法回答題目」。另位同學則抱怨「討論太多，很多定義不懂，地圖還是模糊」（此些意見未附），皆

令我頗感啼笑皆非。

由這些回饋意見可知，部分同學不盡適應以「報告」為主或以「學生為學習主體」的教學方式，甚至對未能獲得傳播理論之「整體觀」而感惴惴不安，仍盼回到以教師「講授」為核心的傳統教學方式。但若捫心自問，即便是任課教師，為何就能擁有任何形式的傳播「知識地圖」，而又何謂傳播理論的「整體觀」？

但若以連續四年實施師生共同建構的教學策略觀之，多數同學表達了對此種上課方式的肯定（反映在上述平均得分），樂於透過報告而非考試的學習途徑自主地決定如何選題、如何報告分享所得、如何與同組同學互動，甚至有同學寫下「不知不覺就學到很多」，顯然這種「從做中學」的方式套用在「傳播理論」課此種純理論課程有其可行性。

六　總體評析：整理本課與課程研究的對應與契合

本章延續了第一部分的課程研究文獻檢閱，以我曾授課四次的大學部「傳播理論」課為例，簡略說明此課以「學習者為主體」的「上課」模式。

整體而言，本課授課內容呼應了第一部分所示的幾個特質。如在每學期之初，我都特別重視與「新同學」的溝通互動，常在第一節課詳細說明教學大綱藉此歡迎他們的初來乍到，契合前章（第二章）所引Ruitenberg的「好客」概念，顯示教師如我每年遇到如「陌生人」般的學生時，都能「謙卑且無所設限地展臂以對」，引領他們跟隨我的課程安排與步調，學習課程兼而與文化及傳承對話（引自本書第二章第二節第三小節）。

其次，本章一再強調「傳播理論課」的教學策略乃立基在「共同建構」概念，放棄由授課教師一人唱獨腳戲五十分鐘的傳統「上課」方式，改由教師邀請同學進入事先妥善設計的教學活動，將所思所學表達、傳遞、轉述給其他同學（含授課老師），一起思考猶有哪些可

資延伸發想之處、可批評之處、可與其他領域接軌之處（引自〈附件二〉的教學大綱前言第四段）。

此一另類上課模式與前章所引的佐藤學「學習共同體」遙相呼應（亦見第二章第二節第二小節），顯示教學者亦能以適當方式與學習者「共學」或「學共」，彼此「**互相聽，互相問，互相學**」（見本章之首所引歐用生之語）而教學相長。

再者，上章（第四章）曾經提及Eisner力倡將藝術內涵納入課堂教學，其所提出的「**培育即興創作能力**」、「**能樂於與人協同合作相互扶持**」、「**從自己為主體出發而與人共好**」等要點皆能啟發師生上課時共同展開探索之旅，藉此豐富上課的意涵與境界，達成師生的心靈契合與交融（引自本書第四章第一節）。

而從我的「傳播理論」課「教師評量」結果觀之（見〈附件四〉本課優點），修課同學的確注意到了本課的「教學如藝術」成分，因而「**活潑方式上課**」、「**上課快樂，收穫多多**」、「**學生可發揮創意、自主學習**」的正面回應不絕於耳，足以顯示本課教師營造「上課」的教學情境時確曾關注「隨機應變」、「靈活開放」、「情感體驗」、「感官體會」等藝術活動的本質，從而創建了愉悅的課堂學習氛圍。

回到本章之首所引的歐用生教授喟嘆，由「傳播理論」課的教學設計足可推知，在大學課堂規劃「以學習者為主體」的上課模式有其實施可能，透過帶有「藝術性」的教學設計吸引修課同學發揮創意、自主學習、與人（同組同學、同班同學）共在、相互體現並在社區／群實踐，藉此游移於不同跨疆界的縫隙之間而持續產生新意，達成A/r/tography（遊藝誌）課程理念所示的學術探尋旅程。

下章介紹「研究方法」課的個案實例，其性質與「傳播理論」相近但實施方式迥異，有異曲同工之妙。

〈附件一〉 傳播學院二年級「傳播理論」課2010年上學期
上課公約

我_____（請寫姓名）本學期幸運地選上了由臧國仁教授開授的
傳院二年級必修課「傳播理論」，願意珍惜機會藉此與任課教師結下良緣，
篤信「教育不是灌滿一桶水而是點燃一團生命火焰」的信念，遵守下列公
約：

同意　不同意

☐	☐	1. 全學期不以任何理由（含：大學報採訪或編版、整合實驗室助理值班、搭不上校內公車、睡過頭）遲到早退超過一次；
☐	☐	2. 全學期不以任何理由（含公假、事假、病假）缺席超過一次；
☐	☐	3. 上課前一天主動看完校園網路上的報告組資料及臧哥回應；
☐	☐	4. 上課時認真聆聽報告並自行驅走「瞌睡蟲」且多發言；
☐	☐	5. 下課後協助小組成員討論並合力撰寫每週回應而不應付了事；
☐	☐	6. 輪值小組報告（含口頭與書面）時共同參與並全力以赴；
☐	☐	7. 全學期配合小組長（及成員）認真進行三次報告絕不推諉；
☐	☐	8. 全學期均正面欣賞其他組員表現而不挑剔、嘲諷；
☐	☐	9. 不怨天尤人（如責怪教室太小、椅子太舒服、傳院位在山腰），也不亂怪罪自己，全學期盡力做到最好；
☐	☐	10.全學期自我督促，認真向學，絕不虛言。

　　此外，我也瞭解此課授課方式與他課不同，極端倚賴自己主動學習進而實踐「程序性知識」，包括與組員（均係任課教師之隨機安排指定）一起從零開始尋找報告題目、蒐集資料、彙整資料、擬定報告內容後分以口頭與書面形式呈現。我不期盼本課教師講述任何基本知識（因為教科書上都找得到），改採回應方式鼓勵我們自己思考、自己探索、發揮創意。我更深知此課雖未安排期中與期末考試，但作業分量吃重，收穫也多，因而願意盡己所能，全力以赴。如有違約，願與任課教師吃飯面談。此致
任課教師臧國仁（簡稱「臧哥」）

請簽名：（本公約第一次上課時請自行列印帶來繳交）＿＿＿＿＿
請寫下聯絡方式（手機）＿＿＿＿＿家裡（或宿舍）＿＿＿＿＿（均必寫）
Email聯絡方式：＿＿＿＿＿＿（英文字母請寫清楚）

〈附件二〉　教學大綱

前言：寫在上課之前（2010年盛夏）

2010年8月中旬，學校又催促著老師們將新學期上課大綱上網。我將已經實施過三次的教學大綱從電腦檔案中取出重新瀏覽後，寫下以下感言，盼能與本課同學共勉。這裡所寫多是三年前初開此課時所撰，此時再看猶能感受當時戰戰兢兢之心情，畢竟這是傳院核心課程之一，對同學們影響深遠，因而一些創新教法的實施理當慎重。而今年特殊之處則在於本課即將轉型，從下學年開始與「傳概」合併成為「傳播與社會」（一學年，各一學期），因而本課之內涵與獨立性即將有所不同。

所謂「理論」，簡單來說就是「知識體系」（a body of knowledge）之意，而「傳播理論」顧名思義就是「傳播領域的知識體系」，其意就在於該領域已經擁有一些「系統性的知識」可供學習。我們本學期的主要工作因而就是帶領（陪伴而非灌輸）同學們進入這群（些）知識體系，藉著討論、批評、反思進而熟悉「傳播領域」的範疇與脈絡。

我在任教之初（1980年代末期）曾經分別負責博士班與碩士班的理論課程，其後十多年則轉教進階專業（如新聞、公關、報紙實務）課程，從2007年開始開授此課。這麼說來似得承認，我對傳播理論的一些較新發展十分陌生，但是這種「不熟悉」恰好給了足夠藉口想要與各位共同學習（而非傳授）。由以下所列大綱可知，我無意「講授」傳播理論，反倒想要與各位分享相關知識並交換想法。

這麼做當有我的教學哲學（理論）。在我任教二十餘年經驗裡，愈發體會教學之樂不在「教」而在「共同學習」（或「共同建構」，簡稱「共構」，co-construction），師生一起建構起知識學習的旅程。與其由授課教師一人唱獨腳戲五十分鐘，不如由教師邀請（且強迫）同學進入教學活動，將所思所學表達、傳遞、轉述給其他同學（含老師），然後大家一起思考還有哪些可延伸發想之處、可批評之處、可與其他領域接軌之處。

多年實驗下來，這套「臧氏教學法」逐漸受到同學欣賞，而我也較前更

有自信樂於繼續實驗。我的教學重點在於「反思」（對現有知識的挑戰）而不在執行（完成讀書報告），因此建議各位掌握傳播學院知識體系的重心（兼有陳述性知識與程序性知識），試著在短時間內吸收大量知識轉述給他人（同學與老師），接受批評指正後隨即聽取他人報告，藉此接近傳播理論的廣度與深度。

九十六學年上學期我首次接任本課時曾申請「優質TA」計畫，得有兩位助教（CA與TA）協助，效果良好，亦曾獲得學校「教學發展中心」之「961績優課程」（獎狀及獎金五萬元），結案報告也刊於學術期刊。本（第四）次之授課內容因而大致沿用該教學大綱，但也可隨時調整，其因在於知識本就隨時迭變，哪有一成不改的事物呢？而當時之兩位教學助理均已畢業，一位去了銘傳大學擔任教習，也開始了教學生涯。另位則去了北京找到工作，未來也有可能攻讀博士學位。今年新聘兩位學姐，均為新聞研究所碩士班研究生，當也能與大家相處愉快。

為了協助大家，我附上過去所寫引言報告一份（本書省略），閱後當能體認本課為何採用特殊教學方式，但實驗是否成功仍視每位修課同學的投入與對授課教師的信任。請大家開放心情，與我一起進入傳播理論的殿堂，享受知識的奧（神）祕與有趣（好玩）。

還有，在學期開始前可先參閱2009年同學對本課所寫的評量結果（本書省略），當可理解我的教學理念與本課實施方式，希望藉此能讓大家對教師及對自己都有信心。請與我一起來趟學習之旅吧！

傳播學院二年級「傳播理論」課臧組上課大綱（99學年上學期）

授課老師：

臧國仁（研究室：傳播學院四樓；上課教室：傳院313室）

本課教育哲學：

「所謂大學者，非僅爲多數學生按時授課，造成一畢業生之資格而已也。實以是爲共同研究學術之機關」（蔡元培，北京大學月刊發刊詞；引自龔鵬程，《雲起樓論學叢刊》總序。宜蘭，佛光人文社會學院出版）。

教師教學信念：

大學乃追求獲取知識方法之處，而非獲取知識之處（凡教科書已有觸及者均非教師所應重複，學習者應努力創新知識並延伸想法）。

本課宗旨：

「傳播理論」課乃傳院大學部六門必修課程之一，也是所有後續理論課之入門，有「承先啟後」之效。而「理論」之作用本在協助學習者理解相關領域之「知識體系」（body of knowledge），本課因而旨在提供入門知識，介紹有關傳播理論之基本概念與相關脈絡，期盼學習者可藉由此課接觸傳播核心知識，成爲具有基本理論體系知識之學習者。

課程內容：

1. 理論學習：學期前半由分組同學自行選擇至少一本中外「傳播理論」教科書（暫免使用「新聞學」、「廣告學」、「廣播電視學」爲名者），閱讀後向全班同學介紹重點，學期後半則擇任一相關「傳播細論」剖析淵源、發展與演變。

2. 課外討論：每週「非報告組」同學均需合撰回應一篇，針對該週「報告組」所言提供一至兩頁之回應（延伸與討論），上網時間爲週四中午十二時。

3. 期末作業：每組同學需就期中考後之各組報告匯集撰寫「傳播理論」報告一冊，自述並反思此匯集專冊之優劣（詳情見下說明）。

成績評定：

1. 期中、期末報告各占30%，期末彙整作業30%，出席率及每週回應合占10%。

2. 缺席兩次（含）或請假總數三次（含）者總成績以八成計算（含公假），依此類推；缺席或遲到情況嚴重者，教師可逕行扣分至六十分以下（切勿討價還價）。

3. 本課任何作業如有違反倫理（如抄襲）事件，悉按校規處理。

注意事項：

1. 本課教師痛恨學生遲到缺席或不負責任，如有此類情事，嚴重影響學期成績。

2. 分組作業繁重，小組長身負成敗之責：凡該組表現優異者，學期末小組長可獲加分（一至三分總分）優待，反之有扣分之虞。小組成員無故拒絕接受小組長指令、經常缺席小組討論者，報告分數另計。

3. 本課有教學助理每週與任課教師分攤討論之責，預備組應於報告前週與其討論至少一次，取其同意後方可於次週上臺報告。

4. 對報告主題不熟悉時，請多利用Google參閱他人意見，彙整後以貴組同學自己想法報告，切勿抄襲，但歡迎參考並彙整。

5. 如能採用任何英文讀本進行任一報告，成績可獲5%加分優待。

6. 如上述，各「非報告組」每週需於週一中午前上傳貴組討論回應，期末將由助理統計最佳表現各組組長酌予加分，請組長盡力表現。

期中前（簡稱期中）、期中後（簡稱期末）報告方式：

1. 全班分組（由教師決定），自第三週起開始輪流報告，每組人數以五人為宜（視全班人數），並請推選組長負責與教師、教學助理討論報告進展。

2. 每週上課前一天（週四）中午為繳交報告截稿時間，報告均請繳交至教學網站以便其他同學得在上課前事先閱讀。

3. 全班人數本學期約可分組十二組，期中考前分組報告完畢，其後為「期末報告」開始，由前半學期之組別次第進行，然後是期末彙整作業繳交時間。

4. 每週上課時間均為兩小時，共有兩組報告，第三小時由教師約談報告組
　　檢討報告內容優劣，並由教學助理另行約談次週報告組進行事先討論，
　　其餘同學可自行離開。

「期中」報告內容（占學期成績30%，同組同分）：

　　　　自第三週起分組完成，每組自選一本任何中英文傳播理論教科書（可參
考下頁所附文獻，但不限，本書未附），擇其重點向全班同學報告並撰寫五
頁以內重點（打字請打雙行，12點字級），內容應包括該書作者、章節安
排、主要理論介紹、重點討論等，凡前組業已報告的書籍與內容應免（較早
報告之組別選擇性最高）。每組均需在報告結束後提出相關「討論問題」一
至三項以供口頭報告時與其他同學交換意見；該報告之成績高下與此討論問
題之深入與否有關（前六組應於第三週前選定書籍，後六組可於第五週選
定，第一、二組尤應於第二週上課告知選定書籍以利進度）。

期末報告內容（占學期成績30%，同組同分）：

　　　　與期中報告形式略同，對象改為自選任一狹義之「傳播細論」（micro
theory），凡前組已介紹過之細論不得重複。介紹方式亦可仿期中報告，凡
該細論之「起源」、「重要研究者」、「基本觀點」、「後續發展」、「與
臺灣現象之反思」等均可為報告內容。

期末彙整作業內容（占學期成績30%，同組同分，改為期末考亦可）：

　　　　為協助同學反思整學期所學以免限於單一傳播現象，期末報告結束後請
練習彙整一本傳播理論「書籍」，參考各組報告後整理、組織、串聯成為貴
組同學所認定之「專書」（僅需目錄）。彙整時，請撰寫五頁以內之「反
思與批判」，討論這本「期末專書」之優缺點以及為何有此優缺點。所謂
「優缺點」，意指貴組採取之理論切點有何強弱項、有何一般讀者可能不易
察覺之框架（盲點）、閱讀時應注意哪些事項等，其目的均在自我剖析（反
思）以免陷於自己無法察覺之陷阱（框架）；本次作業之成績即由「專書內
容」及「反思」各占一半。本次作業如改為期末考亦可，待確認。

時間流程：

第一週，見面與介紹課程

第二週，理論之基本討論（輪值第一、二組同學選定次週報告書籍）

第三週至第八週，期中報告

第九週，期中座談或演講（人選歡迎建議；第一、二組選定報告之理論）

第十週至第十六週，期末報告

第十七、十八週，報告匯集及檢討

九十九學年上學期進度表

週別	日 期	本週上課主題	下週指定閱讀資料及作業	備註
1	0917	見面歡	何謂理論、模式、典範	
2	0924	討論理論基本事項	第一、二組與教學助理討論	

（第二週上課時，請第一、二組告知選定之報告書籍名稱）

| 3 | 1001 | 期中報告組一、二 | 第三、四組與教學助理討論 |

（第三週上課時，請第三、四組告知選定之報告書籍名稱）

| 4 | 1008 | 期中報告組三、四 | 第五、六組與教學助理討論 |

（第四週上課時，請其餘組告知報告選定書籍名稱）

| 5 | 1015 | 期中報告組五、六 | 第七、八組與教學助理討論 |
| 6 | 1022 | 期中報告組七、八 | 第九、十組與教學助理討論 |

（第六週上課時，請一、二組告知準備報告之傳播細論名稱）

| 7 | 1029 | 期中報告組九、十 | 第十一、十二組與教學助理討論 |

（第七週上課時，請一、二組告知期末報告之傳播細論名稱）

| 8 | 1105 | 期中報告組十一、十二 | |

（第八週上課時，請三、四組告知期末報告之傳播細論名稱）

| 9 | 1112 | 演講或上午茶時間 | 第一、二組與教學助理討論 |

（十點十分上課）

（第九週上課時，請五、六組告知期末報告之傳播細論名稱）

| 10 | 1119 | 期末報告組一、二 | 第三、四組與教學助理討論 |

（第十週上課時，請七至十組告知有意報告之傳播細論名稱）

| 11 | 1126 | 期末報告組三、四 | 第五、六組與教學助理討論 |
| 12 | 1203 | 期末報告組五、六 | 第七、八組與教學助理討論 |

（第十二週上課時，請十一、十二組告知有意報告之傳播細論名稱）

13	1210	期末報告組七、八	第九、十組與教學助理討論
14	1217	期末報告組九、十	第十一、十二組與教學助理討論
15	1223	期末報告組十一、十二	第五至十組與臧師或學姐討論

16　　1231　　專書報告一　　　　　每組十至十五分鐘（一至六組）

17　　0107　　專書報告二　　　　　每組十至十五分鐘（七至十二組）

　　　　　繳交期末彙整報告（繳交時間暫訂為0110週一中午十二時）

註一：以上進度均可能修正。

註二：本課每次上課兩小時，第三小時分為兩部分，預備組與教學助理討論
　　　準備報告之題目，報告組與臧師見面，檢討該次報告內容。

註三：所有報告均需於上課前一天（週四）中午十二時送上網站供所有同學
　　　自行下載，延誤者酌扣報告成績。

　（傳播理論相關書籍以及上學期期末評量結果因篇幅甚長，本書省略）

〈附件三〉 期末自評表

說明：按照本課上課大綱所述，本課成績部分出自「溝通分數」。爲協助教
　　　師瞭解各位上課表現，以下請依您在各方面的表現自我評估。當然，
　　　這個自我評估與老師的評估不一定相合，仍以老師的評估爲最後決定
　　　標準。謝謝您的合作。

方法：以下請以「很好、好、普通、不好、很不好」等五級自我評估。您對
　　　這種評估方式的意見也歡迎寫下，以便未來改進（本學期整體評量將
　　　於下週實施）。

姓名：＿＿＿＿＿＿＿（請務必寫下大名）

1. 出席狀況（請寫明缺席次數＿＿＿＿）：很好、好、普通、不好、很不好
　 （請圈選）
　 有無實例補充說明（可協助老師記憶者）：
　 對自己表現的評估與說明：

2. 上課準時狀況（遲到或先行離席次數＿＿＿＿）：很好、好、普通、不
　 好、很不好（請圈選）
　 有無實例補充說明（可協助老師記憶者）：
　 對自己表現的評估與說明：

3. 上課發言及討論情形（主動提問或被動發言狀況，請綜合評估）：＿＿＿＿
　 有無實例補充說明（可協助老師記憶者）：
　 對自己表現的評估與說明：

4. 上課前後閱讀網路資料情形（每週回應的負責程度）：＿＿＿＿＿
　 有無實例補充說明（可協助老師記憶者）：
　 對自己表現的評估與說明：

5. 小組合作情形（含報告前與教學助理之討論），你的貢獻是：＿＿＿＿＿
　 有無實例補充說明貴組合作情形（可協助老師記憶處）：
　 對自己表現的評估與說明：

貴組同學（你自己除外）全學期投入最多建議加分的同學是？（請只寫一位，含組長）

如有機會自評，你給自己全學期的成績可能是（0-100分）：
原因：

如有其他想法，可寫在這兒讓我知道

〈附件四〉　對教師教學的評量結果

99學年上學期　　傳播學院二年級傳播理論課　　2011年1月（n=42/60）

　　以下有十個問題，請就本學期以來的學習情形給分並提出意見。給分時，請在1-100之間選擇適當的分數，1是極不同意，100是極同意，50是無意見。

99上	98上	97上	96上	
88.4	86.5	85.1	82.9	一、我認爲已經比以前知道傳播理論的內涵。
88.5	88.6	85.6	87.3	二、我認爲修習本課的基本目的已初步達成。
88.3	91.0	91.3	91.3	三、與其他我修過（或正在修習）的課比較，本課很好。
92.2	94.7	95.1	92	四、與其他課（或正在修課）老師比較，本課任課老師很好。
86.1	84.0	80.6	78.9	五、我認爲在本課所閱讀的資料足夠。
90.7	92.7	93.1	89.1	六、本學期中，老師與同學間的溝通足夠。
85.2	85.6	86.7	82.6	七、本學期上網回應分量適中。
86.3	90.0	90.9	88.4	八、本學期中同組同學間的討論或交換意見對我十分有用。
91.6	92.6	92.0	89	九、我從本學期的三次學期報告收獲良多。
89.4	89.0	86	84.2	十、總體來說，我在本課已盡力。

　　以下請給本課評個分數，由0至100分，60分爲及格分數：99上：89.54分（98上：91.0分；97上：90.3分；96上：88.8分）

本課優點（部分濃縮）：

重視自主學習，輔以學姐討論方式很棒；我愛臧哥，喜歡採報告方式自發性的閱讀資料；學生可發揮創意、自主學習、團隊合作（多人提及）；最喜歡用報告代替考試的課（多人提及）；讓學生自己決定能學到多少；課程設計讓人不知不覺就學到很多；對傳播理論印象深刻；學到自我管理；perfect；可以自己選擇想要做的題目，三次報告剛好不會太多，延伸問題和回應可以看到不同意見；對學習傳播理論而言是最好的上課方式；與不同系的人交換意見；活潑方式上課（多人提及）；老師樂於與同學溝通，做報告不孤單；教學理念明確，小組討論；理論經同輩同學先行消化轉化成「聽得懂」的語言，好吸收也不生硬；對不同類別的傳播理論充分瞭解（縱向）；不斷刺激思考與吸收新知；透過小組口頭報告加深記憶；很滿意本課（多人提及）；訓練從無到有，請繼續這樣的上課形式；報告分量十足，收穫良好；上課快樂，收穫多多；專書可逼大家統整全部概念；課後評分標準很客觀也很全面性，讓學生知道整學期的努力都會反映在分數上，不要漏掉任何該做的事；做中學（多人提及）；可惜只有一學期；希望老師提供文本供事後閱讀（臧註：不是有十二本書了嗎？）。

缺點與建議：

報告次序希望改變（2人提及）；第二次報告與專書間隔時間太近（2人提及）；報告分量有些重（可能是大家求好心切吧）；希望多聽到老師的授課內容（2人提及）；每週都要回應挺累的（2人提及）；可以把大學報的人排在不同組嗎？比較沒有條理；學生很少主動發言，多以老師點人問為主（2人提及）；理論可能因沒小組選而未介紹或介紹較少；聽他組報告時容易分心；學生太愛臧哥導致其他老師失寵（臧註：這是啥缺點啊）；報告要包裝，好難；太過學生導向了，學習成效完全取決於同學本身（臧註：這是缺點乎？）；要不斷開會討論報告；每組報告都太華麗了，導致每次光想報告包裝就快爆炸（臧註：這也是缺點啊？）；常用理論運用偏於狹窄（臧註：看不懂）；延伸問題有時過於死板，有時「詞不達意」；缺乏全體性、脈絡性的傳播理論架構（橫向）；網路回應沒有很熱絡；雖然臧哥說不會特

別褒貶，但每次都覺得貶大於褒；傳院好遠（臧註：唉，這也是缺點？練練身體嘛）；回應可以改成個人方式（臧註：這是啥意思啊？）大家容易昏死，睡眠磁場相互感應，直到期末自評才驚醒；專書南轅北轍，很難與每個理論契合；小組成員決定成敗；出席率有點嚴格，一次機會實在危險啊；較沒有實體書面資料可留下以後參考（臧註：不都在網站上嗎？）；人太多，上課容易放空；沒有強迫性閱讀，資訊不完全；蹺課打折很傷（有時候真的生病及有事）；報告組與聆聽組互動稍弱；幾都以小組方式呈現，略失公平。

綜合回應：

　　整理完本學期的教學評鑑，有些不捨，難以相信傳院大二「傳播理論」必修課到此就要告一段落了。而我四年前來上這門課時曾經設計了一些因我教學日久而有感而發的上課實驗方式，自此也要走入歷史，不免有些「失落感」。

　　整體觀之，本學期的「對老師教學的評量」（如上頁）總評分為89.54分，與前三年差異不大。只可惜本次實施當天（週五）到課人數僅有42人（也就是約有三分之一的同學沒有出席），使得效度不足，因而我也捨棄未曾計算出席率了。

　　至於同學們的意見，經一頁頁的整理後已完整呈現如上。在優點部分，同學們多表達了對此種上課方式的肯定，樂於透過報告而非考試的學習途徑自主地決定要如何選題、如何報告、如何與同組同學互動，甚至有同學寫下「不知不覺就學到很多」，顯然這種「做中學」的方式用在傳播理論課有其可行性。

　　然而缺點部分仍可注意到部分同學對這種方式不適應，因而如「希望多聽到老師的授課內容」、「太過學生導向了，學習成效完全取決於同學本身」、「同學們的認真程度關係其他人學不學得到，報告亂做別人就學不到」、「專書南轅北轍，很難與每個理論契合」、「沒有強迫性閱讀，資訊不完全」、「缺乏全體性、脈絡性的傳播理論架構（橫向）」等負面回應仍不絕於耳。

　　過去幾年裡我不斷地呼籲同學要學習做個「大學生」，以不同於高中時代的學習方式來適應大學。舉例來講，上面「同學們的認真程度關係其他人學不學得到，報告亂做別人就學不到」所講我就不能苟同：前半學期各位閱讀了十二本教科書，當可發現有些書寫得較佳，另些書不如人意，閱讀這些由不同大學教授所撰的書籍不也同樣可能「學得到」或「學不到」，與從認真程度不同的同學身上學到不同程度的知識，難道不是「如出一轍」嗎？

　　因而要將學習得到／不到委之於他人總是危險的事，這個責任要回到自己身上才行啊！何況，同學們透過小組成員間的討論、互動然後尋得自己想要的答案，不是遠較老師在臺上嘶吼而同學睡成一片更好些嗎？在我私心裡，十二組同學彼此競爭（幾位同學都提及「包裝」好難）的成果一定比咱唱獨腳戲要好千倍萬倍啊。

　　好了，紙短情長，我的最後回應就要在這兒告一段落。咱們一起完成了這門有趣的課程（合照已經放在FB上嘍），真要謝謝每位同學的投入，咱們後會有期，請記得在FB上加我。

第七章　個案實例二

「以學習者為主體」的研究方法課「上課」模式

-- 後現代觀點認為改變是轉型的，而非累積的；即使看似平凡、平淡、平常的事物和不起眼的改變，隨時都可能透過開放的回饋作用而擴大效用，直到全面轉化為整體性的問題，產生所謂的「蝴蝶效應」（butterfly effect）……。創意可以在對話的過程產生，錯誤是發展過程必要的行動。看似漫無目標的發問和交換意見，往往會帶引出對某事敏銳的新見解或是事實的表達方式（周珮儀，2002；底線出自本書）。

一　前言：我的自動請纓以能延續「上課」的實驗模式

　　2010年上學期結束後，上章討論的「傳播理論」課適逢傳播學院課程調整而停開，原設在大二下學期並與其銜接的「傳播研究方法」改在大三上學期設課，名稱也調整為「研究方法」（research methods），原因不外乎無論在哪個學門或領域開課其所涉內涵均頗相近，去除「傳播」二字反能恢復原有既廣且深的面貌。

　　但無論是否包含「傳播」二字也無論在哪個學門，「研究方法」課的授課方式均十分「傳統」，任課教師多以其在研究所所授學術訓練一成不變地移植大學部。教課內容常以實證研究的「量化」方法為主，崇尚科學主義的「求真」、「精準」、「驗證」本質並要求絕對客觀與理性。

　　然而隨著上世紀末期後現代主義興起，社會科學的研究方法類型業已愈趨多元、複雜、跨界甚至質量混合（mixed-methods

research：指質化與量化研究並重，參見本書第五章第二節討論）。
若仍如以往僅採實證研究的量化方法施教顯有過於狹隘之慮，所授內
容也易偏技術導向，難以揭示「反思」與「自省」對「做研究」的重
要性（出自2016年下學期〈附件〉教學大綱「寫在上課之前」）。

　　有鑑於此，我主動向行政單位毛遂自薦，很幸運地從2012年開
始（亦即「傳播理論」課結束兩年後）擔任大三必修課「研究方法」
的四位任課教師之一，其後連續四年共開課六次（2014-2015年以及
2015-2016年課程即將再次轉型而在上、下學期各開課一次以便承接
末代修課同學），[1]得以延續我在「傳播理論」課實驗過的「以學習
者為主體」上課模式。

　　正如此課教學大綱「寫在上課之前」（見本章〈附件〉）所稱，
我任教多年從未在大學部開設研究方法，「**這點正好給我足夠『藉
口』可與同學們共同學習而非傳授某些特定知識**」。

　　尤以我無意依循照本宣科式的教法「講授」研究方法，只想「**與
同學共享、討論、延伸閱讀所得，乃因與其由授課教師一人唱獨腳戲
五十分鐘，不如由教師邀請同學進入教學活動，將所思所學傳遞、轉
述、表現給所有其他同學（與老師），共同討論還有哪些可資延伸發
想、可批評並可與其他領域接軌**」；此一授課本意正是源於上述「傳
播理論」課實驗四次／學期所得的自信與勇氣。

　　同樣在「寫在上課之前」也曾提及，我的二十餘年教學歷程業已
發表遠逾百篇的會議論文與學術期刊論文，另也出版六本專書與十數
篇專書篇章，還曾指導數十位碩、博士研究生撰寫畢業論文且全數完
成學位（多位獲得優秀論文寫作獎），因而「**信心漸增，自忖或能依
據這些研究經驗提供傳院大學部同學（以及他院選修同學）與前不同
之授課方式**」，期盼透過相互學習而與大家一起演練「**接觸社會／傳**

---

[1] 根據政大傳播學院原有之「課程地圖」，「研究方法」課曾先改為「資訊
　　蒐集與應用」，111學年（2022年9月）入學適用的大一下學期再次調整為
　　「資料分析基礎與策略」，已與「研究方法」完全脫鉤。

播知識之途徑。」

　　由此我樂於將自身經驗與修課同學共享而非採「諄諄教誨」方式，盼能將多年來累積的「做研究」理念與實際經驗轉化為課程設計，鼓勵同學練習從零到有地探求「社會／傳播知識」並引以為樂。為此我曾頗花心思地親自撰寫多篇「參考資料」發送，期能透過簡單易懂的書寫文字讓同學無懼於接近「研究方法」。

　　如第二週的「如何做報告」所示（本書未附），此課「主角」並非任課教師與教學助理而是每位修課同學。遇到同學習作的疑問，我們常吝於提供任何具體答案而多只點頭稱諾，這點與以前高中學習方式十分不同。凡事若都有賴老師與教學助理「介入」說東說西，顯就違反了這堂課的設計理念與初衷。

　　這篇由我親撰的短文強調，延伸問題才是可能引發「非報告組」同學加入討論的關鍵，也是報告組作業分數高低考量所在，宜多琢磨。但若這些延伸問題「題意過深」（亦即只有報告組才能領會其意），勢必難以引發共鳴；若其過淺，則也無法「激起火花」。如何構思難易程度恰當的「延伸問題」，顯然就是書面與口頭報告成功與否的關鍵。

　　這篇第二週發出的短文也將評定書面報告成績的幾個標準公開明示，如文句通順與否、段落安排是否順暢、與當週上課主題是否契合、有無錯別字、延伸問題恰當與否等。而口頭報告的考慮事項有：是否表現團隊合作精神、ppt流暢與否、與當週上課主題是否契合、延伸問題能否引發討論等。

　　以下將仿上章「傳播理論課」的討論，續以「課程設置背景與教學設計」、「事前準備：教學大綱」、「課程執行：教學實踐活動」、「課後評量：教師上課的教學成果」、「總體評析：『以學習者為主體』概念的延伸」等節略述我在「研究方法」課的上課模式。

➡ 課程設置背景與教學設計

（一）課程設置背景

　　此課與上章「傳播理論」課同樣為三學分必修課，全學期亦僅有三份作業而無考試。全班同學分成十組，分以「傳」、「播」、「學」、「院」、「研」、「究」、「方」、「法」、「課」、「棒」為名。組員人數視不同學期修課人數而定，上學期六至八人，下學期二至三人，均按傳播學院所轄「新聞」、「廣播電視」、「廣告」三系以及「傳播學士學位學程」、「輔系或雙主修」、「交換生」等亂數分配組員與組長。

　　若與「傳播理論」課相較，此課相關教科書甚多，其所陳述的「已知」均頗完備，依其講課勢必因其多重「量化」研究方法且專注於「抽樣」、「效度」、「客觀」等專有詞彙而偏離「日常生活」以致難以引起同學共感。

　　因而除在第二週由我介紹有關「研究」與「研究方法」為何的基本知識外，全學期均仿「傳播理論」課採大量書面回應以及面對面晤談方式「**鼓勵思考、自我探索、發揮創意**」（出自本章〈附件〉，教學大綱首頁的「公約」未附）。

（二）授課理念與教學策略

　　如教學大綱所示（見本章〈附件〉），本課之「教育哲學」開宗明義地引用前北京大學校長蔡元培先生所言，「**所謂大學者，非僅為多數學生按時授課，造成一畢業生之資格而已也。實以是為共同研究學術之機關**」（底線出自本書）；此點與前章不斷重複述說之「共學」概念妥適地契合、接軌而幾無縫隙。

　　在此同時，我的個人教育信念乃認為「**大學乃追求獲取知識方法之處，而非獲取知識之處（因此凡教科書已有觸及者，均非教師所應重複，學習者應努力創新知識，延伸想法）**」；唯有學習者經歷實際操作後所得之知識方能長期擁有（參見第二章佐藤學提出的learning^2

的「**學習方法的學習**」）。

換言之，大學生在校所應探求者除領域固定知識（陳述性知識）外，更當是前章不斷述及之「程序性知識」。而本課教學之旨，就在「**協助學習接觸社會／傳播『知識體系』（body of knowledge）之不同途徑**」（出自〈附件〉所錄之大綱「本課目標」；底線出自本書）。此處所指「不同途徑」，就是期中／末作業分由各組輪番介紹之研究方法不同類型與步驟（見下說明）。

（三）課程設計：小組合撰報告而無考試

從第三週開始連續五週由各組抽籤決定報告順序，分依「實驗法」、「調查法」、「內容分析法」（以上多歸類於「量化研究」）、「個案分析法」、「焦點團體法」、「田野觀察法（參與觀察法、民俗誌法）」、「深度訪談法（半結構訪談）」、「歷史研究法（文獻蒐集法）」、「敘事研究法（生命史或傳記研究）」、「言說分析」等不同類型，每週分由兩組介紹其「淵源與重要研究者」、「重要性」（過去貢獻）、「主要研究程序」（作法、關鍵設計）等，並須附上「相關研究文獻」。

每週輪值報告組依例亦須提出延伸討論問題一至三個以供口頭報告時與其他同學交換意見。報告時間仍是十五至二十分鐘，結束後隨即開放討論，由非報告組同學以及任課教師、教學助理提問並由報告組即席回答。

期中週常邀研究生分享其撰寫畢業論文的心得，次週由教學助理介紹SPSS統計軟體乃因其他各班多備有類似安排，如此或可讓修課同學「安心」。其後即為「期末報告」連續五週，針對由我自擬的十個研究步驟任選一個（每週兩個），說明其在研究方法整體流程扮演的作用（參見〈附件〉「寫在上課之前」所列）。

期末仍仿「傳播理論」課設計，要求各組共同完成大型「彙整作業」，以任何自選的「（臺灣）社會／傳播知識」現象為題完成一篇

研究報告，內容涵蓋上述所有十個步驟，文長二十頁左右，旨在讓同學利用小組合作方式實地執行一次從「選題」到「反思」之整體流程以免陷於「紙上談兵」，對錯不拘、好壞無妨、質化或量化分析途徑皆可。

期末彙整作業亦仿一般學術報告特別注重「研究倫理」，再三警惕同學避免抄襲或剽竊他人作品。若採訪談或實驗法則需填寫「訪談同意書」或「受訪者同意書」以示尊重（本書未附），報告內容也須附有「參考文獻」與組員心得。

三 事前準備：教學大綱

本課教學大綱內容類似「傳播理論課」，包含「公約」（本書未附）、「寫在上課之前」、「正文」、「課程進度」、「研究方法相關書籍」（本書未附）、「上學期的評量結果」等項，但增加「第二週上課大綱預告」、「附件」（出自臺大政治系教授石之瑜專書）以及「下課後作業說明」（本書均省略未附）。

教學大綱的正文提出「研究方法」的定義：「乃大學生（尤其傳院學生）均應培養之近用知識能力，藉此『觀察社會脈動並增進獨立思考本領』、『瞭解可運用之資源所在』、『設定接觸知識方式並確認其可行性與適宜性』、『反思知識之在地與異地價值』等。簡單來說，就是瞭解前述『接觸社會／傳播知識之途徑』。」

因而本課強調研究方法是接近「社會／傳播知識」的途徑而非答案，重點在於尋找、發想、探索有興趣之議題後，闡釋研究目的（此即「問題意識」步驟）、曾經有過哪些相關討論（「文獻探討」功能所在）、據此凝聚核心概念（此即「概念化」）、確認所欲探究的範疇與有意回答的論點（「研究問題初擬」）、設計可探索這些論點的途徑（「操作化」）、分析資料並回應研究問題、報告分析所得、反思研究不足並考量倫理限制（「研究意涵」）等。

四 課程執行：教學實踐活動

（一）三份小組作業

1.作業一：「期中報告」討論研究方法的「類型」

如上章「傳播理論」課的上課模式（參見上章圖6.2），本課上課時係由輪值報告組將其共同探索的成果與全班同學（含教師與教學助理）分享，隨即展開長度約為三十分鐘的即席詢答。

為了方便同學理解不同研究方法類型的異同，我曾將性質相近或極端相異的類型歸類放在同一週藉此呈現其間關係（相近者）或反差（相異者）。

例如：第一、二組報告組分別針對「內容分析」（量化方法）與「言說分析」（質化方法）閱讀相關文獻後就可輕易地分辨其間分歧：前者指針對新聞／傳播內容之「明顯意義」（manifest meaning）進行客觀而有系統的分析，必須先行依照文獻所示設定分析類目而後按圖索驥地將所得資料放入。後者則須反覆閱讀分析文本以能理解其核心意涵後，方才導出可資分析的類目。

如此兩兩對照的方式不僅可讓修課同學（無論報告組與否）理解不同研究方法類型的強弱與特質，亦可透過自己負責報告的類型來對比其他研究方法，避免「只知其一而不知其二」或「只知其然而不知其所以然」的缺失。

期中報告的最後一週，我多循例製表呈現十種研究方法（見表7.1）以利同學掌握類型間之差異，從而理解每個方法皆有利弊也各有適用的研究對象，端視研究目的為何而後決定採用哪個特定類型，其間並無標準答案。

表7.1　研究方法不同類型之比較*

	內容分析	言說分析	調查法	焦點團體	實驗法	個案研究
對象	文本	文本／符號	大型群體	小型群體	小型群體	個案
過程	嚴謹	較不嚴謹	嚴謹	鬆散	極為嚴謹	鬆散
目的	比較類目	探求意義	群體態度	群體想法	因果關係	深入探討
	深度訪談	田野觀察	敘事分析	歷史研究		
對象	個人	場域（field）	文本／故事	事件／人		
過程	極為鬆散	鬆散	極為鬆散	嚴謹		
目的	個人觀點	觀察記錄蒐集	分享、理解	瞭解變化		

*出自「研究方法」課每學期期中最後一次報告後的回應

2.作業二：「期末報告」分析研究方法的「步驟歷程」

　　至於後半學期的討論已如前述是將研究歷程整理為十個步驟（見圖7.1），從「1.問題發想」（擬定題目）開始，分經「2.問題意識」（確認研究議題的定義與重要性）、「3.概念化」（確認重要概念）、「4.文獻探討」（廣泛閱讀以蒐集相關研究資料）、「5.研究問題」（或發展研究假設）、「6.研究設計」（確認研究類型的選定）、「7.資料分析」（讓資料說話）、「8.資料整理與詮釋」、「9.報告研究所得」以迄「10.反思與討論研究限制」（回答研究問題、回應研究目的兼而說明研究限制）等。

　　亦如期中報告，後半學期仍然維持每週兩個子題，由同學自行整理為書面報告並在課堂提出口頭報告，隨即接受非報告組同學與教師、教學助理的提問。

圖7.1　研究方法的整體歷程

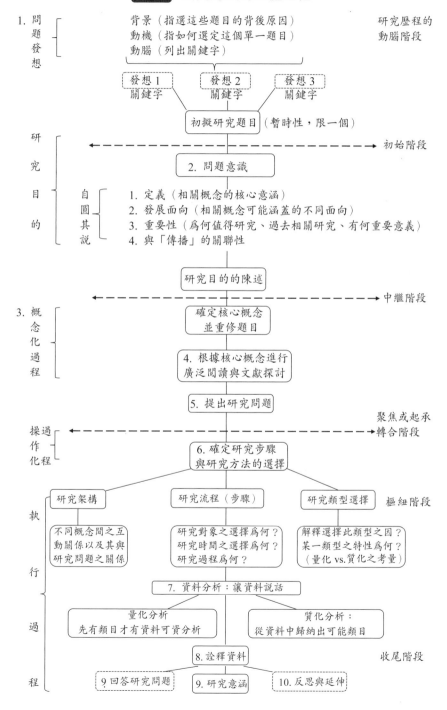

隨著學期不斷進展，同學們也由圖7.1臚列的步驟逐項推進，一方面尋找相關研究文獻詳述該步驟的主要內容，並以自選題材為例說明其與相關步驟之連結，另也開始「期末彙整作業」所欲發展的選題。此圖所示並非標準答案亦未必為其他研究者苟同，僅係我整理各組報告後試圖提供較為完整的圖像。

3.作業三：期末彙整作業

期末報告後猶有「期末彙整作業」，旨在實際執行一次與廣義「傳播議題」契合的研究報告藉此練習學術邏輯訓練。為了避免同學隨意引用他人作品而不自知，各組人數須列出「最低參考文獻篇數」。如小組成員七人，則參考文獻應至少七篇，且有一半以上應為學術作品而非網路資料或報刊文章。引用時均應在行文處列舉文獻出處，並在文末列出所有引用過的「參考文獻」。

4.分工、合作進行報告

如前所述，本課為必修課人數眾多，極端倚賴修課同學自我管理，僅在期末發送如上章「傳播理論」課之自評表（參見上章〈附件三〉），如此一來，上課時師生皆可專注於各組口頭發表無須被同學是否缺課或遲到干擾。

而如圖7.2，此課上課模式與上章「傳播理論」課均同樣建立在「報告組提出書面報告」、「報告組口頭報告並即席作答」以及「報告組提出延伸問題」三者。

首先，報告組透過事先分工、相互討論後合作寫出五頁左右的書面報告（實則常超出此限且後期有愈寫愈多之勢），上課前一天中午置於教學網站以利其他同學（與老師、教學助理）預先閱讀。

上課時報告組進行十五至二十分鐘的口頭報告後，即席透過事先擬定的「延伸問題」務求引發「非報告組」現場提問討論（圖7.2右邊）。

但因初期經驗不足，報告後的上課現場常呈現無人發問的局面，只能由任課教師「跳出來引導」（引自某位同學的上課回應）並掌握

節奏（見圖7.2下半部）。直至學期後期輪值報告組逐漸熟悉「延伸問題」的重要性後，由同學自發的討論氣氛方才漸趨熱絡。

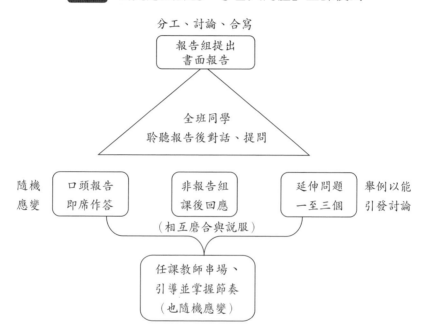

圖7.2　研究方法課的「學習共同體」上課模式

如某位同學曾經寫下令人閱後莞爾的心得（添加語句與底線出自本書）：

報告組討論【如何擬定】延伸問題的時候，大家都有自己的看法和考量，我們提出來，再互相磨合及說服，最後產生「我們」的看法，我覺得這個過程真的彌足珍貴，像氣球一般，瞬間被充飽了氣。和老師及學長姐的對話模式也是一堂課，被關心真是緊張的一件事！一個看似老師放牛吃草卻默默在背後堆上乾糧的報告，⋯⋯。

這個講法與本書第四章之首所引許宏儒（2017）的「成人之美」十分契合，乃因如其所稱，「**每個人的自我完成性，要與他人的自我完成性之間，有著緊密的連結關係，……必須藉著相互合作、彼此友愛互助的形式，才能夠……呈現一種自我完善與彼此共好的美的圖像。**」

5. 第三小時的「課內晤談」

各週仍仿前章「傳播理論」課的方式實施「課內晤談」，由任課教師與兩組報告組見面，針對上課報告所談一一徵詢意見與心得，藉此即時瞭解報告過程兼而透過徵詢而得認識每位同學以免僅能識得他們在點名簿上的名字。下課前，同樣交還書面報告並給分以能讓報告組立即得知其報告的優劣與原因。

預備報告組則仍如「傳播理論」課的方式，在另間（第三間）教室與教學助理會面，說明其次週準備報告的要點。一般來說，教學助理以聆聽為主，鼓勵代替指導且不提供具體意見以免影響其準備方向，期能讓同學自主地大膽說出（寫出）由組員合力準備的提案。

其他各組則留在原教室針對報告組所談（與所寫）交換意見，由組長彙整後於次日中午提交，次由教學助理再回應並由我再再回應，如此即可完成每週由「書面報告」→「口頭報告」→「心得意見」→「再回應」→「再再回應」所串接完成的學習流程，讓多數同學在無所畏懼的心態下逐步推進，因而也有意外收穫。

（二）課程實踐活動的特色

顯然這種從無到有的學習樂趣斷非一般由老師講課、學習者聆聽後筆記的授課模式所能媲美，因而常有同學領悟其間樂趣而寫下如下心得（底線出自本書）：

從蒐集大量資料到理解資料，並且吸收內化轉換成淺顯易懂的文字輸出，是一件不容易的事情。……只好先……囫圇吞

桌一翻【番】。但經過老師和學長提點之後，<u>馬上抓住⋯⋯</u>
<u>核心</u>，帶著最簡單的思維去面對那些龐大難解的資料，才發
現其簡單意思背後竟是如此艱深而長途的研究過程。

　　這段文字寫得頗為傳神，其所寫「馬上抓住⋯⋯核心」也道盡了
本課上課模式的重點所在：<u>快速</u>瞭解議題、<u>快速</u>蒐集資訊、<u>快速</u>抓住
核心知識、<u>快速</u>解決問題並瞭解、<u>反思</u>自己不足之處以便未來猶可<u>精</u>
<u>進</u>。

　　此即前述「程序性知識」的要領，也是「從做中學」的核心意
旨，更也是傳播知識的特色，乃因其所屬廣告、廣電、新聞等子領域
的實務工作都得快速學習而後馬上進行下個指派任務。傳播領域常被
誤認為「沒有基礎知識」，實情是基礎知識作用不大，要能快速地利
用程序性知識面對、處理龐大資料才是正道。

　　此點早在前史丹福大學傳播系教授Paisley（1984）的論著已有
詳述，其稱**「專研某種人類行為（如人的思考或行為）」**的領域為
「層次領域」（level fields），如心理學、人類學、政治學等基礎
學門。

　　而某些其他領域**「係以人類某種行為的某項特徵（characters）**
為研究對象，跨越多種學門進行分析」，可稱之「變項領域」
（variable fields），如資訊科學、認知科學、傳播學皆屬之；前者
（層次領域）重在創造知識，後者則是使用知識（引句出自鍾蔚文
等，1996：115）。

　　因而傳播領域所涉的知識取得方式顯與其他「層次領域」大異其
趣，多強調要能短時間內搜尋、分析、排比、分類、判斷並整理大量
資料，接續轉為文字或圖像符號並考量情境因素後呈現新意，其過程
多稱之「策略知識」的培育，指能因地制宜解決問題的能力而非制式
或標準答案的傳授（鍾蔚文等，1996：119）。

　　總之，經歷一學期的「報告」→「提問」→「交換想法」→「下
課書寫回應」→「學長姐再回應」→「任課教師再再回應」模式，師

生共同完成了難能可貴的上課實踐歷程，且師生相處融洽也都能盡興、歡愉。

五　課後評量：教師上課的教學成果（教學評量表）

此課上課六次共有五次實施期末評量（最後一學期因課程即將轉型而未實施），由修課同學匿名填寫對課程設計與任課教師的同意度與評分。

如本章〈附件〉所示，五次評分結果分別為（由開課時間較遠至較近）：91.3、90.9、90.2、90.72、89.0（平均：90.42分），與學校教務處實施的網路評量結果幾乎一致（89.99、90.72、91.5、90.9、91.97；平均為：91.0分），顯示本課「以學習者為主體」的上課相互討論模式的確頗受修課同學肯定，且無論修課人數多少皆然。

此外，五次開課的全勤率為40%、42%、34%、66%、57%（平均：47.8%），顯然在全學期不點名的情況下偏低。但考量臺灣學制一學期長達十八週，遠遠超過如美國的學期制十五週或學季制十週左右，要能長期維持穩定上課情緒實頗不易。

在回饋意見方面，較受矚目的正面意見有：「給予大量空間讓我們自己摸索，『給魚吃，不如教他釣魚』的理念讓我們大有收穫」；「清楚的讓我們知道學到什麼以及學會如何『錯中學』」；「引導式教學」；「口頭報告後的老師講解[2]以及與報告組之檢討」；「給予同學思考空間及討論時間、空間」（以上摘自本章〈附件〉所含之教學評量結果）。

如同上章「傳播理論」課期末意見所示，本課仍有令人遺憾的回應，如：「有時候還是希望老師上點課，發點講義，內心較踏實，知

2　其實我從未「講解」任何研究方法，僅在延伸問題討論的「空隙」略述我的看法而已。

道往哪前進學習」；「希望能在同學報告前給一點點提示」；「討論課稍微冗長，同學較不積極」；「雖然每週回應，期中真得【的】有點倦怠；延伸問題的討論度較低」；「和志不同道不合的組員分在同組很難做大家都有興趣的主題」等。

　　整體觀之，同學們的正面意見大多肯定課程設計以及任課教師的教學風格，負面批評則集中於期末的倦怠感與小組互動。這些為師者都瞭然於心。但學期太長、人數太多、期末報告太趕，遠非任課教師所能控制或改變，只能徒呼負負。

六　總體評析：「以學習者為主體」概念的延伸

　　為了追憶本章討論所及的「研究方法」上課細節，我重新閱讀了存檔在電腦C槽的各週回應與心得（但因已退休無權限進入「教學網」取得原始報告），從字裡行間回味當時與同學往來互動的樂趣，意外地找到了許多遺忘已久的課堂思考結晶。

　　如本章表7.1與圖7.1皆是從各週各組報告或是回應撿取而來而非本書新繪，足以說明我在授課時即曾以「學習者」角度透過閱讀同學各組報告或是回應，而對何謂「研究方法」以及其所含括的類型、步驟、內涵有了新的體悟，因而得以這些新的體悟與同學來往交流，進而整理所學繪製成圖表以供同學參閱。

　　由此亦可說明「以學習者為主體」上課模式所指「學習者」並非僅限修課學生而亦含括任課教師，呼應了歐用生教授所言，「**學習是我們學校的核心價值，……所以打開門，大家互相學習，……親師生共同創造，老師向老師學、向學生學，學生向學生學，家長也一起來，親師生一起學，互相學習，互相聽，互相問，互相學**」（見第六章之首所引，原引出自歐用生，2021：119）；當然，大學教育目前尚難做到「親師共學」，是否可行猶待未來討論。

　　其次，本章延續了上章有關「傳播理論」課的上課模式仍採「學習者為主體」為教學核心，讓每週的課堂像是講述故事的臨時「學

習社區」（參見上章圖6.2），分別透過書面與口頭報告而讓不同的「故事」在這個周淑卿（2007：404-405）所稱的「**師生共享『小世界』**」迴盪（見本書第四章第一節），有時是講述者自述的故事（如教師提及自己過去做研究的經驗或是學習者言及做報告的辛苦／快樂歷程），有時則是從閱讀他者所得（如文獻探討）而在此共享，因而讓這些故事能在社區（「小世界」）引發更多故事，彼此以「好的故事」互通有無進而交換從故事衍生出來的生命意義（參見臧國仁、蔡琰，2013）。

敘事研究並不強調「客觀性」，但重視故事述說過程之情感如何抒發、經驗如何交換、自我如何展現、時間空間扮演何種特定角色，因而已在不同社會科學領域引起諸多前所未有之「遐想」（empathy，原意為「神入」），主因即在於其（故事的述說內容）非僅是抽象理論，反而是「行動的社區」（communities of action，指其內涵包含了眾多與行動相關的言說活動），可將人與言說社區連接起來，彼此傾聽對方故事並接受相互之歷史、身分與政治情懷。

此點銜接了前章（第四章第二節第三小節）論及「A/r/tography（遊藝誌）課程研究的中文學術旅程」時，借用許楓萱（2010）與歐用生（2012）有關「故事」的論點。如歐用生即曾使用「詩性智慧」一詞來描述，「**自我研究是一種表演、自我定義、自我展現、自我探究，在參與自傳、故事的書寫；生活在自傳中尋找創造的活力，用新的方式書寫自己，將別人書寫的我加以重寫，超越邊界、疆界和限制，試驗不同的文本形式，展現不同的聲音。**」

歐用生（2006：13-14）甚至認為，課程的意涵本就是「**將我們的過去、現在、未來告訴我們的孩子的集體的故事**」，呼應了A/r/tography概念一再強調的，無論研究者、教師或藝術家總是在實作中透過「社群」（或社區，communities）持續地與同僚、學生或社會大眾對話以能相互瞭解。

結束本章討論前，猶可引用某位同學的回應，其言具體而微地說明了本課「不給正確答案」的上課模式（內容曾經稍加潤飾且分段以

利閱讀，底線與添加語句皆出自本書）：

　　……有時報告完【，】同學還是會有聽不懂的地方，或是別人問的問題答不出來，也有報告內容概念弄錯的時刻，這些都是在這堂課中「不舒服」的時刻。

　　不過，經歷了這些時刻，我感覺已經跟期初的我不同了。雖然不是什麼了不起的大改變啦～不過至少我已經不再會一直期待別人給我正確答案，<u>學習到自己想辦法解決問題、尋找答案</u>（有時找到的還不是正確解答哩……）。

　　雖然是個比較花時間、精力的方式，但最終回首才明白這條路才是更獲益良多的路！在二年級[3]的尾聲能修道【到】這樣一門獲益良多的課，雖然有些吃力，卻是無比值得。

　　謝謝老師、助教每週豐富的回應，也謝謝其他的同學們精彩的報告以及熱烈的討論！

---

[3]　此課一向開在三年級，這位同學自稱二年級之因無可查知。

〈附件〉 「研究方法」課教學大綱（2016年下學期；「公約」
省略）

寫在上課之前——對「研究方法課」的一些初步想法（2016.02.17）

　　大家好，我是任課教師臧國仁（暱稱臧哥），歡迎來到傳院「研究方法」課。此課在大三開設，課名原為「傳播研究方法」，希望大家都能珍惜情緣，快樂地與我共同學習。尤以105學年以後本課因應「傳院大一大二不分系新制」即將改變，請務必適應這些調整。

　　依我經驗，多數大學生常對「研究方法」深感畏懼並對其所涉資料分析（如統計報表SPSS等）不感興趣，此課尤常以傳統實證主義之「量化」研究方法為主要講授內容，專注於「抽樣」、「效度」、「客觀」等概念而偏離「日常生活」，十分可惜。

　　過去二十餘年來我已發表200篇左右的學術論文（另出版六本專書與十多篇專書篇章），也曾指導碩、博士生數十位且全部完成學位（多位曾獲得「優秀論文寫作獎」），信心漸增，自忖或能依據這些研究經驗提供傳院大學部同學（以及他院選修同學）與前不同之授課方式。因而前些年主動請纓開授此課，盼能透過相互討論、共同學習途徑摒除傳統撰寫學術論文的教法而與大家一起開拓「接觸社會／傳播知識之途徑」。

　　我對「研究方法」之定義即在於其乃大學生（尤其傳院學生）均應培養之近用知識能力，藉此「觀察社會脈動並增進獨立思考本領」、「瞭解可運用之資源所在」、「設定接觸知識方式並確認其可行性與適宜性」、「反思知識之在地與異地價值」等，包含以下步驟：

1. 尋找、發想有興趣之社會／傳播知識議題並瞭解其價值所在（significance）；
2. 發展「問題意識」並闡釋主要研究目的；
3. 搜尋相關文獻資料以能確定該議題之核心概念（文獻探討）；
4. 論辯與此核心概念相關之不同研究論點以理解自己之研究立場（研究問

題初擬）；

5. 完成研究問題並以此發展研究構思（概念化）；

6. 設計執行步驟並透過不同途徑蒐集資料（研究設計或操作化）；

7. 分析資料以回應研究問題（分析資料）；

8. 整理、詮釋資料並探究其深層意涵（理論、實務、研究）；

9. 報告研究所得並分享執行經驗、聆聽不同意見、回應並進一步說明（報告所得）；

10. 反思研究不足並考量倫理限制（研究意涵之提出）。

　　以上所錄大致涵蓋了接觸任何社會／傳播知識所應具備的重要內涵，但與多數相關教科書所述之「方法」（methods）無關，原因在於其多偏技術導向，無法提醒修習者如何反思。實際上，研究方法所談理應協助學習者探索有興趣之日常生活議題，而方法僅屬「工具」（即本學期期中前所談），其重要性不應超越對日常生活知識之探索與反思。

　　是故本課旨在讓同學們自行發想並以小組合作方式找到有興趣的社會／傳播議題，進而以一學期練習上述步驟。如此一來，傳統教科書所述之不同研究方法僅是接近這些傳播議題的途徑而非答案，重點仍在瞭解這些傳播議題之核心問題為何（此即上述「問題意識」所在）、過去曾經有過哪些相關討論（此即「文獻探討」）、如何針對這些相關討論提出新的發想（此即上述「發展問題意識並闡釋研究目的」）、如何設計可探索這些發想的途徑（研究設計）、這些途徑之可行性為何、所得分析結果為何、如何說明分析所得等。

　　過去我很少開授任何研究方法課，這點正好給我「藉口」可與同學們共同學習而非傳授某些特定知識。由以下所列大綱當可發現我無意按照過去（或其他老師的授課方式）範例「講授」任何研究方法，反倒想要與同學共享、討論、延伸閱讀所得，乃因與其由授課教師一人唱獨腳戲五十分鐘，不如由教師邀請同學進入教學活動，將所思所學傳遞、轉述、展演給所有其他同學（與老師），共同討論還有哪些可資延伸發想、可批評並與其他領域接軌。

多年實驗下來，這套「臧氏教學法」逐漸受到同學欣賞，自信也較前充分。即使這課對我而言猶屬新課，仍想沿用並繼續實驗看看，重點在於「反思」（對現有以及「我」所擁有知識的挑戰）而不在「執行」（完成作業），因此建議各位掌握傳播學院知識體系的重心（兼有「陳述性知識」與「程序性知識」），試著在有限時間內吸收大量知識「轉述」給他人（同學與老師），接受批評指正後隨即聽取他人的同樣報告，藉此理解研究方法的廣度與深度。

而根據去年教授此課之評量結果，同學一般而言可以接受我的教法（評分89.99、90.72、91.5、90.9、91.97，此為教務處網路調查所得），因而本學期仍將如法炮製，希望能讓同學們在主動學習（而非由我主授）的氣氛下開心地跟我一起研習研究方法。

以下就是我初擬的教學大綱，實驗成功與否端視每位修課同學的投入與對授課教師的信任。請大家開放心情，與我一起進入研究方法的殿堂並享受知識的奧祕與偉大吧。

傳播學院三年級「研究方法」課臧組教學大綱（104學年下）

授課老師：

臧國仁（研究室：傳播學院四樓422室）

上課時間、教室：每週五上午9-12時；大勇210401；討論教室：大勇405-406（TA約談時間為週一中午13-14時，繳交非報告組回應時間亦為週一中午）。

教學助理：

陳○○（聯絡方式省略）

本課教育哲學：

「所謂大學者，非僅為多數學生按時授課，造成一畢業生之資格而已也。實以是為共同研究學術之機關。」

教師教學信念：

大學乃追求獲取知識方法之處，而非獲取知識之處（因此凡教科書已有觸及者，均非教師所應重複，學習者應努力創新知識，延伸想法）。

本課目標：

「研究方法」課乃傳院大學部必修課程之一，有「承先啟後」之效，其主要作用本在協助學習接觸社會／傳播「知識體系」（body of knowledge）之不同途徑，旨在提供入門知識，介紹有關研究方法之基本概念與相關脈絡，藉此瞭解並探索傳播核心知識之各種可能方法。

課程內容：

1. 教科書學習：學期前半以分組方式介紹任一「研究方法」（兼顧質化與量化途徑），學期後半則自行選擇任一社會／傳播相關議題剖析其探索途徑。

2. 課外討論：每週非報告組同學需合撰回應一篇，針對報告組所言提供一至二頁回應（延伸與討論），上網繳交時間為上課後週一中午12時前。

3. 期末彙整作業：每組同學需以社會／傳播知識為題完成一篇研究報告，

內容涵蓋全學期所學之各項步驟。

成績評定：

1. 期中、期末報告各占30%，期末彙整作業占30%，出席率及每週回應合占10%。

2. 無故缺席兩次（含）或請假總數三次（含）以上者總成績以打折處理，請勿爭辯。

3. 本課作業如有違反倫理（如抄襲）事件，悉按校規處理。

注意事項：

1. 本課教師痛恨學生遲到、缺席或不負責任，此類情事嚴重影響學期成績。

2. 每次上課均有報告組兩組各以十五至二十分鐘介紹相關主題，介紹完後即開放非報告組同學以及任課教師、教學助理提問，交換觀點。因此，報告組需於上課前一日中午十二時前上傳書面報告（五至十頁），口頭報告之ppt亦請於前一晚十時前上傳初稿。

3. 對報告主題不熟悉時請多利用Google參閱他人意見，彙整後以貴組同學自己想法報告，切勿抄襲，但歡迎參考並彙整。

4. 本課有教學助理每週與任課教師分攤討論之責，預備組應於報告前與其討論至少一次，取其同意方可於次週上臺報告。

5. 分組作業繁重，小組長身負成敗之責：凡該組表現優異者，學期末小組長可獲加分優待，反之有扣分之虞。小組成員無故拒絕接受小組長指令、經常缺席小組討論者，報告分數另計。書面與口頭報告皆須參與否則無分，書面報告請寫「工作分配表」。

6. 本課第三小時為(1)分組討論時間（非報告組）；(2)與教師（報告組）、教學助理（預備報告組）檢討時間，時有延長情況，請勿在此時間安排其他活動。非報告組同學應於週一中午前撰寫兩頁以內書面回應上網。

期中前（簡稱期中）、期中後（簡稱期末）報告方式：

1. 全班分組由教師抽籤決定，自第三週起開始輪流報告，每組人數不等，並由教師指定小組長負責與教師、教學助理討論報告進展。

2. 每週上課前一天中午爲繳交報告截稿時間，書面報告均請在上課前一天中午前上傳網路以便全班同學可在上課前事先閱讀（ppt可於前晚十點前上傳）。

3. 全班人數約可分十組，期中考前可報告完畢。考試後爲期末報告開始，由前半學期之相同組別次第進行，然後是期末報告繳交時間。

4. 每次上課時間爲兩小時，各有一組報告，第三小時由教師與報告組討論報告內容之優劣，並由教學助理另行與下週報告組討論（請務必事先準備妥當）。

期中報告內容（占學期成績30%，同組同分）：

　　自第三週起分組完成，每組自選一種社會科學／傳播研究方法，擇其重點向全班同學報告並撰寫五頁以內重點（打字請打雙行，12點字級），內容應包括該研究方法之淵源與重要研究者、重要性（過去貢獻）、主要研究程序（作法、關鍵設計）、相關研究文獻（至少兩篇）等，凡前組業已報告的研究方法應免（較早報告之組別選擇性最高）。每組均需在報告結束後提出延伸討論問題一至三項以供口頭報告時與其他同學交換意見，該報告之成績高下常與此討論問題之深入與否有關。可供探索之研究方法包括：「1.實驗法」、「2.調查法」、「3.內容分析法」（以上多歸類於「量化研究」）、「4.個案分析法」、「5.焦點團體法」、「6.田野觀察法（參與觀察法、民俗誌法）」、「7.深度訪談法（半結構訪談）」、「8.歷史研究法（文獻蒐集法）」、「9.敘事研究法（生命史或傳記研究）」、「10.言說分析」等。

期末報告內容（占學期成績30%，同組同分）：

　　與期中報告形式略同，對象改爲自選任一研究方法步驟（詳見前頁所列十項），凡前組已介紹過之步驟不得重複。介紹方式亦可仿期中報告，詳述該步驟的主要內容與其在研究方法整體流程扮演的功能，並以自選題材爲例說明其與相關步驟之連結。

<u>期末彙整作業內容</u>（占學期成績30%，同組同分，改爲期末考亦可）：

　　爲協助同學反思整學期所學以免囿於單一傳播現象，期末報告結束後請練習執行完成一次研究報告，從選題、探索文獻資料等逐步推進，每週各組均請按照前週同學所談提出相關進展。如論及「文獻探討」時，次週即請提出貴組報告之初步文獻探討（各組如有六位成員，則期末彙整作業理當包括至少六篇相關文獻），依此類推。

本章註：學期進度表省略未附。

第二週上課大綱預告：有關「研究方法」的十個問題

1. 何謂「研究」、「研究方法」？對初學者而言，究應如何面對這兩個令人可畏的名詞？本課所學是否協助同學完成學位？（Berger, Chap. 1）

2. 「研究方法」包含哪些類別（量化vs.質化；客觀資料vs.個人主體性）？彼此關聯或競爭為何？其與日常生活有何影響？（石之瑜，第四章）

3. 「研究方法」與「資料分析」〔如：「一手」（primary）或「次級」（secondary）來源〕有何不同？有無「正確」研究方法？此「正確」之意為何？（Berger, Chap. 2）

4. 何謂「傳播研究方法」？傳播研究方法與其他領域（如政治學、管理學、教育學、社會學）之研究方法是否相通（尤對雙修同學而言）？彼此競爭關係為何？學習傳播研究方法是否就能與其他領域「對話」？（陳國明等，第一章）

5. 傳播研究方法是否有「地域性」（「本土化」之意為何）？美國傳播研究方法是否能移植臺灣（華人）？臺灣（華人）是否有特殊研究方法？（石之瑜，第三章）

6. 「時間」概念對傳播研究有何意義？「歷時性」研究（diachronic）與「共時性」研究（synchronic）有何差異？時間的A理論與B理論可能如何影響傳播研究？

7. 傳播學門的子領域（新聞學、廣告學、電訊傳播、公共關係、人際關係）是否有不同研究方法？傳播研究方法是否適用於新聞學領域或廣告學領域？反過來說，新聞學領域的研究方法是否也能貢獻於傳播學門？

8. 傳播研究方法是否有「主流」（mainstream）、「邊緣」（peripheral）之分？由誰認定？哪些是主流研究方法？哪些又是邊緣研究方法呢？

9. 研究方法與理論有何關聯？「理論家」與「實踐家」各有何所長？研究方法之知識論、方法論其意為何？（韓培爾，第一、二章）

10.延續上述九個問題，學習者知道了這些研究方法後對人生又可能有何特殊意義呢？

（原有之「研究方法相關書籍」與〈附件〉本書均省略）

傳播學院三年級「研究方法」課臧班教師教學評量的結果（n＝61）

104學年上學期　　　　　　　　　　　　　　　　　　　　　　2016年1月

以下有十個問題，請就本學期以來的學習情形給分（前十題爲同意度）並提出意見。

104 上	103 下	103 上	102 上	101 上	
87.8	91.3	89.4	90.7	85.1	1. 我認爲已較以前知道研究方法的內涵。
90.6	92.7	91.3	92.4	90.6	2. 我認爲修習本課的基本目的已初步達成。
88.3	86.3	88.4	87.3	88.1	3. 與其他修過（或正在修習）的課比較，我認爲本課很好。
94.5	94.7	93.7	93.4	91.6	4. 與其他課（或正在修課）老師比較，本課任課老師很好。
80.4	83.9	78.5	78.5	76.9	5. 我認爲我在本課閱讀的各種資料足夠。
92.2	94.3	92.9	90.8	90.4	6. 本學期中，老師與同學間的溝通足夠。
86.7	85.9	84.3	86.4	79.5	7. 本學期上網回應分量適中。
93.0	92.1	92.1	92.3	89.2	8. 本學期中，同組同學間的討論或交換意見對我十分有用。
92.6	94.2	91.8	93.5	89.0	9. 我從本學期的三次報告收穫良多。
90.6	89.9	88.4	90.5	89.2	10.總體來說，我在本課已盡力。

　　以下，請給本課評個分數，由0至100分，60分為及格分數：平均91.30分（103學年下學期：90.9分；103學年上學期：90.2分；102學年：90.72分；101學年：89.0分）

　　你在本學期中，是否有缺過課？全勤者24人（40%）；103下學期：42%；103上學期：34%；102學年66%；101學年57%。

本課優點：

教師教學風格：給予大量空間讓我們自己摸索，「給魚吃，不如教他釣魚」的理念讓我們大有收穫（多人提及）；老師與助教都很棒；臧哥太可愛了；概念圖總是一目了然，與學生互動（多人提及）、回應棒；老師熱情；老師的幽默感；臧哥好好笑；刺激全班同學認真充滿幹勁地上研方（與他班相較）；清楚的讓我們知道學到什麼以及學會如何「從錯中學」；引導式教學；老師回應總是中肯；互動式課堂刺激思考；看／聽到臧哥會有醒來的感覺（臧註：這是優點？）；對同學總是正面鼓勵；教學方法獨特；退休快樂（臧註：還有一年啦）。

教學內容：課堂參與度高，注重雙向學習，獲益良多；Q & A最讚（臧註：大概指每週報告後的討論時段），喜歡大戰（兩位提及）；口頭報告後的老師講解以及與報告組之檢討（多位提及）；由學生做中學（多位提及），臧哥適時補充、講解；整個課程的進行方式除了實際操作還可獲得一群有革命情感的好友；翻轉教學；報告前的約談很重要；各組每週回應具啟發性，應保留（多位提及），自己組報告後都會去看；報告組事先上傳報告、ppt；臧哥回應；給予同學思考空間及討論時間、空間；喜歡「鷹架理論」；報告後的討論；結構佳；自行研究的形式（兩位提及）；無正確答案的傳授方式；期末作業雖然辛苦，但很必須；自主學習，從無到有的建立自己的知識；課程規劃優（多位提及）；內容豐富；對研究邏輯更清楚了，雖然有時隔天要報告卻發現資料有誤很刺激；保持一學期三個報告的形式；上課氣氛很好。

分組：小組成員由不同系構成，有助人際拓展外也讓不同系所同學各自發揮所長，教學相長；確保組員充分互動與討論；感謝臧哥給了我那麼好的組員；隨機分組（多人提及），受益良多。

助教：助教用心協助同學；兩位助教給予十分大的協助；學長姐多次與小組討論，很有幫助；聽學長姐分享很有收穫，自己做研究時也回想到他們那時說的（不知學姐有沒有看過紅白歌合戰千百櫻的彈幕；臧註：她明天要上戰場了，請幫她禱告）。

其他：85度C（多人提及）；沒有期中、期末考。

本課缺點與建議：

教師教學風格：有時候還是希望老師上點課，發點講義，內心較踏實，知道往哪前進學習（臧註：哈哈哈）；還是希望老師或助教發現我們有大錯誤要早點提出建議（臧註：但沒有大的錯誤，怎辦？不是都做出來了嗎？）；老師一向不肯給「直接」方向，不過適時提點輔以文本閱讀，作用更佳（臧註：我有喔，連書都整本借給鄭○○回家去讀了）；希望能在同學報告前給一點點提示〔兩位提及；臧註：雖然講的謙卑，仍然絕不（握拳）〕。

教學內容：期末沒有Q＆A可惜（多位提及），但1/8就期末報告有困難，其實1/8合理呢？；太重，或者說，本課需要花一點力氣才能得到基本回報，苦了其他沒有太多時間的人（臧註：這不應是上大學的基本立場嗎？）；一學期太短；大班制，無法每個人都參與討論（臧註：能上研究所就會有一人制，嘻嘻）；討論課稍微冗長，同學較不積極（多位提及；臧註：大概指第三小時）；應該多看些論文；指定每週回應組；學長姐演講分兩次（彙整作業前與進行中）；SPSS改成演講。

作業（報告）：可更密切追蹤小組報告的進度（我完全雞蛋裡挑骨頭）；期末十組一起報告太急了（兩位提及）；本學期一組七位同學，三次報告分量微重，下學期人數變少，建議調整同學負擔；報告量大（多位提及）；最後一週報告過於急迫（時間）；雖然每週回應，期中真的有點倦怠；延伸問題的討論度較低（臧註：可能指期末彙整作業）；每週聽報告，到後期很累

（自己的問題）；期末進度有些趕，一開始擔心做不出來；【每週】問題回應有些流於形式（但也有認真回覆者）；全都由同學報告，有時會聽不懂或出神（臧註：老師講課就會好些嗎？才怪）；期末報告希望有回應，畢竟做得再不完善也想死得明白些（臧註：有喔，已經上網了，好沒信心的傢伙）；希望多些晤談時間，不只有各組報告當天（臧註：可另行約談啊）。

分組：隨機分組，和志不同道不合的組員分在同組很難做大家都有興趣的主題（兩人提及）；小組討論吃重，需要燒香拜佛；討論時會江郎才盡，沒睡飽，想東西想到失眠（臧註：好耶）。

助教：學長姐的回答有時模稜兩可（臧註：這是我要求的啦）；希望助教的演講可引導大家如何選擇研究方法或哪種類型的題目適合量化或質化（臧註：呵呵，他們自己都還沒寫到那邊如何建議，何況每個研究要選擇哪種類型並無定見）；每次和學長姐討論都很趕；學長看起來好累，請多睡點；演講時除了研究內容也可談談概念化過程，畢竟對我們而言這點最難。

其他：早上課，剛起床，要爬樓梯（臧註：同協，你老了喔）；85C蛋糕再多一點（誤），有激勵作用；需要組內互評（兩位提及；臧註：有的，只是請推薦最優同學而非互評）；評分表的團隊精神難以判斷（臧註：看看各組報告時是否各行其是就知了）；太早了（多位提及）；SPSS可考慮加課或有小作業（兩位提及）；只要遲到馬上被老師發現（臧註：哈哈哈，這一定是王○○寫的）；可開在下午（臧註：休想）；教室離莊九好遠（來亂的）；ppt 投影出來都大變色；沒吃到85度C（臧註：上課不來還敢講，還好別的同學願意多吃一塊）。

綜合回應：

　　終於到寫「綜合回應」了，回顧這一學期來的進程，只能說，我們都盡力了。包括學長姐這一學期卯足了勁來跟大家一起學習，因而期末能獲得評量成績91.30分足堪欣慰，表示由每位同學與教師及助理一起建構的課程結構大致上不負使命，可以告慰全國同胞（以及家長）了。

　　當然在這過程裡仍然有些不足之處，如有些同學自認期中以後會有些倦怠，或者擔心期末彙整作業做不出來，這都很正常，在我寫這綜合回應時大家應都已經拿到分數知道做的其實都還不錯了，對吧。總之，這一學期是近幾次教本課以來最棒的一班，感謝大家。

第八章　個案實例三

「以學習者爲主體」的採訪寫作課「上課」模式

-- 師生交互共創文本，教師先示範融入各人生活經驗與故事，困難在於教師能否對學生敞開生命？能否在大自然中與學生暢聊過往的挫折傷痛、希望與夢想？能否 ⋯⋯效法孔門師生「盍各言爾志」？師生有可能在自然環境中進行詩性吟唱嗎？建議⋯⋯教師⋯⋯藉著A/r/t的歷程互動成長，感性開放心靈覺知力。<u>教師要有自我鍛鍊、孕育心靈風景的能力，信手拈來找到可以切入與學生對話的話題與方式</u>，⋯⋯<u>隨緣觀機逗教，藉機點醒柔化幾位學生，逐步開發學生的心靈感受力</u>（陳雪麗，2019：29；底線出自本書）。

➡ 一　前言：回顧「採訪寫作」課的坎坷命運與我的思考脈絡

（一）設置「採訪寫作」課的曲折經過

　　與前章（第六、七章）個案實例課程相較，「採訪寫作」課的設課過程歷經多次更迭堪稱命途乖舛。

　　多時以來，此課一直是各大學新聞系培養專業能力的基礎課程，多在上、下學期各開兩學分且均為必修。我在八零年代中期完成博士學位回臺教書，「採訪寫作」課即屬最初任教課程，直到2016年退休前仍持續開授，時間近三十年矣。

　　上世紀九零年代後期，政大傳播學院調整學制，曾將大學部課程悉數改為三學分。「採訪寫作」課課名隨之調整為「基礎採訪寫作」，其後尚有「進階採訪寫作」課（可開多門），碩士班亦開設「新聞採訪寫作研究專題」以資銜接，反映了其提綱挈領的關鍵作

用。

2015年前後，傳播學院實施「大一大二不分系」新制，「基礎採訪寫作」課再次調整為「紀實採寫」，修課對象改為傳播學院不分系的大一、二同學，設置目的在讓傳院新進同學得有機會略知新聞相關知識以便升上大三前確認主修，屬選修性質。

由上述可知，此課過去曾是新聞系學生必修的基礎專業課程，內容涉及新聞學理的核心知識。惟因新聞媒體環境近二十年來已急遽變化，如何維繫其原有「基礎」、「專業」、「核心」地位常陷入伊於胡底的困境，以致屢次調整授課年級、課程學分數甚至變換課名也就不足為奇了。

（二）我的授課思考脈絡

稍早我曾撰文討論「基礎新聞採寫」課的核心知識（見臧國仁，2000），為此蒐集、比較了十二本國內外普遍使用之教科書，發現其多聚焦於新聞寫作而少論及新聞報導發展過程涉及的資訊蒐集活動（如新聞採訪），與新聞實務工作的實際操作流程顯有極大偏差，原因不外乎採訪涉及了眾多情境因素而難傳授。

如果教科書如此，採訪寫作課的教學歷程是否也有類似偏失？如何匡正？有何理論依據？此文因而倡議充實「採訪寫作」課程的理論內涵，加強建立學習者的程序性知識與後設認知能力，協助其瞭解情境的重要性以期發展自我監控的後設能力，課程尤應建立具有知識體系的架構以免囿於新聞實務的操作細節。

課堂上，教學者宜以「個案討論」以及「面談」（或稱「晤談」，指師生間之一對一討論）來釐清學生的寫作疑惑，診斷其寫作問題的來源並適時提供其他實踐方式，鼓勵學生建立自我評估的反思能力，瞭解更多寫作歷程的解題策略，此點當遠較耳提面命地要求其改正寫作缺失來得更具知識內涵。

總之，此文（臧國仁，2000）認為採訪寫作課的教學亟應跳脫

傳統上對下式的講課，改由理論出發（如指定學生閱讀研究文獻以建立系統性知識），要求實作（如撰寫新聞報導）前先行思考目標與企劃（此為程序性知識之特色），實際採訪與寫作時猶須寫下思考歷程以備事後反思當時為何如此寫、如此想（此為認知心理學強調的「寫作」要點），上課時則應加強「回顧」的作用，期能由此出發持續提升寫作水準（參見林清山譯，1999／Mayer, 1987：第十二章〈寫作〉）。

唯有透過如此較為繁複的知識轉換（knowledge transforming）過程，「從做中學」的經驗才能協助學習者轉化教科書所撰原理，成為可再提取使用的自動化知識；此即本課的教學發想源頭，也是多年來一直依循、實施的上課模式。

二、課程設置背景與教學設計

（一）課程設置背景

如上節所示，採訪寫作課的設置屢經調整，早期多視此課為新聞系立基所在，任課教師常依一些對應於新聞實務的工作流程講述，如新聞定義（或何謂新聞）、新聞客觀原則、新聞價值、新聞倒寶塔寫作結構（inverted pyramid writing）、導言寫作、分類新聞寫作（以上為「新聞寫作」範疇）、新聞訪問（此為「新聞採訪」範疇）以及新聞法規與道德等（參閱臧國仁，2000：表一），明顯地重新聞寫作而輕新聞採訪。

但因時空變遷，自本世紀開始的新聞媒體經營環境丕變，多家平面媒體如報紙、雜誌先後倒閉或熄燈打烊，導致數以千計的新聞工作者失業。行業衰退的現象隨之造成記者專業角色嚴重貶值，繼而衍生出了集體灰暗時代的來臨（語出許麗珍，2010）。

在此情況下，採訪寫作課是否仍應服膺或對應於新聞實務工作（或稱「實務工作的翻版」）已不言自明，回歸大學新聞教育的學術本質有其必要。如本章〈附件〉「寫在上課之前」所示，「這門

課的宗旨不在訓練記者，而在訓練大家未來能有『<u>如記者般地思維方式</u>』，……重點仍要回到如何結合『參考資料』與實作經驗【來】反思還能如何進步」（添加語句出自本書）。

（二）授課理念與教學策略

1.授課理念

亦如本章〈附件〉「寫在上課之前」所示（內容稍加更動），「我的基本想法在於『實務無法教』只能自己磨練，因為凡『教』者皆屬理論而凡『學』者就是實務。如以『豪小子』林書豪為例，再好的教練也無法幫他提升球技，只有自己『下海』苦練多時再加上時來運轉（包括心境、心情、情緒）才能一鳴驚人」，清楚說明了本課重點乃在「強調反思」、「理論與實作並行」等要領。

但是學習苦悶難免，因而本課教師除了介紹與新聞採訪寫作相關之概念（理論）外，也強調要透過「相互討論」來促進學習者理解這些概念（理論）之實用價值（實踐性），讓同學們能在實務學習旅程保持情緒穩定。

2.教學策略

為了回應上述教學理念，我曾試擬「教學改進芻議」（見〈附件〉之教學大綱），改將此課分為「新聞採訪學」與「新聞寫作學」兩個面向並分述其相關子題。「新聞採訪學」涉及了新聞工作者面對事件或受訪者的諸多互動要點，如「觀察」、「創意與思考」、「企劃」、「資料蒐集」、「訪問與問問題」、「查證」、「消息來源」、「接近使用權」等，各已累積眾多研究文獻可資檢閱。

即以「訪問與問問題」（interviewing & questioning）來說，過去雖少受到新聞學領域的重視，但任何新聞採訪總要倚賴新聞記者與受訪者間的一問一答互動始能完成工作目標，稱其新聞實作的核心知識當不為過。

只要稍加檢閱文獻就知訪問的相關研究文獻早已散布不同學術領

域，如能適當地引用應可協助採訪寫作課脫離純粹實務經驗之教學內涵而加強理論深度（參見臧國仁、蔡琰，2007b，第七章：〈新聞訪問：理論回顧與未來研究提案〉）。

　　而在「新聞寫作學」面向，傳統採訪寫作課的「新聞價值」、「導言與軀幹」、「企劃」、「改寫」、「引述」等講題過去多僅討論如何用在新聞實務，鮮少援引學理或研究文獻支持其所述內涵。

　　但如臧國仁（2000：27，圖二）所示，新聞寫作面向猶可續分「新聞結構」、「新聞敘事」、「新聞語言」等子項，如此即可引進諸多學理討論。

　　如在「新聞結構」部分，可再續分為「新聞導言」與「新聞軀幹」寫作並視其為「新聞論述」（news discourse）的基模結構（參閱van Dijk, 1987, 1988），從而成為新聞寫作的基本知識內涵（張寶芳，2005）。

　　在「新聞敘事」部分，可依「新聞寫作品質」（如有關「好新聞」之寫作條件）、「論述」（如新聞故事的情節變化）、「內容」（新聞報導的情境時空）等三者分類：前者（品質）包含相關事件之寫作「查證」以及寫作「風格」（建立個人或組織之寫作特色）兩項；而「論述」與故事情節安排有關，內容包括「寫作情境」（或稱「互文性」或「文際關係」，intertextuality）及寫作主體之「發言位置」（footing）。在「新聞語言」部分，猶可含括新聞字詞的「修辭」（如句法使用）、「擬真」（verisimilitude）　與「可讀性」等教學內容。

　　如此一來，即可充分開展並擴充「新聞寫作」的學理內涵而無須拘泥或附和於新聞實務工作，其抽象（理論）層次不但受惠於此更可逐步提升，教學結構亦得建立新的內涵。

（三）課程設計：每週撰寫作業而無考試

　　基於上述教學策略，本課實際課程設計如下（見〈附件〉之教學

大綱「課程進度表」）：

    -- 先寫作後採訪：前五週專注於討論新聞寫作要領，如何謂「新聞體」、「新聞價值」、「新聞導言」、「新聞軀幹」、「新聞框架」，並以「媒介（框架）真實與新聞（框架）真實」概念充當課程的宏觀要旨，由此敘明新聞乃是新聞工作者與消息來源共同建構的成品，各有隱而未見的「框架」而難達成傳統客觀義理所稱的平衡、公正、無偏無私、正確與中立等原則目標（相關討論出自臧國仁，1999）。

    -- 由第七週開始連續七週專注於「新聞採訪」，介紹何謂「採訪」、「訪問」、「問問題」、「觀察與創意」、「人脈」、「社會智能」等相關子題，如此即可均衡「新聞寫作」與「新聞採訪」的比重。

    -- 最後兩週為綜合整理與延伸，除介紹「新聞美學」概念外，並要求同學繳交學期報告「跟記者」作業一份（參閱〈附件〉教學大綱的「作業說明」），旨在透過從旁觀察現職新聞工作者而能融會貫通所學並知自己不足之處。初期（1990-2010年間）多要求以專業新聞工作者為此項作業的伴隨目標對象，後因本課改置於大一、大二，考量同學社會經驗不足而只要求其為校內媒體學長姐即可。

    本課無考試，學期作業占40%，平時作業占50%，另有10%取決於同學期末所填之自評表（稱之「溝通分數」），包括「出席狀況」、「上課準時狀況」、「上課貢獻程度」、「作業準時繳交」以及「課外與老師溝通互動頻繁程度」等。

三　事前準備：教學大綱

    本課〈附件〉所示之教學大綱內容與前章所示類似，首頁為「公約」（本章未附），其次為「寫在上課之前」、「正文」、「課程進

度」（常視上課進行調整次序），其後增寫「教學改進芻議」（含圖
示）、「期末『跟記者』作業說明」、「上學期的評量結果」等項
（見本章〈附件〉，但「上學期評量結果」未附）。

　　如「寫在上課之前」所述，本課教師「不太授課」，而是透過由
同學「導讀」指定參考文獻來共同討論相關議題。每週皆有至少一位
同學負責介紹指定閱讀文獻，每次十五至二十分鐘，報告結束就由同
學發問或由老師提出延伸議題。所有同學皆須事先閱讀參考文獻，一
方面增加上課討論熱度，另則藉此先行建立理論深度，有助於其後的
採訪寫作作業練習與反思。

四　課程執行：教學實踐活動

（一）每週作業進行方式

　　本課教學策略已如上述，執行起來實則修課同學負擔頗重。如
〈附件〉教學大綱「注意事項」所示，每週實作前其均應先行閱讀、
學習相關概念後方才出訪或練習寫作。作業完成後另須加寫一頁「心
得」，檢討該次作業執行有無窒礙難行或教師設計的主題是否恰當，
視同學習者的「自傳式書寫」。

　　因而每週作業進行方式包含「閱讀文獻」、「實際作業練習」與
「心得與延伸討論」等，三者環環相扣，旨在避免先入為主地視「採
訪寫作」為純技術導向的操練。本課尤其重視「心得與延伸討論」，
期盼同學能藉由每週閱讀、實作後的自我檢討來擴展所學以便未來猶
可精進（見圖8.1）。

　　而我的教學任務，則是在上課前一天中午從教學網站下載、列
印、批閱多達三十份作業，隨即整理、節錄、檢討該週習作的優缺
點並給分。而後我另撰批閱作業的心得（此即教學者的「自傳式書
寫」）並列印以便上課派發、討論並製作為ppt教材。就此上課前幾
乎耗盡所有心力於備課，週週殫精竭慮直至期末。

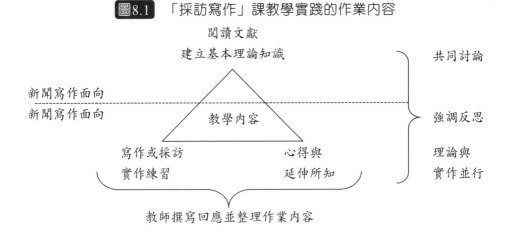

圖8.1 「採訪寫作」課教學實踐的作業內容

　　指定閱讀文獻全部由我提供，每週一篇，其內容均屬與此課相關的理論／概念介紹，深淺程度不一，端視是否銜接該週主題。

　　如在2012年第十三週，我曾要求同學自行尋找三位出生在國慶日的壽星（作業主題：採訪人脈）並於次週擇其一人撰寫具有新聞性的生命故事，過程中不得使用任何網路資源（如臉書、Line、谷歌）或學校通訊錄來物色可能的受訪者。

　　為了讓同學實作前瞭解新聞工作者常整合分散於情境的工具與知識以便「集眾人之智，成眾人之事」來完成任務，該週借用手邊原有中文文獻介紹認知心理學所稱之「分散智能」（distributed intelligence）概念，讀來應不致深奧難懂。

　　當週我也推薦胡守仁譯（2003／Buchanan, 2003）這本科普小書，建議同學閱讀有關「六度分隔」（six degrees of separation）的章節，藉此瞭解新聞採訪必須設定「目標」（如找到與「國慶／家慶」相關的採訪對象）並利用身邊人脈（分散智能）而非散彈式的無頭蒼蠅般亂問、亂找（雖然熟手常因業已「自動化」這個過程而無法自覺目標與執行間的關係）。

　　大致上，整個學期每週作業的實施脈絡由新聞寫作始而採訪終

（見圖8.1中間隔線），乃因後者涉及了與受訪者的人際互動，對大一、大二同學而言需要一些時間「暖身」才能放心地讓其出外「單飛」採訪。

（二）評分

本課作業評分採相對方式。由期初開始，每週視其作業良莠程度而有上下各五分的給分幅度，包含：寫作通順程度、錯別字、與該週主題相關程度（是否閱讀指定文獻）、創新程度等，也因此偶有同學反映本課要得高分很難。實際上，期末評分時我常將同學們的最低一次得分刪除，以維持常態分配。

學生每次繳交作業前須在卷尾簽名「已校對」以示負責，藉此避免讓任課教師疲於修改每週作業的寫作內容。此舉也反映了學期進度以「寫作」為先而「採訪」次之的用意，即先簡述新聞寫作的要點後，餘則交由學習者建立後設認知自行校正每次作業的書寫內容。

（三）第三小時的會面晤談：從Princeton University學到的preceptor制度

前章均曾述及第三小時的「課內晤談」，其構想出自我在本世紀初的美國Princeton University（普林斯頓大學）短期參訪經驗，觀察到該校眾多課程皆曾安排師生晤談以期解決單向講課可能產生之疏離關係。

其後始知此一制度稱之preceptorship（中譯「（生活）導師」或「教師」），係上世紀初的校長W. Wilson（中譯威爾遜，後曾膺選美國第二十八任總統）從英國劍橋大學、牛津大學引進，[1]針對一些學生易生困惑的課程如寫作、藝術、分子生物以及醫學、藥學或護理

---

[1] 出自https://pr.princeton.edu/pub/presidents/wilson/（上網時間：2022. 09. 23）。

的臨床實務課程，透過校友捐贈的基金（endowment）提供制度外的「（生活）導師」來與學生互動。[2]

這些導師多為年輕助理教授，每年以競爭方式申請有限名額，獲選後無須負擔教職而專事晤談以協助提升學生的學習士氣。

這個制度最初僅是Wilson校長希望透過四至五人的小團體師生對談來增加大學生的「男人氣概」（manhood）與「知識深度」。[3]他認為，與其指定學生大量背誦某些課程的固定教科書，不如找些年輕導師與學生一起閱讀課外書籍、討論課內授課內容，甚至無話不談以期讓其感受如「學伴」（fellow students）般的情誼，或可改變當時的頹喪校風。

我回臺後隨即改良此一模式，先用在「採訪寫作」課以期能加強與學生的互動。此課常為小班制，學生人數約在二十五至三十人之譜，挪用每週上課第三小時來與學生溝通、解惑甚至「無話不談」，當能有助於轉變教師角色從傳統之「指導」而為「支持」。

其後因效果甚佳，我在其他任教課程都陸續採納了課內晤談，期末學生的回饋意見常有提及如：「**能感受對老師每位同學悉心照顧**」、「**老師關心每位同學**」、「**老師很用心，一直跟學生對話，並體諒學生有時不佳的狀況**」等語，此皆因透過一對一面談我不但能掌握學生每週近況或異狀（如為何遲到、遲交作業之因、是否有情緒困擾等），學生也可在保障隱私的互動過程與我近距離地交換意見。

---

[2] 出自https://www.dal.ca/faculty/health/practice-education/for-students/what-is-a-preceptor-.html（上網時間：2022. 09. 23）。普林斯頓大學歷史系教授 A. Grafton曾經說明 W. Wilson當年為何設立這個制度以及其優劣、演變，見Precepting: Myth and reality of a Princeton institution（出自https://www.princeton.edu/~paw/archive_new/PAW02-03/11-0312/features1.html；上網時間：2022. 09. 23）

[3] 此言出自上註Grafton教授所寫。

五　課後評量：教師上課的教學成果（教學評量表）

從期末教學評鑑來看，十多年來修課同學平均給分介於84.9-95.1間（100分滿分），愈是後期則評分有愈高趨勢，其因不言自明（參見本章〈附件〉最後四頁），五學期平均為92.72分；2013年下學期得分甚至高達94.1分。

正面肯定包括認同本課以「學生為主角（體）」的概念，建議老師「千萬別開始教課，自主學習才是這門課最大優點」、「不教課反而更能學到東西」、「課程設計很有系統，每週先寫作業、自行反思，下週上課有同學導讀之後再檢討，不斷的刺激思考，跳脫以前固有的思考框架，學到很多！」。

這些意見也多認為本課「放手讓學生先試（按，指先讀而後才撰寫新聞稿件或出外採訪），透過反思與老師提點達到不錯效果」，因而來自不同學期、不同課堂的匿名評語皆正面回應（印證）了前章所述Pinar與Freire對「以學習者為主體」的教學卓見（參見本書第二、三章）。

然而負面批評亦常不絕於耳，如：「導讀同學的報告參差不齊」、「導讀應由教師講解較佳」、「指定發問或採其他方式鼓勵同學發言、分享」、「問同學問題可能害羞或礙於情面（導讀者在臺上）而不敢發問」、「大量閱讀滿重的，好像要壓死人」、「很少『糾正』或『反駁』同學言論，可以給些直接的看法」。

其言類同前章「傳播理論」課與「研究方法」課的回饋意見，常認為同學程度參差不齊而仍盼老師多講、多指導，顯然部分同學仍難適應讓學生多講、老師多聽的上課模式。

總之，如本節所述，本課改以聆聽學生報告、回應作業所得為上課內容，不再依循教科書所述而要求學生反思閱讀這些文獻後與實作的不同所在。最後或由同學主動報名或由我誠意邀請於第三小時實施「課內晤談」，開誠布公地進行每人十五至二十分鐘的師生交流，收穫頗豐。

六　總體評析：整理本課與課程研究的對應與契合

（一）概述：改進教學模式的「試金石」

　　「採訪寫作」課是我教學歷程最為悠久的一門課，任教之初就曾受到傳統線性教學模式的「震撼」，久之嘔思突破，曾在某年「教學大綱」寫下有意推動「新的教學方式」想法，期盼「不再由老師講授而由同學報告，藉此促使修課同學獲得更多反思機會。乃因傳統由上而下的教學形式重複自小到大由老師主宰學習過程的模式，早就讓甫從高中升上大學的同學倒盡胃口。我們在這門課裡應讓同學有更多參與機會，以期收到較佳學習效果。」

　　因而對我來說，這門課固屬教學歷史最為悠久的課程，卻也最早推動「以學習者為主體」模式，無論是以學生導讀替代講課或是挪撥第三小時來與學生晤談，都是在此課試行成功後才在其他課程（如傳播理論與研究方法課）推動。

　　若謂「採訪寫作」課為我不斷更新教學模式的「試金石」或「實驗場域」當不為過，其因當在其多為小班制，上課人數遠不及傳播理論或研究方法課。

　　為了回顧「採訪寫作」課的當年教學實況，我也仿照前章大量閱讀了過去教授此課所寫的每週回應（自傳式書寫）。整體而言，那是一段美好的教學經驗，無論我或是修課同學都曾沉浸於每週一次的師生互動情境，彼此皆以學習為本，奠基於前人所寫相關文獻但透過同學的每週實作而得延伸其言，兼備學理與實踐且樂趣與倦怠皆有，週週如此。

　　此時回想，當年猶未相識的課程研究前輩主導之「以學習者為主體」課程教學模式助我成長甚多。而來自我個人持續不斷的研究經驗（如「專家生手」研究或「敘事」研究）也曾不斷地引進諸多創新作法（如「從做中學」或期末「跟記者」作業），從而「品嘗」了與學生共學並從實作探索理論的「趣味」。

　　如今回顧當年在本課教授多年所得，當然驚訝於我的想法能與課

程研究前輩所述忝有諸多貌似吻合之處，可進一步整理如下。

（二）本課與課程研究的對應與契合

由以上簡述觀之，我與新聞系同僚早在本世紀初進行課程改革時，即已透過「從做中學」、「學生是知識的主體」、「容許犯錯」（從錯中學）、「變即人生」等理念試行接近前章述及的「後現代主義課程觀」教學理念與實踐方法，足見其的確符合時代所需且契合學生學習欲求（見圖8.2）。

圖8.2 「採訪寫作」課的教學模式與課程研究可能契合之處

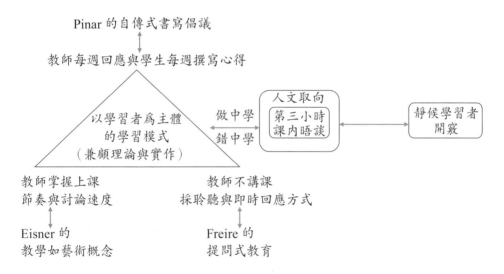

首先，由於本課不講課而只回應同學導讀並比較同學作業所寫以期契合該週主題，我大量倚賴課前所撰批閱心得來與同學溝通且於前一天上網供同學課前閱覽。其多以第一人稱書寫，內容除提及次週作業內容外，尚有針對該週主題之說明、同學作業整理、同學心得摘錄，呼應了前章Pinar倡議的「自傳式書寫」方式，連同修課同學每週作業所寫心得皆為「**有意識地回顧、前瞻、分析並綜合學習所得**」

〔語出本書第三章引自鍾鴻銘（2008a: 225）〕。

　　換言之，教師與同學皆能透過「**自我經驗的敘述**」交換了課程所教與所學，雖然耗時、耗力，但其書寫確能彌補每週上課之不足（見圖8.2三角形上方）。

　　其次，由於本班人數僅在二十五至三十人之間，任課教師得以仿效前章（第四章）由Eisner提出的「**教學如藝術**」概念，細緻地掌握上課節奏與討論速度，因而在期末評量表多有同學認為「**上課輕鬆的氣氛（下次可請同學帶寵物！），沒有壓力下學習得更好**」，或是「**激烈討論，隨時都有問題可思考，讓上課不無聊**」，足見此課確能讓同學在「**愉快中學習**」，覺得每週的課堂互動充滿「**整體輕鬆愉悅、自由的氣氛**」（語出不同年度評量表；參見圖8.2三角形左邊）。

　　至於此課採「教師不講課只聆聽」但「即時回應」（包括書面與上課口頭回應）的教學模式（參見圖8.2三角形右邊），則呼應了本書第二章由Freire倡議的「**提問式教育**」，讓學生「**積極且主動地參與課堂活動並與老師、同學對話、交換想法**」（引自本書第二章）。

　　正如2013年期末評量表某位同學所言，本課採以「**學生為主角的概念，開放的討論和答案，讓我們不斷保持思考。**」而2015年亦有同學提及，老師「**每週報告後都有評論也有書面回應，覺得很好**」，恰可反映Freire的提議確有可能在大學課堂實施且獲同學肯定。

　　此外，本課教師鼓吹前引認知心理學的「**（從）做中學**」、「**（從）錯中學**」概念（圖8.2三角形框右邊），藉此呼籲同學瞭解學習路程本就是一段「從生手到專家」不斷犯錯而後方能「抵達目的地」的旅程。

　　此一理念也能獲得同學肯定，如2013年期末評量表某位同學就說，本課「**邊做邊錯邊學，不會很制式的教【一些】書本知識而以討論和親身體驗讓我們慢慢摸索**」（添加語句出自本書），可見採訪與寫作的新手如本班同學雖然每週皆有頗為繁重的課業要求，仍能從過

程中反思未盡之處。

　　整體觀之，本課最能獲得肯定的教學設計當在「第三小時課內晤談」（見圖8.2中間方框）。由於皆在我的研究室而非教室公開進行，學生期末評量表就稱「**老師就像朋友一樣，對話不會產生壓力**」，甚至常有意見認為「**第三小時晤談很好，但時間有些少**」，顯然意猶未盡，期盼能安排更多時間來與任課教師會晤、面談。

　　當然，我未期望歷經一學期的薰陶就能將學生帶到期初預想的教學目標，乃因人生漫長而學無止境，師生皆可輕鬆以對且靜候學生開竅，走在其自認為適宜的學習道路（參見圖8.2最右邊），此點與本書第三章第二節現代主義課程集大成者Tyler講求的「行為變化」論點（經過學校施教就能進步）殊有不同。

　　這些想法與作法當可反映我的教學理念與實際執行方式充滿了人文取向（見圖8.2中間方框外框；參見本書第六章第一節所引歐用生的喟嘆），視學生與我平等，來往時儘量動之以情、曉之以理，彼此以誠相待、以信相交，久之自然進退有度、左右有局，師生都頗珍惜上課的緣分與情誼。

　　難怪曾多有同學在期末評量表提及「**每週都很期待來上課討論**」、「**希望更多同學能接觸老師的上課方式**」、「**很滿足、問心無愧，希望接下來修這門課的同學也跟我一樣想法**」；其皆言淺情深，此刻回想起來猶有餘韻猶存之感。

〈附件〉 「基礎採訪寫作」課教學大綱

寫在上課之前

2014年2月初正逢春節假期，我在研究室讀書並將新學期教學大綱上網，回頭看了去年此時的教學大綱，同學名字一個個跳到眼前（李○○、許○○、丁○○、劉○○、許○○等），大部分升上大二後除仍常在臉書見到外日常就少來往了。但那仍是一段令人懷念的日子，看著同學成長我心裡很踏實，知道有一天他們也會像其他學長姐一樣在社會立足且立足的很棒。

多年前開始，我在這門課裡試著實施了「第三小時晤談」的新教學方式（這個詞彙是當時自創），而根據每年所得「教師評量」，同學反應極好且要求我持續實施。九十八學年稍早我在二年級「傳播理論」課也同樣採用，同學們也是稱讚有加，讓我信心大增，希望維持這個制度，讓同學們與我每週皆有固定交談時間，得以彼此分享苦悶與快樂。

這麼說來，同學們或可發現我的教學方式與其他老師有很大不同，不同之處在於很重視與同學的互動、來往、交談，當然這些互動過程裡有時候涉及同學們的隱私（或反之也有許多我的個人想法）。但從過去幾年評量所得來看，同學們肯定這樣子的互動、來往、交談，畢竟老師授課如果不能理解同學們在想什麼又哪有教學成果可言。因而我要在開學前籲請大家先有心理準備，樂於與我互動、來往、交談（包括在臉書上加我）。

其次，這門課另個與眾不同之處則在於授課教師不太「授課」，而是期盼經由同學每週報告（導讀）方式共同參與。我認為，傳統由上而下的教學形式早就讓從高中升上大學來的同學們如諸位倒盡胃口，理應讓同學有更多機會主動參與教學以期收到較佳學習效果。換言之，每週至少一位同學負責將該週閱讀資料看完後向同學報告，其他同學則應將閱讀同樣資料的回應寫在作業裡。有些導讀資料較深，有些淺些，但無論如何重點不在導讀資料，而是同學閱讀完後的反思與延伸問題。

各位目前看到的教學大綱各週主題僅是暫訂，可能依情況另訂新的閱讀資料或改討論其他主題，原因在於科技變化太大，目前所得都是暫時性，無

論學理與實務皆然。何況自前年開始，新聞系又將基礎採訪寫作課移到實驗課之前，走回老路，我心中雖然極度不以爲然也只能接受，只盼同學不要以爲學理與實務二分，兩者誠然就是two sides of the same coin。又因未來另有影音新聞，本課並不提供練習機會，還請見諒。

我的基本想法在於「實務無法教」，只能自己磨練，因爲凡「教」者皆屬理論，而凡「學」者就是實務。如以「豪小子」林書豪爲例，再好的教練也無法協助他，只有自己「下海」苦練多時再加上時來運轉才能一鳴驚人（尤其是心境、心情、情緒）。新聞採寫有類似情形，老師的功能多在coaching（擔任教練）或鷹架（scaffolding），與同學一起討論如何找到要領，然後靜等同學開竅。但是學習苦悶在所難免，因而本課教師旨在介紹與新聞採訪寫作相關之概念，透過討論促進各位理解這些概念之實用價值，進而安定軍心，讓同學們能在未來的實務學習旅程中保持穩定情緒。

在結束這份前言前請容我提醒大家：這門課的宗旨不在訓練記者，而在訓練大家未來能有「如記者般地思維方式」。若要達到這點，實作課（如大學報）的磨練很重要，但非絕對，重點仍要回到如何結合「參考資料」與實作經驗反思還能如何進步。因而請大家多思考、多挑戰現況、多發揮創意，如此當能與臧師快樂地享受上課的樂趣。

最後，針對同學缺席情形仍要再次說明，學期間以任何理由（公假、事假、病假）超過一次，學期溝通分數以零分計算（原爲十分）。如因生病而需長期（超過兩週）告假，請容我以不同方式計分（如要求增寫作業等，請容另行討論後決定）。又因本課每週皆有作業，請有心理準備，遲交兩小時以上該次作業即以零分計。此外，缺課次數過多時，我將以打折方式處理，如缺三次就九折，依次類推。

「基礎採訪寫作」課102學年下學期教學大綱

上課時間與地點：三567傳院310206

授課老師：臧國仁（研究室：傳播學院四樓422室）

教師教學信念：

　　大學乃追求獲取知識方法之處，而非獲取知識之處。教學乃教師與修課同學共同學習之場所，而非學生求學之處。

本學期授課宗旨：

一、介紹新聞寫作基本概念。

二、透過每週作業與同學一起討論新聞寫作與採訪的實際問題與解決方法（理論）。

三、強調反思，期能結合實作與理論（含指定閱讀資料）。

成績評定：

　　學期作業占30%，平時作業占40%，考試合占20%（如無考試，則學期作業占40%，平時作業占50%）；與老師平時討論占10%（含上課與課餘）。

教科書（建議使用無須購買，僅為參考之用）：

王洪鈞著（民75）。新聞採訪學。臺北：正中（15版）。

陳世敏／鍾蔚文譯（民80）。新聞與數字。臺北：正中。

臧國仁主編（民83）。新聞學與術的對話。臺北：政大新研所。

羅文輝著（民83）。無冕王的神話。臺北：天下。

注意事項：

一、三小時課程每週上課兩小時，另一小時為晤談時間（tutorial，如需要可延長為兩小時），每學期宜至少與教師晤談兩次，列入溝通成績評估指

標。晤談時可就撰寫作業心得與任課教師討論。

二、上課閱讀資料可由任課教師與同學共同商議並由同學輪流擔任導讀（教學大綱所附僅爲參考之用），導讀時應說明該概念內涵並可討論撰寫該次作業時所悟。但新聞領域常無固定答案，因此請勿以對錯方式針砭。作業寫畢後須加寫「心得」（一頁以內）討論該次作業進行過程的感想，包含該次作業題目是否恰當；作業中則請勿書寫評語式文字。口頭報告導讀同學請於上課前將ppt放在教學網站。

三、所有作業長度均爲二頁左右（行距雙行，不含心得），上課前一天（週二）中午十二時上網繳交，請勿遲交。

四、全學期之同學與老師溝通與討論列入成績考核項目（總分之10%，期末另發評量表），溝通方式包括課內討論、下課訪談、與老師透過email討論等項期能透過與老師適當溝通以提升同學士氣，安定軍心（情緒）。

五、學期作業爲「跟記者」計畫，請常接觸「目標記者」瞭解其作業情況，及早約定。

六、平時作業常需動腦筋、動手，請自行思考切勿詢問學長姐以免失去「做中學」之樂趣。

102學年下學期進度表初擬
（本表僅爲參考性質，視上課進度隨時調整）

週別	日期	上課討論主題	重點
1	0219	師生見面歡	課程介紹
2	0226	何謂新聞一（以閱讀爲主）	1. 新聞眞實與媒介眞實 2. 關於傳播學如何教的一些想法
3	0305	新聞寫作要旨1	新聞體
4	0312	新聞寫作要旨2	新聞價值
5	0319	新聞寫作要旨3	新聞導言（以「選擇」與「重組」爲例）
6	0326	新聞寫作要旨4	軀幹寫作（程之行第八章新聞鋪陳）
7	0402	新聞寫作要旨5	新聞寫作框架
8	0409	新聞採訪要旨1	何謂採訪
9	0416	新聞採訪要旨2	訪問與問問題
10	0423	新聞採訪要旨3	觀察與創意（創意人，國慶與家慶）
11	0430	期中下午茶或演講	
12	0507	新聞採訪要旨4	新聞常規（臧書第三章）
13	0514	新聞採訪要旨5	問問題（臧國仁、鍾蔚文與林金池文）
14	0521	新聞採訪要旨6	組織熱情（張文強）
15	0528	新聞採訪要旨7	社會智能（臧、楊、鍾）、新聞工作者之苦悶（許麗珍論文）

16	0604	綜合整理與延伸（一）	新聞美學（臧國仁、蔡琰論文）
17	0611	綜合整理與延伸（二）	繳交並檢討「跟記者計畫」
18	0618	學期檢討	發回成績

其餘可能討論主題：新聞與敘事、新聞真實、新聞倫理、新聞志業、新聞引述、新聞變局（液化）等，可視需要隨時納入。此處所稱之「視情況」，指實作課程中所遇到之特殊問題。如96下曾經發生大學報同學捏造新聞事件，本課隨即改納有關「新聞倫理」與「新聞志業」之討論文章與同學共同面對此一問題。

本課教師也歡迎同學分享上課期間遇到之有趣剪報、論文。總之，這門課是由全班修課同學與教師共同建構，歡迎大家參與、討論。

新聞採訪寫作（寫於summer, 2010）

*以下對照表列出幾個相關概念，藉以顯示彼此（「新聞採訪學」與「新聞
  寫作學」）相關之處。

新聞採訪學	新聞寫作學
1. 論真實之「觀察」	論「新聞體」 （社會真實與符號真實）
2. 創意與思考	論「新聞價值」
3. 論「選題」	論「導言」（如何選擇重點）
4. 論新聞採訪與問題解決	論「軀幹」（如何組織素材）
5. 採訪企劃（單一記者的企劃）	寫作企劃
6. 資料蒐集與使用	論新聞「改寫」
7. 論新聞採訪之「策略分析」	新聞寫作之「言說分析」 （生手與專家）
8. 論新聞訪問之「問問題」	論「新聞引述」
9. 論「新聞查證」	論新聞寫作之「正確性」
10. 新聞採訪與消息來源	新聞與寫作框架（倫理與道德）
11. 論記者之「接近使用權」	論新聞「修辭與語言」
12. 新聞記者與室內控制（工作常規）	論新聞寫作之「品管」問題
13. 新聞記者與隱私權	論「新聞可讀性」
14. 論「新聞客觀性」	論新聞寫作與「敘事」
15. 危機或其他特殊時期的新聞採訪	論「新聞美學」
16. 分類採訪論（類別較不明確）	分類寫作論（敘說文等）

有關上頁「新聞採訪寫作」論述之圖示

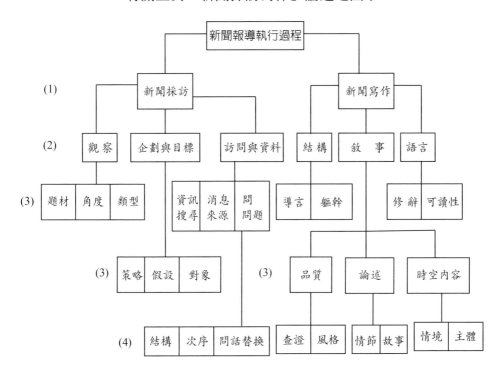

或如下圖所示（兩者意涵相同）

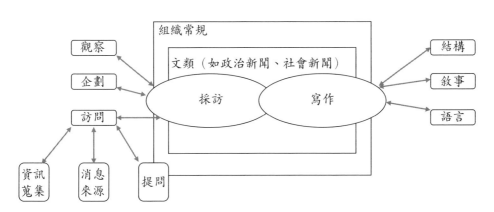

新聞系102學年下學期基礎採寫課期末「跟記者」作業說明

一、作業繳交時間：2014年6月11日（週三）上課時（時間暫訂）。

二、作業內容：應含(1)個人新聞寫作一篇、(2)目標記者新聞一篇（以原稿及刊出稿各一篇最佳）、(3)以上兩者之比較（請分別陳述兩者之框架異同、切點、差異原因、導言重點、文字比較、結構、邏輯連結等，可參閱〈作業一〉之說明，自行訂定比較標準）、(4)心得一篇（可自行決定長短）、(5)其他附件（如企劃）。

三、請繳交書面與電子檔，請加封面，寫明你的大名、目標記者大名、跟記者時間、地點、場合等基本資料。文長勿超過十頁，雙行行距，十二點。

四、跟誰？跟什麼？怎麼跟？

目標對象：

　　任何現職記者（有路線，有採訪任務者，男女不拘，媒體不拘，但人品優良者為佳），一位記者帶一至二位本班同學為宜，請早預約，期中考前通知老師。

計畫：

　　請預先擬定計畫，瞭解你想要看到什麼？想從本作業中得到什麼？也可打聽記者的口碑，哪個記者脾氣好，又有內涵，又願意帶後進等。一旦決定目標對象，你該先針對他或她的「路線」以及個性進行瞭解。

事前準備：

　　與目標記者討論清楚訪問事由、時間、地點、交通工具、訪問時間長短、對方背景資料等。請特別注意要在每個階段詢問目標記者，他在想什麼？為何這麼想？以便事後比較、對照是否有改變？原因為何？

過程中：

　　除與目標記者一同訪問也注意對方的反應外，請特別注意目標記者如何問問題？如何記錄？如何應變？基本上，你們是「觀察者」或「研究者」，

故不要阻擾目標記者的正常採訪工作。易言之，你們是去觀察，不是去採訪。尤其歡迎觀察記者的「社會智能」，作爲自己的借鏡。

回來後：

　　先按你的採訪所得資料，撰寫一篇《大學報》或是其他實驗單位如「政大之聲」或「政大網路電臺」可能刊登或播出的新聞。如目標記者只準備寫特寫，無妨，你寫你的純淨新聞。請預先向目標記者索取原稿，以便進行比較。注意：先寫你的稿件，也比較兩份稿子後，立即進行下一步訪問（請勿隔得太久以致對方已遺忘殆盡）。

事後訪問：

　　這個階段主要在於瞭解目標記者的認知結構：如他究竟在想什麼？如何發展他的採訪計畫？如何擬定寫作計畫？應變的策略是什麼？如何執行這些應變策略？你可以以你比較後的發現問他爲什麼，但嚴禁質問對方，如有目標記者反應你不禮貌，你就完了，作業就要掛零了）。

整理資料：

　　現在可以把資料整理出來，讓老師看看你在這學期中進步了多少。別忘了，要校對。

撰寫報告：

　　可分別由目標記者的企劃能力、觀察能力、採訪執行、問問題、寫作策略等方向討論，並比較你們兩人的策略差異、寫作差異等。注意：你與記者相較你不一定比他差，無須自慚形穢，但也不必自我吹噓。

　　訪問過程中，如有任何特殊情事發生，請速與老師聯絡。歡迎來研究室商談，訪問前請打電話告知。如有急事（如遇性騷擾），萬不得已，請電手機。繳交作業時，請不要塞在門口的盒中，可置門下。

　　由於人品佳者預約人多，請務必及早物色。請自行尋找，避免叨擾介敏助教爲宜。

新聞系一年級基礎採訪寫作課　　　　n=32（全班32）

101學年下學期　　　　對老師教學的學期評量結果　　　2013年6月
請在1-100之間選擇適當的分數，1是極不同意，100是極同意，50是無意
見。

101下	100上	99上	97下	96下	
90	91.8	86.4	85.8	87.1	一、我認為我已經比以前知道如何採訪及寫作新聞。
92.5	91.3	90.1	88.4	89.9	二、我認為我修習本課的基本目的已初步達成。
95.4	95.5	93.5	93.0	93.6	三、與其他我修過的課比較，本課很好。
98.1	98.0	96.1	93.6	93.8	四、與其他我修過課的老師比較本課任課老師很好。
91.9	93.3	94.8	92	89.5	五、我認為本課指定閱讀資料足夠。
97.0	95.2	95.2	92.5	95.8	六、本學期中，老師與同學間的溝通足夠。
87.9	78.6	81.9	82.1	64.7	七、本學期採寫每週作業分量適中。
91.9	87.0	83.5	86.8	80.6	八、本學期中同學間討論或交換意見對我十分有用。
93.6	94.0	91.1	90.5	85.3	九、我從本學期報告（跟記者）中，收獲良多。
90.1	86.6	88.8	88.9	87.2	十、總體來說，我在本課已盡力。

以下，請給本課評個分數，由 0 至 100 分，60 分為及格分數：平均
94.1；93.6（101上學期）；92.9（99上）；91.4（97下）；91.6（96上）。

本學期中，缺課次數：缺課一次共5人（全勤率84%）；100上學期全勤率77.4%；99上為36.4%；97下為63.7%，96上為43.8%；本學期全勤者比例歷年最高）。

本課優點：討論式上課方式、下午茶♥（多人提及）；整體輕鬆愉悅、自由的氣氛；導讀非常棒（可認識同學，而且運作模式算輕鬆但又有內容，多人提及）；導讀後的討論（更可讓我們加深印象，多人提及）；演講（讚）；臧哥不時嗆同學頭大或皮膚黑，雖然當事者覺得【沒】有什麼，但再也找不到像臧哥這麼搞笑的人，和同學感情也很好；跟記者計畫超好玩（真的可以學到很多理論上沒有的事物，多人提及）；國慶寶寶作業（多人提及）；每週作業（鞭策自己的原動力，多人提及），學生為主角的概念，開放的討論和答案，讓我們不斷保持思考；老師與學生上課時的互動佳（多人提及）；老師上課非常認真且對學生用心；All！真的超棒的這堂課！；扎實；從做中學，每週作業練習進步比較快，也能從中學習，發現新手的樂趣；第三小時晤談（多人提及）；邊做邊錯邊學，不會很制式的教書本知識而以討論和親身體驗讓我們慢慢摸索；政大不可不做的80件事之一：修臧哥的課；View很好的教室；能從老師截【擷】取同學們的思考與心得學到不一樣的想法；上課時的熱烈討論，讚！；85度C最應極力保留哈哈；臧哥你千萬別開始教課，自主學習才是這門課最大的優點；跟記者計畫千萬別中斷，並應該鼓勵同學嘗試不同的媒體，別只限於報紙；課程設計很有系統，每週先寫作業、自行反思，下週上課有同學導讀之後再檢討，不斷的刺激思考，跳脫以前固有的思考框架，學到很多！；從這堂課學到「時間管理」；先讀後寫再討論（目前的教學方式）可加深印象，十分有用；每份作業皆親自批改，實屬難得，老師辛苦了！；真的是少有的很有心的老師，每次跟臧哥對談都覺得很有收穫，可以很安心的跟老師交流，過後都會很舒服；臧哥的基礎採訪寫作課是自從大一入學以來，讓我收穫最多的一堂課！也是讓我更確信自己為什麼當初選擇了新聞系的原因。

本課缺點與建議：

設備與教室：教室座位吧！不能讓很多人同時看到投影幕。

教學內容：導讀有時參差不齊，但大多數都很用心（臧註：同學報告不足不是缺點喔，請容許參差不齊）；訪【晤？】談應該也可以開放談論作業的優缺點，想知道更深入的改進方法（臧註：任何事情都可交換想法，歡迎同學提出問題）；導讀組可以把ppt放在數位學習網；上課時間稍短！增加演講次數（多人提及，但惜乎經費有限，每門課一學期僅限一次）；導讀偶爾可以提前成稿之前（交錯感）（臧註：不懂）；第三小時晤談可改成半小時耶，一個人十分鐘的話也可講不少人；試試看討論一些不同新聞形式的特點，如影音新聞、廣播新聞，從多元媒體出發再回歸採訪寫作的原則，讓我們瞭解不同新聞呈現的共同處；增加多媒體或影音部分；同學報告難免稍嫌不足，老師會補充但仍稍嫌不足；跟記者計畫可以在期中一次，期末一次，然後比較這兩次自己所學和所感受到的有什麼不同；若老師願意，感覺晤談時間可以移至課程以外的時間（臧註：移至其他時間還會有同學出席嗎？呵呵）；可以談談新聞美學或報導文學，以便和未來的進階新聞寫作做銜接。

作業：作業小多，國慶寶寶作業有些困難～；國慶寶寶作業可試試不同節日（多人提及）；國慶寶寶作業應再想想有無其他替代作法，如讓同學親自去法院或立法院等機關旁聽寫新聞；找記者時遇到困難，也許可以再解釋清楚些或提供可行管道給大家（臧註：練習而已，不必過於緊張）。

教師教學風格：臧哥太可愛了上課不能專心啦（臧註：喔，這是缺點喔）；第三小時晤談可以對學生抓緊一點，期初時未必有多人與臧哥晤談，期末的人數則會爆增；同學導讀時臧哥的亂入次數可以減少（臧註：不懂，我有亂入嗎？這是優點啊）；臧哥可用一些方法追蹤或測試學生是否做到復習；講課部分可以……不那麼理論化！或者代【帶】過就好。

其他：對沒有自動自發的同學而言有點吃重喔！！；由於喜歡爆肝趕作業，不到deadline都不做功課（包括我），可考慮規定學生務必於星期日上傳新聞稿和心得，星期二上傳反思，並要求他們整合後放在同一檔案，才不影響您把作業列印出來；換死線時間（提早或延後），反正現在的deadline我們都在上「傳播與社會」呀；期末沒有下午茶好難過（臧註：有喔）；期末pizza（貪心＞＜）；臧哥：)　Thank you very much！這是我大一下上到最

充實，且學到最多東西的一堂必修，謝謝你在每次作業的鼓勵，雖然知道成績不是最重要的，但謝謝最後一次的90分，很棒（滿足我的虛榮心哈哈），這堂課實在太棒了，讓我獲益良多（臧註：這一看就知道是哪位同學，哈哈哈）。

綜合回應：

看完同學所寫讓我不禁多次哈哈大笑。希望學期末有pizza的同學太過分了，讓我壓力很大，不知明年還會不會有人建議義大利餐、冰淇淋，頭大啊。但是同學敢提出這麼多建議，顯示了我們之間毫無距離、可以互動，這對我而言是金錢也換不來的美好感覺。謝謝大家。

幾件事可以說明一下：

第一，增加演講次數有其困難，因為學校每學期每門課只願支援一次演講經費，總不好讓人空手而回吧（即便都是學長姐）。

第二，國慶寶寶明年真的可以來換成「元旦寶寶」，看看是否難易度有所改變。

第三，至於帶同學去立法院的建議頗佳，但機緣難尋：咱非立法委員，要找個名義才行，而最為困難之處其實在於同學修課時間不同，很難覓得統一時間讓大家一起出巡。

第四，許多同學談及導讀，褒貶均有。我較隨意，知道這事對某些同學固然不難，但其他同學未必，因而既不計分也不事後評論，就是要大家放輕鬆、開心地分享。無論好壞，做了一次後未來上手較易。而從比較其他同學的導讀更可看出自己的優劣，逕行修正並非難事。

至於晤談時間減少或改置其他時間，看起來均非我的本意，我只想讓同學沒有顧忌地跟我交換想法（尤其是導讀組），這段時間就是上課時間，短期內無意調整。

好，寫到這兒，本學期所有課程就完全結束了。容我再次謝謝大家與我共度一學期，所有優點都是我們一起完成的，請讓這些美好經驗長期留在記憶深處。我們後會有期。

第九章 整理「上課」模式的三個個案實例

兼論大學教師的教學角色與「以學習者爲主體」的課程要義

-- 什麼叫做學習共同體啊！<u>學共【按，學習共同體的簡稱】的基本假定就是接受每一個學生的答案</u>。明明你【按，指學生】就講不對，對不對？【老師】馬上心情不好，但是【透過】學習共同體【的理念】，我們老師要聆聽、等待，不急！慢慢來，肯定他會學習，就在一舉一動之間，就在一顰一蹙之間，活在眉宇之間，在舉手投足之間！……一個老師，在學生旁邊，很溫暖地看著學生、笑笑地看著學生，肢體語言傳遞給他的就是民主的力量、民主的精神。老師相信你【按，指學生，以下皆然】，老師認爲你會，所以你不要害怕，眼神、舉手投足，遞給他溫暖，他自然就敢講了！……<u>所以我們老師存乎一心，我們的心態</u>，<u>最重要的就是要相信每一個學生，信任每一個學生，建構一個安全、安心、安定的環境，讓學生都能夠學</u>（歐用生，2021：129：*底線與添加語句出自本書*）。

一　概論：略談大學教師如何轉變其教學角色

（一）從「一位博士生的來信」談起

　　本書第一章曾經提及，我撰寫此書前曾以初稿形式在2022年「中華傳播學會」年會報告（臧國仁，2022b）。會後有位博士生來信詢問：「老師不是要傳道、授業、解惑嗎？如果不懂所教課程內容，如何當個盡責的老師呢？」

　　這個問題正是本書核心所在，卻也是「大哉問」，其問與前章

「傳播理論」或「研究方法」修課學生期末惶惶然擔心缺少「整體觀」或「知識地圖」的疑問如出一轍，顯然要改變一般人（包括研究生）對「上課」的刻板印象委實不易（參見本書第二章第一節的討論與第二節的反思與批判）。

實際上，許多大學教授所授課程都是在其「不（甚）懂」的狀況下與學生一起琢磨出來。如陳雪麗（2019：24；雙引號出自原文）所稱，**「建構的後現代課程取向認為：課程並不是一套預先準備好的套裝教材，而是與豐富的情境『交遇』所產生的意義……」**；這裡所稱的「情境」，當然包括修課同學在內。

如政大商學院科技管理與智慧財產所吳思華教授（2022）近日出版《尋找創新典範3.0：人文創新H-EHA模式》，就曾在新書發表會（2022. 10. 01）表示，早先（2016年5月）他卸任教育部長一職返校後，一時之間無必修課可開，就以「人文創新」為名新開選修課程，與學生（研究生）共同研討後才能將思考多時的「人文創新」議題聚焦，續開多次（年）終能集結授課心得撰書出版。

這個師生共同研討「未知」而非由老師獨講「已知」的過程，與我在本書第一章所談實例幾無二致，且師生共商課程內容的上課模式並不限於研究所課程。

如前章所示，早在上世紀九零年代中期，我即曾因系內課程調整而接手從未專攻過的大學部「媒介經營與管理」與「媒介市場學」兩門課程。卻也因未曾涉足而樂與同學攜手深究，就此開創了與前不同的師生「共同建構」上課模式，終能集結為本書各章所談，其機緣誠難事先預期。

我亦曾於2008-2014年間與蔡琰教授合作新開「老人與（生命）傳播」（gerontology and communication）校通識課程（後轉為傳播學院院通識）。其時既無任何中文研究文獻亦無教科書可資參酌，僅能憑藉兩位教師稍早的研究經驗所得，暫時規劃了各週進度與執行方式。

兩位任課教師在教學大綱自承，**「由於本課是初次開授，期末究**

竟要大家做一份什麼樣的報告心中還沒個譜，只有大致想法，期盼隨著課程逐步演進，我們能找到一個師生皆能接受的作業方式」；連期末作業主題都尚沒譜，可見開課之初對所教內容實難謂之運用自如。

其後隨著逐次開授而漸能掌握「老人傳播」可能含括的知識內涵，因而在2012年整理上課所得出版同名專書（蔡琰、臧國仁，2012），並如前述於2013年改稱「人老傳播」（aging communication），重新定義了其可能含括的範疇。

以上諸例均可說明，大學教師「上課」常因自認「不懂」才能開創新知，發展前人不曾思及的「未知」。前引吳思華教授的例子如是，而我自己任教的諸多實例亦是，如此足可闡明知識創新常出自課堂師生共同研商而非教師獨創。

但是華人社會受到「尊師重道」傳統影響甚深，從小到大習視老師為求學路上的「明燈」、「引路人」、「啟蒙者」，一般人也多認為老師的教學工作就是傳授、傳遞、講授學生未曾擁有的知識（「新知」），是知識輸送過程的主導者。

時至今日，「新知」轉換速度早已遠遠超過老師上課所能傳授、傳遞、講授，乃因其多可在眾多網路平臺無礙取得。

面對多變世局，唯一應對方式就在「放棄」傳統教法，改讓學生在老師陪伴下「從做中學」地轉化教科書所撰以及老師所授原理，從而成為可以再次提取、使用的「自動化知識」。此即本書第二部分三個個案實例章節重複述說的背景，也是我在任教期間持續調整教學策略與上課模式的精義所在。

由於每週上課前我都事先閱讀報告以便掌握同學的導讀節奏，第三小時也要延伸導讀內容並提出意見，下課後另行根據作業撰寫回應以及再再回應，教學任務之繁重實不亞於或更遠重於一般教師的講課方式，應屬「盡責」（語出前述「一位博士生的來信」）。

（二）重新定義「上課」

根據以上三章所寫，我對「上課」的定義即可簡述為：「**一段由師生共學／學共的教學相長過程，按照期初教學大綱所訂主題依序進行，但遇有特殊情勢時亦可即興調整或穿插不同內容**」，其重點不外乎此定義中的「共學（共同學習）／學共（學習共同體）」、「依序進行」、「特殊情勢」、「即興調整」等項。

面對「特殊情勢」而「即興調整」之意在於，雖然各課期初皆有「教學大綱」為整學期的指引架構，但因課堂內外「情境」變化莫測，若有需要不妨改變進度。

如2006年的「基礎採訪寫作課」，修課同學兼任新聞系實驗報紙《大學報》採訪記者，某位同學所寫稿件刊出後旋被讀者指陳有誤，揚言提告。當週我即調整原訂課程進度，改請同學閱讀有關記者報導如何「記實避禍」的參考文獻（見陳順孝，2005），以便寫稿時能拿捏分寸、把握尺度，「**知道什麼該寫、什麼不該寫**」（節錄自該記者／同學的反思作業），下筆前須先查證、確認並考量能說些或寫些什麼。

顯然經過此次的即時應變，當事者同學以及其他修課同學都能從實際案例佐證參考文獻所述並相互印證，其收穫遠非單純閱讀或實作所堪比擬，契合第二章第二節有關Ruitenberg的「偶遇」以及馮朝霖的「邂逅」論點，也與第四章Eisner的「教學如藝術」概念契合，關注如何「靈活開放」地調整課程進度。

由以上簡述即知，前引博士生的提問既涉及了本書核心議題（如何「以學習者為主體」），並也關係到教師上課的角色移轉，要從「單向」、「以教師為主體」、「講課為重」的傳統教學模式調整為「共學／學共」、「並肩學習」、「臨機應變」。

整理前三章「教學實例」：確認「以學習者為主體」的要義

　　以上三章係以我曾任教的三門課為例（其他課程的上課模式與此相近），說明大學課程可以如何由講課為主的教學方式改為「以學習者為主體」，不復強調學習成績（成果），亦不再專注於學習效果或標準答案。

　　這種上課模式係「以人為本」地來鼓勵學習者自主探討知識如何產生、如何變化、如何傳遞進而自省，力求轉化、昇華靜態的書本知識為自己的「實踐智慧」（Nonaka & Takeuchi, 2021: 3；參見本書第一章第二節），知道一旦遇見困難（如找不到新聞受訪者或受困於文獻不足）要採取何種行動方能解決實際問題，無論「採訪寫作」、「傳播理論」或「研究方法」課皆然。

　　然而教師的責任與角色無可偏廢，其所扮演的「推手」功能仍是教學成功與否的關鍵所在。畢竟如歐用生教授（2021）所言，「學習共同體」的組合成員雖然包括「教師」、「學習者」、「其他學習者」、「教科書」以及情境因素，其核心仍是「教師」與「學生」，而「教師」是否具有「課程意識」乃是關鍵所在。

　　由此可將本書第二部分三個教學實例所含要義整理為以下十個重點（包括四個核心與六個次要），藉此展示「以學習者為主體」的「上課」模式所含具體內容：

1. 師生共同學習（共學／學共或教學相長）：如圖9.1上方所示，「以學習者為主體」的首要之務就在推動師生共同學習（共學），採「討論代替講授」、「老師不講課只回應」、「師生定時晤面會談」，如此方能帶動平等互動的學習共同體（學共）風氣，而老師也能從討論、回應與晤談過程領會、習得學生的創意發現（參見第三章第二節第二小節詹棟樑的論點）。

　　而如甄曉蘭（2004：238）所言，「**課程實踐是一種建構的經驗**（curriculum as constructed experience）」，由教師、學生在教

圖9.1 「以學習者為主體」的十個要義*

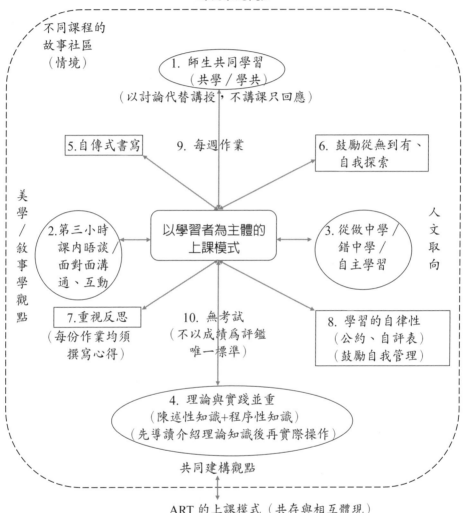

開放系統觀點

不同課程的
故事社區
（情境）

1. 師生共同學習
（共學／學共）
（以討論代替講授，不講課只回應）

5.自傳式書寫　　9. 每週作業　　6. 鼓勵從無到有、
自我探索

美
學
／
敘
事
學
觀
點

2.第三小時
課內晤談／
面對面溝
通、互動

以學習者為主體的
上課模式

3. 從做中學／
錯中學／
自主學習

人
文
取
向

7.重視反思
（每份作業均須
撰寫心得）

10. 無考試
（不以成績爲評鑑
唯一標準）

8. 學習的自律性
（公約、自評表）
（鼓勵自我管理）

4. 理論與實踐並重
（陳述性知識＋程序性知識）
（先導讀介紹理論知識後再實際操作）

共同建構觀點

ART 的上課模式（共存與相互體現）

〔教師將其研究所得（R）轉換成教學內容（T），
而後掌握課堂的上課節奏與討論氛圍（A）〕

*外圍虛線表示這種上課模式爲開放系統，與外界（如政治、社會環境）經常互動而非靜態狀態。

學情境共創以能達成「有意義的學習」。此一說法呼應了本書第二章第二節第二小節宋文里所稱的，「**兩者攜手共同實踐（即A "with" B）**」的真諦，也延續了Pinar所稱的「共同參與」與「價值共同創造」的本意。

歐用生、章五奇（2019：190）稱「共學／學共」為「教與學的學術」（scholarship of teaching and learning；簡稱SoTL；參見符碧真，2019），認為這才是教學卓越的指標，理應擴展到各大學並極力倡導「學教翻轉」，延續其在中小學曾經實驗過的努力（如108課綱素養導向教育）。

2. 第三小時「課內晤談」／面對面溝通、互動（見圖9.1中間左邊圓框）：如本書第八章第四節第三小節所示，此係我修改自Princeton University的preceptorship（生活導師）的制度，除Grafton的大作外未曾見於其他文獻。但從第六至八章教學實例所談可知此一方式頗受修課同學肯定，常在期末評量鼓勵為師持續實施，可視為「以學習者為主體」上課模式的第二要點。

3. 從做中學／錯中學／自主學習（見圖9.1中間右邊圓框）：「從做中學」概念取自美國心理學家Sternberg & Wagner（1986）有關「實用智能」（practical intelligence）」之卓見，認為唯有在接近真實情境的實際操作（此即「程序性知識」之來源）並從錯誤中領悟，學習者方得運用理論知識而其知識系統才能由「知」發展到「行」，也就是第二章第二節第二小節佐藤學強調的「自己做魚竿」意涵。

早在上世紀末我已在不同課程推動「從做中學」概念，後又發展「從錯中學」甚至「從學中學」〔指透過學習來建立第二章第二節第二小節歐用生（2018）所稱的「**後設認知**」，知道自己學了什麼；見臧國仁，2014〕，其目的都在將學習機會交回學生並啟發其對情境的認知，從而建立自我評估能力以能提出更多「臨機應變式」的解題策略，視其為「以學習者為主體」的要點有其必要，契合第二章引用歐用生所言「**核心教育最重要的課題**」之

意。

4. 理論與實踐並重（陳述性知識+程序性知識、先導讀介紹理論知識後再實際操作；見圖9.1下方橢圓框）：認知研究者習區分「知識」為「陳述性知識」（declarative knowledge）與「程序性知識」（procedural knowledge），前者指某一領域的核心事實與概念（習稱「理論」），後者則是執行知識的能力（習稱「實踐」）。

由於陳述性知識較易辨識與呈現而程序性知識多為默識隱而未見，一般多強調前者的重要性（如要求學生記憶教科書所寫理論知識）而忽略後者對知識建構的貢獻。實則若不能從實際操演轉換理論知識為己所用，其充其量只是記得一些原理原則（俗稱「死知識」）而難克服困境遑論解決問題（鍾蔚文等，1996）。

本書列舉的三個個案實例都強調「理論與實踐並重」，如在「採訪與寫作」課就曾要求修課同學做作業前必須先閱讀相關文獻，即便讀不懂亦無妨（學期內並未實施期中與期末考試）。而「傳播理論」課與「研究方法」課也都規定期末繳交「彙整作業」，務求整理一學期所學以能兼備理論與操作知識並轉化其為後設認知，增強自我反思的能力（鍾蔚文等，1996：116）。

以上四者（「1.師生共同學習（共學／學共）」、「2.第三小時『課內晤談』／面對面溝通、互動」、「3.從做中學／錯中學／自主學習」、「4.理論與實踐並重」）即是「以學習者為主體」上課模式的核心要義，在我任教的大多數課程均已實施經年而有可操作性，應能成為翻轉大學「上課」模式的參考模式。

此外，源自本書第六至八章所述的相關作法尚有：

5. 自傳式書寫（見圖9.1左上方方框）：如本書第三章第二節所引Pinar之論，以自我經驗敘述為書寫方式實有類同「民族誌」（ethnography）的特色，展現無論教師或學生內省式的研究風格，遠較客觀寫作更能「……尋找創造的活力，用新的方式書寫

自己，將別人書寫的我加以重寫，……」（引自第四章第二節第三小節歐用生，2012b：22）。

因而「以學習者為主體」的上課模式鼓勵師生各自透過「自傳式書寫」表達內心所想，反映第四章A/r/tography（遊藝誌）推動的再概念化課程美學風貌，包括如歐用生（2012：22）所稱的「**生活在自傳中尋找創造的活力，用新的方式書寫自己，……試驗不同的文本形式，展現不同的聲音。**」

6. 鼓勵從無到有、自我探索（見圖9.1右上方方框）：如前章所示，「傳播理論」課與「研究方法」課皆因必修且修課人數較多而配有教學助理，其皆認同任課教師的教學理念，會晤預備報告組時「**原則上，【均】以聆聽為主而非指導以免同學過於倚賴以期建立修課同學的學習自主性**」（見第六章第四節第二小節）。

同理，任課教師如我亦不事先「指導」如何撰寫作業或報告，即便同學多次反映亦未改其志，其旨乃在服膺前章（第二章第三節）所稱的「學習鷹架」概念，亦即教師之責乃在「提示、支持、激勵」並引導學生自我探索，而多數同學肯定此種「**採報告方式自發性的閱讀資料；學生可發揮創意、自主學習、團隊合作**」的上課模式（取自第六章〈附件四〉所錄期末教學評量結果）。

7. 重視反思（見圖9.1中間左下方方框）：大學教學的「上課」之旨本在培養反思（reflexive thinking），也就是「**應用這些知識的知識**」或是「**應用這些規則的規則**」，知道自己知道什麼，不知道什麼（見鍾蔚文等，1996：116）。

為此，本書第六至八章所納各教學實例課程皆要求同學繳交報告時附加反思所得，無論平時作業或期末彙整報告皆然，藉此擴大自我格局、挑戰現有知識；此點切合第三章第二節所引後現代課程論者Doll, Jr. 提出的「回歸反思」作用。

8. 學習的自律性（見圖9.1中間右下方）：本書第六至八章各課均以「公約」與「自評表」鼓勵同學自我管理，未以上課點名來檢視

學生是否出席且可自選任何一週缺席無須請假。然經統計，「採訪寫作」課2011-2015年連續四次開課的全勤率為73.2%，遠高於「研究方法」課的47.8%（開課六次）與「傳播理論」課（開課四次）的48.8%；其因不難理解，畢竟「採訪寫作」課修課人數僅及後兩者的一半。

9. 每週作業（見圖9.1中間上方）：與其他課程相較，我的課程作業繁多，如「採訪寫作」課從第二週起就有作業直到最後一週的彙整作業，因而2014年的期末評量就有同學反映「**課程真的很重（一開始真的很累）**」。但多數同學均持正面、肯定論點，如認為「**每週作業【是】鞭策自己的原動力**」（添加語句出自本書），且「**從這堂課學到『時間管理』**」（出自第八章〈附件〉教學大綱「對老師教學的學期評量結果」）。

10. 無考試（見圖9.1中間下方）：多年來我授課皆以「作業」取代「考試」，期末尚有「自評表」（占總成績10%）。未以作業成績為唯一評鑑標準之因在於無意讓學生複製我的教學框架，期盼他們皆能自主學習、創意表現。

以上「5. 自傳式書寫」、「6. 鼓勵從無到有、自我探索」、「7. 重視反思」、「8.學習的自律性」、「9. 每週作業」、「10. 無考試」等項即為次要重點，與前述四項核心要義共同建構了本書闡釋的「以學習者為主體」上課模式。

除了上述十個要旨外，如圖9.1所示，另有四項可視為與「以學習者為主體」概念同樣重要的相關哲思，多屬第五章圖5.1所示之「觀點」、「取向」或「主義」。

首先，「上課」常與外在情境（社會、大學、其他課程）互動而屬「開放系統」觀點（見圖9.1外層虛線），契合本書第五章第二節第二小節所引課程學者W. Doll, Jr.提出的「後現代主義課程觀」，強調「**應由教師、學生自己、同學……互動來共同促進學習者建構自己的鷹架以轉換知識為己所用**」。

此點也與第三章Pinar的「再概念化」概念吻合，重視「師生共同參與」與「價值共同創造」對課程設計的意涵，而受教者（學習者）方是知識建構的主體（見第五章第二節第二小節）。

另如圖9.1（見內圈底下）亦強調「上課」模式的「共同建構」觀點，認為知識並非任課教師一人獨創而係馮朝霖（2006：159）所稱之師生一起「作夥兒」，攜手共同切磋後產生。

而我早在1999年即已在專著（臧國仁，1999：結論一章）整合相關文獻說明「**意義乃共同建構與協商而來**」，由此推論共同建構觀點的「共同」字首（co-construction中之co-）意指多種不同類型的互動過程，包括合作、協調或協力（英文皆有co之字首）。

該書套用來自社會學、人類學、心理學、民族誌／對話分析等不同領域研究者的共識，顯示「共同建構」與課程領域研究者的「共存」、「社群」論點相近（參見第四章第二節第二小節），適合作為「以學習者為主體」概念之後設理論。

而如圖9.1內圈左邊的美學／敘事學觀點，可以合併該圖左上方的情境（不同課程的故事社區）討論。在我教學後期愈發享受身為教師的樂趣，也常把自己想像為樂團指揮，每次上課都如同經歷一場音樂盛會，當週負責導讀的同學小組則是主奏，而其他學習同儕係以現場觀眾身分與演奏者不受拘束地密切交流，「**彼此間自然產生不言可喻的互動連結**」（引句出自吳思華，2022：272），而「**知識成為有魅力的、美學的、精神的、想像的領域**」（歐用生，2012b：23）。

其次，我這「虛擬」的課堂指揮極少如第二章佐藤學所詬病的總是站在講臺前或講臺上，而是遊走於教室各個角落以便隨時促動課堂討論氛圍，讓習於「藏身」在大教室後方的部分同學必須回應我的「點名」而無所遁形。

如此一來，全場焦點除在前方報告組的導讀外，也會聚焦於我身上的隱形「指揮棒」，整個上課流程緊湊且有節奏，充分回應了歐用生的「教師即藝術家」說法，認為教學就是藝術表現的形式，也是「**利用技能或智慧完成的美感經驗**」，含括想像、創意與敏感性等核

心內涵（另見本書第四章第一節Eisner之言）。

　　為讓上課氣氛更為輕鬆、柔和，小班形態的「採訪寫作」課上課前我都提前到達教室播放網路音樂，讓修課同學一進教室就能感受溫馨和睦的氣息。如2014年採訪寫作課期末評量就有同學回應，「**課堂【上課】前來些音樂很令人放鬆身心**」（添加語句出自本書），顯然我的「心機」曾為同學注意並感同身受。

　　期中的上／下午茶更獲好評，甚至有同學建議「**希望天天都是下午茶（邊聽演講邊吃下午茶）**」、「**下午茶可增加比薩、炸雞（哈哈哈）**」（括號內出自原建議）、「**期末沒有下午茶好難過**」，這些評語足可反映師生間毫無距離而課間充滿歡樂。[1]

　　總之，如本書第四章第二節多次引述歐用生的卓越觀點，「⋯⋯**教師要『閱讀』言語無法表達的教室生活的訊息，體會情境的質的線索，這需要『教育的鑑賞』**（educational connoisseurship）」。

　　歐用生也認為，課程的意涵本就是「**將我們的過去、現在、未來告訴我們的孩子的集體的故事**」，因而在不同教室裡，師生就像是處於共享的「小世界」，彼此分享透過閱讀、實作、反思所得從而建立了獨特而難與外人道耳的「故事社區」（見第四章第一節Eisner「教學如藝術」論點以及周淑卿的延伸）。

　　圖9.1右邊列出「人文取向」，意即「以學習者為主體」的上課模式，乃在確認「人」（學生）的主體價值在於其能學習、自我改正、追求善良、增進美好社會以及生命的豐富性（王汎森，2017）。因而上課時師生彼此尊重，未僅視對方為如考試的「施測者」或「應試者」（物）而是「全人」，不甚關注效果但重視情意的流動，透過對話過程共同建構生命故事。

　　最後，「以學習者為主體」的上課模式猶須回應第四章由Irwin

---

[1] 可參見王素芸旁聽上課紀要（2012）：https://ctldnews.nccu.edu.tw/zh-hant/node/327（上網時間：2022. 10. 06）。

教授團隊以及歐用生教授提出的A/r/tography（遊藝誌）觀點（見圖9.1最下層），即上課情境理應含括不斷遷移但又「共存」與「相互體現」的角色如研究者、藝術家、教學者以及學習者。

而教師尤應持續進行「研究」（R，如我曾長期執行「新聞框架研究」）並將其所得回饋於教學（T，如「新聞框架」概念就曾是採訪寫作課的首篇指定閱讀文獻），由此掌握課堂的上課節奏與討論氛圍，彼此由「自我」到「他人」發展出共同主體性，從而在上課情境持續提升美感體驗（A；參見第四章「本章小結」一節）。

結束本節討論之前，猶可酌引臺灣師範大學教育系甄曉蘭教授（2004：207；英文均出自原文，原文未曾分段）稍早的一段話：

> ……唯有當教師能正視自己的角色與生活，願意從新的觀點、運用新的思維，來重新檢視過往「視為當然」的課程實務與「習焉不察」的教學實踐，才可能有所覺醒（awakening），才可能激發「課程意識」（curriculum consciousness），促進「教學覺知」（pedagogical awareness），進而讓課程的改革產生個人的意義，使之生根落實在教室的教學實踐中。若教師的內在視野（inner horizons）沒有得以拓展的話，其實是很難藉由外在的要求或誘因，讓其教學實踐產生實質上的更新與超越。
>
> ……教師課程意識的覺醒將有助於教師超越「高級技師」的角色，脫離Freire（1970）所謂的「被殖民的心理狀態」（colonized mentality），而願意在課程與教學實務上發揮專業自主，勇敢突破傳統與習慣，並且樂於面對挑戰、承擔責任。

三　本章小結：再論「以學習者為主體」的上課方式

本章即將收尾時正逢2022年教師節，有些畢業學友不能免俗地透過社交軟體來信賀節。其中一位提及目前正處於更換工作與照

顧幼兒的雙重壓力，寫到後來嘆說，「好想念【以前】跟您亂聊天哈」。

　　這位同學十多年前曾經修習了我的三門課，也曾目睹我開設新課時的手忙腳亂，卻還篤定地一再來修（選）課，可以算是「患難之交」了。當年他除課內晤談外也喜另覓時段來研究室抒發心情，即便畢業仍不時返校探望。如今成家立業，正是人生最為忙碌的一段時日，但是當年因為課程互動而建立的情誼未曾稍減。

　　回到本章述及的第二部分三門課程，由其所談可知當年的我除了介紹諸多相關理論文獻外，最常要求同學透過報告或作業反思這些理論文獻的不足，從而建立自己的「陳述性知識」，並與有操作意涵的「程序性知識」相互結合。

　　此外，我也格外重視與同學晤面，以「一對一」或「小組對談」的方式聆聽他或他們做報告（以及作業）的心得感想，交換經驗，由此協助同學們瞭解「做」的意義以及其與「知」的關聯。

　　而如本書第二部分的三章教學實例可知，我的上課流程多始於學期初的教學大綱，連同上課公約一併在第一週上課時詳加介紹，務必讓修課同學預知課程進度與教師教學理念以免「期望值」有誤。

　　接著各週均透過「個人導讀」或「小組報告」由同學共同承擔部分教學任務，而我的工作則在回應、提問、整理導讀內容與報告所得。至於上課第三小時安排「課內晤談」，或與導讀同學、報告組見面討論其作業心得，或安排特定同學晤談以能瞭解其上課所得從而穩定其學習情緒。

　　藉由上述這些一連串的教學策略，我的「上課」內容多採「聆聽」與「回應」而非傳統「講課」，一方面讓其更為「多元」與「多樣」（因每週導讀同學不同）而不易生厭，另方面則由師生共同建構了學習活動，彼此收穫皆豐。

　　期末多以「彙整作業」收尾，要求同學「反思」所學以能精進，繼之進行課程評量，由同學以匿名方式每人一卷地填寫意見後由我整理並公開置於教學網站，讓同學皆能即時看到同儕間對本課教學的評

語。此一結果並於下次（學年）開課時列於上課第一週的教學大綱，以利新手同學預知前屆同學的見地。

總之，課程猶如生命，來去、興衰、起伏皆屬常態。而學術之可貴就在能開創「未知」而非複製「已知」（如本章第一節所引「從一位博士生的來信談起」），透過持續不斷地學術研究來拓墾更多「未知」，復而透過教學以及撰寫專書以將這些「未知」逐步轉換成為「已知」，讓第七章之首所引周珮儀（2002）論及之「蝴蝶效應」得能實現。

我有幸得與這些「已知」與「未知」相識、相惜多年，也曾全力以赴地「以學習者為主體」概念在諸多親授課程實踐，其俱已成為我的學術生涯重要篇章矣。

第十章 結論
重述「以學習者為主體」的大學「上課」模式──兼談本書的限制

一 前言：臉書「動態回顧」的舊事憶往

-- 【我】也喜歡臧哥能迅速記住每位同學的名字，要求每個人發言，在這堂課上我感覺到自己被當作人一樣看待，而不僅僅代表「戴口罩的同學」或某個學號。我想這些能力與美好的經驗都將深深影響我、跟隨著我終身，直到很久很久以後（2015.06.15：底線與添加語句出自本書）。

　　2022年的6月本書正如火如荼地撰寫中，臉書突然跳出如上引的「動態回顧」訊息，是我在七年前的發文，記錄了某位同學的期末評量表留言。

　　惜因評量表本係匿名填寫，如今無法得知究竟是哪一門課的哪位同學所寫，連帶也難追憶其為何戴著口罩上課。但多年後回味同學所寫仍對我有著特殊意涵，「【勢將】跟隨著我終身，直到很久很久以後」（語出上引，添加語句出自本書）。

　　畢竟師生之間經過一整學期的密集互動（包括教師每週「出作業」而由學生「做作業」以及學生上課導讀而後由教師回應）後，期末猶能展現如上引的意氣相投頗不易，值得寫在本書〈結論〉章節之首以茲銘記於心。

　　在我近三十年的教書歷程裡，獲得如上述的讚美並非少見，其因當也瞭然於心。多數大學生尚未進入「社會」這個大染缸，平日接觸對象都是老師與同學，雙方若能真心實意地來往，博得信任以致不吝

期末給予掌聲、好評當不意外。

最怕的是，老師單向授課，下課後既不安排作業平時也無意與學生互動，期末慣以「考試」作結，彼此間不相聞問、聲氣未通，最終無法獲得同學的推誠相見也就不令人意外了。

因而在即將結束本書之前，容我建議同儕教師以及未來即將投身大學教育的研究生（常擔任兼任講師），或可比較本書提及的不同「課程研究典範」，而後依據自己所授與所在系所（領域）的課程特色，擬定能與同學休戚與共的「上課」模式，仿照前章所述而將傳統的「教學」（teaching）轉換為「學教」（teacher-student or students-teacher；出自本書第二章Freire的見解），師生並肩、共同建構前引甄曉蘭（2004）所稱之「有意義的學習」，久之當能彼此互信與互愛。

二 簡述本書要義：總結「以學習者為主體」的大學「上課」模式討論

-- 如果弄一批沒夢的人去教育有夢的孩子，<u>結果是把有夢的孩子整得沒夢了</u>（鄭強，2020. 09. 15；底線出自本書）。[1]

（一）一段我曾經歷的校內課程改革

撰寫本書此章時突然憶起一段發生在2004年下學期的昔年軼事，值得追述。

其時我的系主任行政職務任期即將屆滿，因職責所在仍得參加期

---

[1] 出自https://www.bilibili.com/s/video/BV1kK411K7wB（上網時間：2022. 05. 08）。鄭強曾任貴州大學校長，在中國大陸「因當眾演講能力突出、觀點極富個性而廣泛知名而有『憤青教授』之稱」（此語引自維基百科：https://zh.wikipedia.org/zh-tw/%E9%83%91%E5%BC%BA）。

末校務會議。其中一個議案是由校長鄭瑞城教授提出的「大學課程改革方案」，要求全校各系必須在一年內降低大學生必修學分至《大學法》規定的128畢業學分一半以下。

為了表示對此案的重視，鄭校長聽完各方討論後特意站起來正襟肅容地向全場所有會議代表宣達他的提案要旨。我還依稀記得他說，政大必須改變，而這個改變就當從鬆綁必修課程的學分數開始，讓大學生能依自己的興趣選課修習。如有某些學系無法在一年內完成課程修訂，校方願意寬鬆期限，但是要請校務會議代表先行表決通過此案以示改變決心。

鄭瑞城校長原是新聞系的專任教授，出任校長前曾經先後擔任系主任與傳播學院院長。從1995年接任院長起就持續在傳院推動課程改革（如在院系之下設置「學程」來活化課程配置），三年內曾經不厭其煩地召開院內溝通會議數十次，不斷地籲請大家鬆綁課程、減少院內必修學分總數、鼓勵同學雙修或輔系以讓其能在大學階段自我探索、拓展興趣而無須受到主修所限。

傳播學院也在他的領導下進行了諸多變革，且在其卸任後持續大規模地翻修課程結構，包括在我2017年退休前夕制定了全國首創的全院「大一大二不分系學制」（以「學院」名義招生），迄今猶在實施並持續微調，也曾影響其他大學跟進。

課程不斷變遷的結果雖然未必讓院內每位教師滿意，但幸運地並未引發同仁間齟齬，多數老師都樂於共體時艱配合新的課程設計而幾無怨言（可參見本書第一章提及我曾獲邀接下新課以及第二部分提及的各課修改過程）。

如在2007-2013年間，傳院經核准開設「傳播學士學位學程」並單獨招生，曾經引起新聞熱議並吸引眾多高中生以第一志願進入就讀。為了讓這些同學擁有更多選課自主權，「學程生」可以在升上大二前後申請加入學院另設的「自主學程」，自行規劃並組合全院甚至全校課程與修課時序，經學業導師協助完成並在院務會議通過後即可依其設計實施，深獲同學好評。

　　此一創舉開啟了全國風氣之先，不但打破以往總是由教育行政單位由上而下的規範課程如何設定（如由校、院或系決定課程與主修學分），也讓大學生自主修課的創新作法得以不再只是坐而論道、紙上談兵，顯示大學教育打破系與主修的藩籬確有可能也有需要。

　　惜乎類似的課程改革尚未普及，以致是否每一所大學都能實施或是實施之因與實踐方式為何至今未見相關討論亦未有進一步的實驗。而若教授們未能形成類似傳播學院的師生「學習社區／群」並養成相互討論而不交惡的風氣，則大學教育的教學實踐與上課模式勢將仍難應對大環境的變遷。

（二）再論「課程」、「教學」與「上課」的定義與意涵

1.概述「課程」、「教學」與「上課」之異

　　在上述政大課程改革近二十年後，國、高中開始正式實施「108課綱」，其目的與上述政大的課程改革如出一轍，就是力主將「學習自主權」交回學生，期能激發學生對學習的渴望與創新的勇氣。

　　但是否調整課程就能改變整個教學環境，當也不必然，仍有賴站在第一線的教師（無論大學或國、高中）領悟「時代變了」、「教學方式應該隨之調整」、「『上課』模式也要轉換」，上下一體才能對學習者真正有益。

　　由此來看，本書第二章所談的「課程」、「教學」、「上課」三者意涵不僅重疊，且有上下相隨的配置關係。簡單地說，「課程」多屬行政單位執掌並推動整體規劃（上述由學生自主規劃當屬例外），「教學」是教師如何執行課程進度的策略，而「上課」則屬師生課堂實際互動的所在；三者皆與社會內外情境有著密切關係，且常因應社會變遷而調整內涵（參見圖10.1）。

　　此點與本書第二章第二節引用的歐用生分野相近。他認為「課程」的理念層次較高，是教育單位或學校為達成教育目標而為教學者與學習者設計、規劃的一套套授課內容與進程。「教學」則是師者透

過語言與文字，反映、詮釋、講授、傳遞自己的知識內涵。歐用生並未論及「上課」，但可從其所著其他文獻得知約是任課教師掌握課程設計與教學策略後的實際課堂活動。

舉例來說，上述鄭校長為了因應當年的社會愈趨開放、多元而力求鬆綁各系必修學分上限，影響所及必然促使各系調整必修與選修課程的學分配置，減少「萬年」必修課程而增加選修課程的數量與類別。

而為了因應選修課程的增加且讓學生得有更多主動權來決定如何自行搭配，教師的「教學」策略勢必隨之調整否則恐將面臨無人選課或人數過少以致難以開課的窘境。

而如課程進度、授課內容、作業規定以及評分標準都應詳列在期初教學大綱以讓修課同學得以遵循甚至決定是否選修，期末則可將執行這些教學策略的優劣納入評量選項以能取得修課同學的意見而後逐年更新授課方式與內容（參見本書第二章所引歐用生的闡釋）。[2]

有關「上課」的實際活動，則可仿照本書第九章整理之諸多要義，讓「教學如藝術」而師生共同學習且互為學習主體，放棄如Freire詬病的「囤積模式」。尤應打破從「課程」到「教學」再到「上課」各自為政的僵化現象，儘量推動跨域（課程）學習、開放教學觀摩（參閱王素芸，2012）、提升師生的「上課」參與熱情。

2.大學「上課」模式的人文取向內涵

由上節所述可知，本書重點並非討論「課程」如何設計，畢竟學門或領域之別難以一概而論。本書也僅在第二部分以三個個案為例說明教學者如何擬定其授課項目，包括課前的教學大綱、課間的課程進度、期末評分、評量方式等，藉此顯示不同教師經營課程時，確可依其所處領域特色以及自我專長而設定符合學習目的之實施方式。至於

2　Pinar（2020: x-xii）曾在Rocha專書的前言認為「教學大綱」應視同「課程」並處於課程的中心地位（centrality），其言值得深思。

「上課」則屬本書重點，其內涵可再依圖10.1延伸闡明。

如圖10.1內三角形所示，本書所述的「上課」模式奠基在「以學習者為主體」的人文取向，師生彼此尊重、交互移情，攜手共同面對「學習」旅程可能遇到的諸多挑戰，因而可屬**師生共創的教育經驗**」（黃永和，2001：226），深受後現代主義「再概念化」的啟發。

圖10.1 綜述本書提出的「上課」教學模式

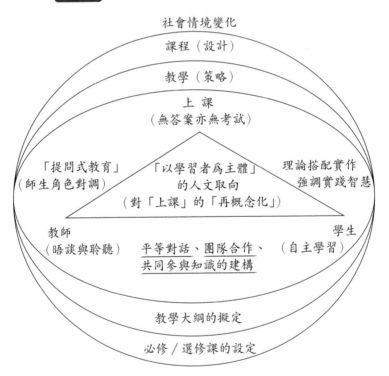

而此「再概念化」的成功與否，取決於「教師」與「學生」能否平等對話、共同參與知識的建構，而學生與其同儕在此過程能否透過團隊合作完成課程要求應也是關鍵（見圖10.1內圈三角形下方畫線處）。

　　至於教師是否樂於「晤談與聆聽」並撥冗接近學生，而學生能否摒棄依賴教師或教科書的傳統學習方式而自主學習，亦當是「上課」成功與否的要素（見圖10.1三角形底邊左右兩側）。誠如許宏儒（2017：334）引用法國教育學者R. Cousinet的思想與理念所示，師生的課堂活動理應努力促進互動、對話與協同合作以期能讓學生成為「完整的人」。

　　對教師而言，前章（第二章）提及的「提問式教育」模式力主對調師生角色，不但學生能積極且主動地參與課堂活動、交換想法，教師也可教學相長地成為課堂活動的「策劃者」與「發動者」而非「主導者」（見圖10.1三角形左側）。

　　另一方面，再概念化的「上課」模式強調「理論搭配實作」，除陳述性專業知識外尤應重視「程序性知識」的培育，讓學習者能在教師協助下增進「實踐智慧」，逐步擁有足以應付社會變遷的創新能力（見圖10.1三角形右側）。

　　最後，再概念化的「上課」模式既不追求學生服膺教師訂定的各項標準答案也無意透過「考試」來評定學生的記憶或背誦能力（參見黃永和，2003：476所引Doll, Jr.的教育信條，認為**「教師不要求學生接受教師的權威」**），乃因許多課程如本書第二部分討論的「傳播理論」課程業已歷經多次典範變遷而無固定模式。

　　另如「研究方法」的實施更須因應研究問題的提出方能設計執行方式，並無一致步驟。何況僅憑一學期的學習就「妄想」學生能貫徹教師初定的教學目標，不如輕鬆以對靜候學生走在其自認適宜的學習道路。

■ 本書的寫作限制

-- 教學實踐的美（beauty），<u>在於促使教師與學生具有共同追求正直（integrity）的熱情</u>，一種源於倫理責任的熱情（Freire, 1998: 88；底線出自本書）。

本書第一章第一節曾經論及「疫情籠罩下的大學『上課』模式」，但因相關文獻有限，以「學生為學習主體」的上課模式如何適應以線上、遠距為主的時代猶須持續觀察，能否繼續以「小組合作」來共同建構課程內容也待商榷。

面對此種「數位學習」與「賽博學習」（cyber learning）紛至沓來的現象（兩個詞彙均出自歐用生，2010：135），如何維持「以學習者為主體」的線上上課模式當是所有大學教學者的重大挑戰。

美國2012年新設立而於2014年開始全球招生的Minerva University設課經驗或可參照。根據網站資料，[3]該校所有課程都是透過學校自行開發的學習平臺Active Learning Forum（ALF，中譯「主動學習平臺」[4]）以「視訊」、「小班」方式上課而不提供實體教室，但仍維持大量討論以讓學生充分參與。

也因ALF系統能自動記錄每位學生的上課發言時間與多寡，無須再以傳統考試方式來評量學生表現，其成績優劣就與課堂參與程度深淺有關。[5]

只要有WiFi設備，Minerva的學生就可在任何地方如家中書房、沙灘、咖啡館上網學習。每堂課都可看到同學與老師面對面討論，老師也隨時線上呼叫學生回答問題，既是高度腦力激盪的互動課程，也

---

[3] 本段文字部分取自2018年入學Minerva University的黃岳涵自述，https://bojne.medium.com/minerva-%E6%98%AF%E4%B8%80%E9%96%93%E4%BB%80%E9%BA%BC%E6%A8%A3%E7%9A%84%E5%AD%B8%E6%A0%A1-%E5%AF%AB%E5%9C%A8%E9%96%8B%E5%AD%B8%E4%B9%8B%E5%89%8D-813cdccfd203（上網時間：2022. 10. 18）。有關Minerva University的討論，受惠於吳思華教授的提醒，十分感謝。

[4] 中譯出自嚴長壽，見https://flipedu.parenting.com.tw/article/003176（上網時間：2022. 10. 18）。

[5] 本段文字出自https://ufo-edu.web2.ncku.edu.tw/var/file/116/1116/img/473/913322177.pdf（上網時間：2022. 10. 18）。

能充分達到「個人化學習」（personalized learning）。

由Minerva的例子來看，大學教育未來恐會如疫情嚴重時期實施的實體與線上教學並重。屆時如何在傳統實體教學的基礎上發展線上「上課」互動模式，亟需未雨綢繆。

其次，本書第一部分與第二部分之間有著難以迴避的間隙，其因仍如第五章所述，中外課程研究過去均少專注於大學教育而多以中小學為其討論對象，以致即便臺灣「課程改革」已有諸多成效，其觀點與實踐迄今猶未延續至大學教育。本書受限於文獻，第一部分的討論多引自中小學教育的課程研究報告，與第二部分的大學教學個案實例間或有不盡契合之憾。

第三，本書無意強調第二部分各章所舉個案實例有前章所示的「可推論性」（generalizability），乃因領域與教師專長差異甚多而難以直接套用，讀者可參酌本書各例後自行創新。

第四，受限於我的有限教學經驗，本書未及討論「大班」（實體修課人數一百人左右）或「超大班級」（實體修課人數在二百人以上）如何適用「以學習者為主體」的上課模式，有待未來繼續探析。

最後，本書第二部分的三章實例內容均屬大學部課程，研究所是否適用有待進一步檢視。

四 **本書結語：沒有永遠不變的課程**

誠如本章圖10.1所示，無論「課程」、「教學」或「上課」都無法自外於最外圍的「社會情境變化」，因而任何教學者都應預期「課程」每隔一段時間就會調整〔如前章所引甄曉蘭（2004：230）之言**「就好像【不同季節的】瀑布【水流量】一樣，是一種動態的形式與結構，持續不斷地改變，永遠不一樣」**〕，「上課」模式如採「以學習者為主體」也須不斷檢討以能面對新的社會需求。

每位教師都應自覺，教書一段時間後過去所學都會落伍，學習新的教學策略有其必要。不能期望謹守以前所學與所知就能教書一輩

子，「上課」模式因而也得與時俱進；這點足以為所有為人師表者警惕。

　　好在如能誠心誠意地與學生往來互動，教書帶來的樂趣當也令人流連忘返，如何運用的巧妙存乎一心而已。

參考文獻

元智大學學生事務處（2009）。《我們——愛上學的理由》。臺北市：冠唐國際圖書。

王汎森（2017）。〈人文為什麼要優先於科技？〉。http://www.aisixiang.com/data/106339.html（上網日期：2018.07.20）。

王秀玲（2007）。〈課程與教學的基本原理〉（引介R. W. Tyler 所著 *Basic principles of curriculum and instruction*）〉。甄曉蘭主編，《課程經典導讀》（頁149-168）。臺北市：學富。

王政忠（2017）。《我有一個夢》。臺北市：天下文化。

王佩蘭（2013）。〈A2 Leadership——一位國小校長美學領導之敘說研究〉。臺北教育大學課程與教學研究所博士論文。

王素芸（2012）。〈歡樂教學的典範：臧國仁老師上課旁聽紀要〉。國立政治大學教學發展中心電子報第54期（取自：http://ctldnews.nccu.edu.tw/zh-hant/node/327；上網時間：2022.03.14）。

王恭志（2002）。〈課程研究典範轉移之探析：從現代到後現代〉。《國教學報》，14，245-268（取自：https://class.tn.edu.tw/modules/tad_web/page.php?WebID=8953&PageID=13047；上網時間：2022.06.02）。

王雅玄（2018）。〈教師專業地位的知識社會學分析：以英國課程發展為例〉。《課程研究》，7(1)，87-110。

王慧蘭（2006）。〈批判教育學：反壓迫的民主教育論述和多元實踐〉。李錦旭、王慧蘭主編，《批判教育學：臺灣的探索》（頁59-96）。臺北市：心理。

方永泉（2006）。〈批判取向教育哲學的發展、議題及展望〉。李錦旭、王慧蘭主編，《批判教育學：臺灣的探索》（頁23-57）。臺北市：心理。

方永泉（2012）。《批判與希望——以行動為中心的教師哲學》。臺北

市：學富。

方永泉譯（2003）。《受壓迫者教育學》（三十週年版）。臺北市：巨流。〔原書：P. Freire（1970/2000）. *Pedagogy of the oppressed*（Trans. M. B. Ramos）. New York, NY: Continuum.〕

方永泉、洪雯柔、楊洲松譯（2011）。《希望教育學：重現《受壓迫者教育學》》。高雄市：巨流。〔原書：P. Freire（1994）. *Pedagogy of hope: Relieving pedagogy of the oppressed.* New York, NY: Continuum.〕

卯靜儒（2007）。〈虎牙課程〉（引介H. Benjamin所著*Sable-tooth curriculum*）。甄曉蘭主編，《課程經典導讀》（頁135-148）。臺北市：學富。

吳思華（2022）。《尋找創新典範3.0：人文創新H-EHA模式》。臺北市：遠流。

吳美娟（2007）。〈課程建構〉（引介W. W. Charters所著*Curriculum construction*）。甄曉蘭主編，《課程經典導讀》（頁1-18）。臺北市：學富。

李崗（2017）。〈主編序〉。《教育美學：靈性觀點的藝術與教學》（頁1-2）。臺北市：五南。

李佳燕（2018）。《帶孩子到這世界的初衷：李佳燕醫師的親子門診》。臺北市：寶瓶文化。

李季湄譯（2003）。《靜悄悄的革命──創造活動、合作、反思的綜合學習新課程》。長春市：長春出版社〔原書：佐藤學（2000）。《授業を変える 学校が変わる》。東京市：小学館〕

李涵鈺（2018）。〈從素養導向談教科書設計與學教關係〉。（論壇：中小學教材教法的現況觀察與改革契機──素養導向觀點）。《教科書研究》，11(2)，120-125。

李奉儒（2006）。〈Paulo Freire批判教學論的探索與反思〉。李錦旭、王慧蘭主編，《批判教育學：臺灣的探索》（頁97-136）。臺北市：心理。

余肇傑（2014）。〈淺談佐藤學「學習共同體」〉。《臺灣教育評論月刊》，3(5)，122-125。

宋文里（2006）。〈批判教育學的問題陳顯〉。李錦旭、王慧蘭主編，《批判教育學：臺灣的探索》（頁3-22）。臺北市：心理。

林穎（2010）。〈合作學習之概念探討〉。《網路社會學通訊期刊》，89，21。取自：https://www.nhu.edu.tw/~society/e-j/89/A21.htm（上網時間：2022. 02. 23）。

林文生（2013）。〈別讓臺灣成爲教育的歷史博物館〉。沈盛圳、林文生、林秋蕙、柯華葳、陳欣儀、陳麗華、潘慧玲、簡菲莉合著。《學習共同體——臺灣初體驗》（頁54-60）。臺北市：天下雜誌。

林建福（2012）。〈全人教育初探〉。《教育研究初探》，220，16-30。

林清山譯（1991）。《教育心理學：認知取向》。臺北市：遠流〔R. E. J. Mayer（1987）. *Educational psychology: A cognitive approach*. Northbrook, IL: Scott Foresman & Company〕。

周梅雀（2007）。〈教師即陌生人：當代的教育哲思〉（引介M. Greene所著*Teacher as stranger: Educational philosophy for the modern age*）。甄曉蘭主編，《課程經典導讀》（頁345-360）。臺北市：學富。

周珮儀（2002）。〈後現代課程取向的萬花筒〉。《教育研究月刊》，102，40-53。

周淑卿（2009）。〈借鏡於藝術的教學——與「藝術創作者／教師」的對話〉。《當代教育研究》，17(2)，1-29。

周淑卿（2007）。〈教育的想像：學校計畫的設計與評鑑〉（引介E. W. Eisner所著*The arts and the creation of mind*）。甄曉蘭主編，《課程經典導讀》（頁397-412）。臺北市：學富。

施宜煌（2011）。〈一位批判邁追者的生命圖像——Paulo Freire〉。《臺北市立教育大學學報》，42(2)，219-246。

胡守仁譯（2003）。《連結：混沌、複雜之後，最具開創性的「小世界」理論》。臺北市：天下遠見。〔原書：Mark Buchanan（2003）. *Nexus: Small worlds and the groundbreaking science of networks*. New York, NY: W.W. Norton & Company.〕

洪詠善（2008）。〈美感經驗觀點的教學再概念化〉。臺北教育大學課程

與教學研究所博士論文。

洪詠善（2014）。〈藝術教師的學習共同體：美學社群之建構與實踐〉。《中等教育》，65(1)，41-57。

洪詠善（2020）。〈停課不停學：當自主學習成爲日常〉。《課程研究》，15(1)，15-33。

許宏儒（2017）。〈協同合作——論法國教育學家Roger Cousinet之教育學思想〉。李崗主編，《教育美學：靈性觀點的藝術與教學》（頁327-364）。臺北市：五南。

許宛琪（2009）。〈《中等教育的基本原理》在美國課程史上意義之初探〉。《教育研究與發展期刊》，5(2)，1-26。

許芳懿（2006a）。〈再概念化：課程改革的邏輯與實踐〉。《課程研究》，1(2)，47-67。

許芳懿（2006b）。〈課程概念重建的發展與爭議——兼論其在課程理解典範之重要性〉。《師大學報：教育類》，51(2)，195-217。

許楓萱（2009）。〈變色龍教師探尋之旅：一位高中教師實踐A/r/tography的敘說研究〉。臺北教育大學教育政策與管理研究所博士論文（佚失）。

許楓萱（2010）。〈在邊界上與藝術共舞：談A/r/tography社群的發展與運作〉。《中等教育》，61(3)，98-114。

許麗珍（2010）。〈從媒介生態更迭中再出發——八位記者的流浪紀實〉。政治大學傳播學院碩士在職專班論文。

黃永和（2001）。《後現代課程理論之研究：一種有機典範的課程觀》。臺北市：師大書苑。

黃郁倫譯（2015）。《學習革命的願景：學習共同體的設計與實踐》。臺北市：天下文化。〔原書：佐藤學（1996）。《教育改革をデザインする、授業研究入門》。日本東京都：岩波書店〕

黃繼仁（2005）。〈Joseph Schwab的課程史定位評議〉。《課程與教學》，8(4)，19-33。

梁燕城（2011）。〈人文、身體與靈性空間——論城市文化的思想框架〉。

《文化中國》，70，92-97。

郭亮廷譯（2018）。《疊韻：讓邊界消失，一場哲學家與舞蹈家的思辨之旅》。臺北市：漫遊者文化。〔原書：J.-L. Nancy & M. Monnier（2005）. *Allitérations: Conversations sur la danse*. Paris, FR: Editions Galilee.〕

符碧真（2019）。〈教與學的學術（Scholarship of teaching and learning, 簡稱SoT）〉，取自：https://ctld.ntnu.edu.tw/wp-content/uploads/2019/11/108.10.25_%E5%B8%AB%E5%A4%A7_SoTL.pdf（上網時間：2022. 10. 05）。

程樹德、傅大爲、王道還、錢永祥譯（1994）。《科學革命的結構》（二版）。臺北市：遠流。〔原書：T. Kuhn（1962）. *The structure of scientific revolution*. Chicago, IL: University of Chicago Press.〕

單文經（2007）。〈美國教育學會二十六期年刊〉（引介H. Rugg所著*The foundation and technique of curriculum-construction, part I: Curriculum making: Past and present. The twenty-sixth yearbook of the National Society for the Study of Education*）。甄曉蘭主編，《課程經典導讀》（頁39-62）。臺北市：學富。

陳瑩璟（2020）。〈游藝誌社群爲本之讀者劇場對國小學生英語學習態度之影響〉。《南臺人文社會學報》，22，63-83。

陳雪麗（2019）。〈融合 A/r/tography 游藝誌發展教師專業社群芻議——以華梵大學「覺智與人生」教師成長社群爲例〉。《臺灣教育評論月刊》，8(3)，22-34。

陳秉璋（1985）。《社會學理論》。臺北：三民。

陳順孝（2005）。《新聞控制與反控制：「記實避禍」的報導策略》。臺北市：五南。

陳雅慧（2013）。〈改革，從桌子轉九十度開始〉。沈盛圳、林文生、林秋蕙、柯華葳、陳欣儀、陳麗華、潘慧玲、簡菲莉合著。《學習共同體——臺灣初體驗》（頁22-33）。臺北市：天下雜誌。

陳麗華（2013）。〈日本比我們做得好的六件事〉。沈盛圳、林文生、林

秋蕙、柯華葳、陳欣儀、陳麗華、潘慧玲、簡菲莉合著。《學習共同體——臺灣初體驗》（頁40-46）。臺北市：天下雜誌。

陳麗華（2018）。〈從中小學的教材教法談課綱的未來想像〉（論壇：中小學教材教法的現況觀察與改革契機——素養導向觀點）。《教科書研究》，11(2)，111-118。

陳穆儀（2022. 06. 11）。〈疫情少實習 醫界新血令人憂〉（聯合報民意論壇版，取自：https://udn.com/news/story/7339/6379756；上網時間：2022. 06. 12）。

馮朝霖（2000）。〈化混沌之情，原天地之美——從情意教育至教育美學〉。崔光宙、林逢祺（編），《教育美學》（頁1-31）。臺北市：五南。

馮朝霖（2002）。《教育哲學專論：主體、情性與創化》（二版）。臺北市：高等教育。

馮朝霖（2006）。〈希望與參化——Freire教育美學推衍與補充之嘗試〉。李錦旭、王慧蘭主編，《批判教育學：臺灣的探索》（頁136-167）。臺北市：心理。

甄曉蘭（2004）。《課程理論與實務：解構與重建》。臺北市：高等教育。

甄曉蘭（2007）。〈如何編制課程〉（引介F. J. Bobbitt所著*The Curriculum*）。甄曉蘭主編，《課程經典導讀》（頁19-38）。臺北市：學富。

張宏育（2008）。〈William Pinar *"currere"* 自傳式課程探究之評析〉。臺灣師範大學教育系碩士論文。

張作錦（2022. 07. 15）。〈王國維、老舍、傅雷：三位殉文化的文化大師〉。《聯合副刊：今文觀止專欄》（取自：https://udn.com/news/story/12661/6461188；上網時間：2022. 07. 16）。

張杏如（2011）。〈合作學習的理論基礎〉。《網路社會學通訊期刊》，86，14。取自：http://www.nhu.edu.tw/~society/e-j/86/14.htm（上網時間：2022. 02. 23）。

張盈堃、郭瑞坤（2006）。〈批判教育學只是個名：關於翻譯政治的討論〉。李錦旭、王慧蘭主編，《批判教育學：臺灣的探索》（頁261-307）。臺北市：心理。

張德銳（2022）。〈以學生學習爲中心的教學觀察與回饋概論〉。張德銳、鄧美珠主編，《另一雙善意的眼睛：以學生學習爲中心的教學觀察與回饋》（頁1-22）。臺北市：元照。

張輝誠（2018）。《學思達增能：張輝誠的創新教學心法》。臺北市：親子天下。

張寶芳（2005）。〈建構一個以基模爲本的新聞專業知識支援系統〉。《新聞學研究》，84，41-78。

蔡琰（1995）。〈生態系統與控制理論在傳播研究之應用〉。《新聞學研究》，15，163-185。

蔡琰、臧國仁（2010）。〈爺爺奶奶部落格——對老人參與新科技傳播從事組織敘事之觀察〉。《中華傳播學刊》，18，235-263。

蔡琰、臧國仁（2011）。〈老人傳播研究：十年回首話前塵〉。《中華傳播學刊》，19，25-40。

蔡琰、臧國仁（2012）。《老人傳播：理論、研究與教學實例》。臺北市：五南。

楊智穎（2021）。〈緣起〉。劉幸、楊智穎主編。《拆解Bobbitt課程論百年紀念》（頁1-2）。臺北市：五南。

楊俊鴻、蔡清田（2010）。〈課程研究的下一代〉。《課程研究》，5(2)，163-174。

詹棟樑（2002）。《後現代主義教育思潮》。臺北市：渤海堂。

臧國仁（1999）。《新聞媒體與消息來源——媒介框架與眞實建構之論述》。臺北市：五南。

臧國仁（2000）。〈關於傳播學如何教的一些想法——以「基礎新聞採寫」課爲例〉。《新聞學研究》，65，19-56。

臧國仁（2004）。〈社教機構與新聞媒體——「媒體運用」的理論思考〉（國立師範大學社會教育系主辦「開展社會工作新思維——社會工作與

媒體」研討會專題演講，2004年3月25日；後分兩部分刊登於《社會教育雙月刊》二月號（頁21-31）、四月號（頁30-34））。

臧國仁（2009）。〈關於傳播學如何教的一些創新想法與作法——以「傳播理論」課為例〉。《課程與教學季刊》，12(3)，241-264。

臧國仁（2014）。〈知識共構與師生對話：教學理念與執行策略之自述〉。政治大學「教學發展中心」電子報第77期（取自：http://ctldnews.nccu.edu.tw/zh-hant/node/141；上網時間：2022. 02. 20）。

臧國仁（2018）。〈組織「研究團隊」之經驗自述〉。中國社會科學院新聞與傳播研究所主編，《中國新聞傳播學2018年鑑》（頁734-735）。北京市：中國社會科學出版社。

臧國仁（2021）。《學術期刊論文之書寫、投稿與審查：探查「學術黑盒子」的知識鍊結》。臺北市：五南。

臧國仁（2022a）。〈Nonaka & Takeuchi新作對「上課」教學模式的啟示：「以學生為學習主體」的人文取向〉。第五屆「人文創新工作坊」（新竹縣北埔鄉「麻布山林」會議中心，1月15-17日）。

臧國仁（2022b）。〈析論傳播教學的另類「上課」模式：以「學生為學習主體」的課程研究取向與實例示範〉。中華傳播學會年會（臺南市：長榮大學線上遠距報告，6月18-19日）。

臧國仁主編（1994）。《新聞學與術的對話》。臺北：國立政治大學新聞研究所。

臧國仁、蔡琰（2001）。〈新聞美學——試論美學對新聞研究與實務的啟示〉。《新聞學研究》，66，29-60。

臧國仁、蔡琰（2007a）。〈傳媒寫作與敘事理論〉。政大傳院媒介寫作教學小組編，《傳媒類型寫作》（頁3-28）。臺北市：五南。

臧國仁、蔡琰編著（2007b）。《新聞訪問：理論與個案》。臺北市：五南。

臧國仁、蔡琰（2010）。〈新聞訪問之敘事觀——以「自傳式生命故事敘述」為核心之理論提議〉。國際跨文化交際學會（IAICS）第16屆年會。廣州市（六月十八至二十一日）。

臧國仁、蔡琰（2013）。〈大眾傳播研究之敘事取向——另一後設理論思路之提議〉。《中華傳播學刊》，23，159-194。

臧國仁、蔡琰（2017）。《敘事傳播：故事／人文觀點》。臺北市：五南。

臧國仁、石世豪、方念萱、劉嘉雯（2001）。〈大學校園中的新聞實習制度與實驗精神——以國立政治大學新聞系實習刊物《大學報》改制為例〉。中華傳播學會2001年年會「主題討論」（panel）論文。香港：浸會大學。

鄧宜男（2007）。〈教育的過程〉（引介J. Bruner所著*The process of education*）。甄曉蘭主編，《課程經典導讀》，頁169-186。臺北市：學富。

歐用生（2003）。《課程典範再建構》。臺北市：麗文。

歐用生（2006）。《課程理論與實踐》。臺北市：學富。

歐用生（2010）。《課程研究新視野》。臺北市：師大書苑。

歐用生（2012）。〈教師的課程理論化：從詩性智慧到A/r/t〉。《教育學報》，40(1-2)，15-30。

歐用生（2018）。〈從多元深度素養觀談教材教法改革方向〉（論壇：中小學教材教法的現況觀察與改革契機——素養導向觀點）。《教科書研究》，11(2)，131-135。

歐用生（2021）。〈教師的深度學習——以共同體的學習為例〉。財團法人黃昆輝教授教育基金會主編，《教育家的智慧：黃昆輝教授教育基金會教育學講座選集》（頁117-146）。臺北市：五南。

歐用生、章五奇（2019）。《黑暗中書寫——歐用生的學思旅程》。臺北市：師大書苑。

鮑世青（2013）。〈潛在課程的「潛在」在哪裡？〉。《中等教育》，64(1)，168-178。

潘慧玲（2013）。改革號角響起，打造不同的教室風景。沈盛圳、林文生、林秋蕙、柯華葳、陳欣儀、陳麗華、潘慧玲、簡菲莉合著。《學習共同體——臺灣初體驗》（頁78-87）。臺北市：天下雜誌。

潘慧玲（2015）。〈推薦序：讓變革生根，化爲常態〉。佐藤學著（黃郁倫譯）。《學習革命的願景：學習共同體的設計與實踐》（頁8-11）。臺北市：天下文化。

劉幸（2021）。〈課程理論的教育行政學源頭：以Bobbitt爲中心〉。劉幸、楊智穎主編。《拆解Bobbitt：課程論百年紀念》（頁37-51）。臺北市：五南。

劉幸、楊智穎主編（2021）。《拆解Bobbitt：課程論百年紀念》。臺北市：五南。

鍾鴻銘（2007）。〈民主即一種生活方式〉（引介B. Bode所著 *Democracy as a way of life*）。甄曉蘭主編，《課程經典導讀》（頁95-116）。臺北市：學富。

鍾鴻銘（2008a）。〈William Pinar自傳式課程研究法之探析〉。《課程與教學》，11(1)，223-243。

鍾鴻銘（2008b）。〈課程研究：從再概念化到後再概念化及國際化〉。《臺灣教育社會學研究》，8(2)，1-45。

鍾鴻銘（2019）。〈W. W. Charters課程理論探究：兼論Charters與Bobbitt課程理論的異同〉。《課程與教學季刊》，22(3)，99-122。

鍾鴻銘（2021）。〈W. W. Charters課程理論探究：兼論Charters與Bobbitt課程理論的異同〉。劉幸、楊智穎主編。《拆解Bobbitt：課程論百年紀念》（頁115-143）。臺北市：五南。

鍾蔚文、臧國仁、陳百齡（1996）。〈傳播教育究竟應該教些什麼？幾個極端的想法〉。《新聞學研究》，53，107-130。

魯貴顯譯（1998）。《盧曼社會系統理論導引》。臺北市：巨流。〔原書：Kneer, G. & Nassehi, A.（1993）. *Niklas Luhmanns Theorie sozialer Systeme*. Eine Einführung, München: Fink.〕

簡妙娟（2017）。〈Paulo Freire 哲思與教學的反思與實踐〉。《臺灣教育評論月刊》，6(11)，96-106.

蕭宏祺（2009）。〈「混雜」──反思全球化脈絡下的文化邏輯〉。《新聞學研究》，100，307-314。

謝易霖（2017）。〈圖像與音樂——人智學啟迪下關於課程與教學兩個交映的隱喻〉。李崗主編，《教育美學：靈性觀點的藝術與教學》（頁227-274）。臺北市：五南。

羅美蘭（2011）。〈課程與教學中美感經驗的探究與建構經典研讀系列：A/r/tography Rendering self through art-based living inquiry〉（國家教育研究院100經典研讀；取自file:///C:/Users/admin/Downloads/a_r_tography%20(6).pdf；上網時間：2022. 07. 19）。

Ashby, W. R. (1956). *An introduction to cybernetics*. New York, NY: J. Wiley.

Bailey, K. D. (1990). *Social entropy theory*. Albany, NY: The SUNY Press.

Bakhtin, M. (1981). Discourse in the Novel (Trans. M. Holquist & C. Emerson). In M. Holquist (Ed.), *The dialogic imagination* (pp. 259-422). Austin, TX: University of Texas Press.

Barrett, F. J. (1998). Creativity and improvisation in jazz and organizations: Implications for organizational learning. *Organization Science*, *9*(5), 605-622.

Bass, R. V., & Good, J. W. (2004). Educare and educere: Is a balance possible in the educational system? *The Educational Forum*, *68*(2), 161-168.

Ben-Peretz, M., & Craig, C. J. (2017). Intergenerational impact of a curriculum enigma: The scholarly legacy of Joseph J. Schwab. *Educational Studies*, *44*(2), 1-28.

Benjamin, H. R. W. (1972). Forward. In J. Abner Peddiwell. S*aber-tooth curriculum*. New York, NY: McGraw-Hill.

Bhabha, H. K. (1994). *The location of culture*. London, UK: Routledge.

Block, A. A. (1998). Curriculum as affichiste（海報設計師）: Popular culture and identity. In W. F. Pinar (Ed.). *Curriculum: Toward new identities* (pp. 325-341). New York, NY: Routledge.

Bobbitt, J. F. (1918). *The curriculum*. Boston, MA: Houghton Mifflin.

Bobbitt, J. F. (1924). *How to make a curriculum*. Boston, MA: Houghton Mifflin.

Bobbitt, J. F. (1941). *The curriculum of modern education*. New York, NY: McGraw-Hill.

Bode, B. (1927). *Modern educational theories*. New York, NY: Macmillan.

Buckley, W. F. (1967). *Sociology and modern systems theory*. Englewood Cliffs, NJ: Prentice-Hall.

Cannon, W. B. (1963). *The wisdom of the body* (Revised and Enlarged edition; first published 1939). New York, NY: W. W. Norton & Co., Inc.

Craft, M. (1984). Education for diversity. In M. Craft (Ed.). *Education and cultural pluralism* (pp. 5-26). London and Philadelphia: Falmer Press.

Cruickshank, V. (2018). Considering Tyler's curriculum model in health and physical education. *Journal of Education and Educational Development*, *5*(1), 207-214.

Davis, B. G. (1993). *Tools for teaching* (2nd Ed.). San Francisco, CA: Jossey-Bass.

Deleuze, G., & Guattari, F. (1987). *A thousand plateaus: Capitalism and schizophrenia* (Trans. B. Massumi). Minneapolis, MN: University of Minnesota Press.

Dewey, J. (1934). *Art as experience*. New York, NY: Minton, Balch.

Dewey, J. (1997). *Experience and education*. New York: Simon and Schuster.

Doll, Jr., W. E. (1993). *A post-modern perspective on curriculum*. New York, NY: Teachers College Press, Columbia University.

Eisner, E. W. (1960). The school as an aesthetic community. *The elementary school journal*, *60*(2), 85-87.

Eisner, E. W. (2002). *The arts and the creation of mind*. New Heaven, CT: Yale University Press.

Fisher, W. R. (1987). *Human communication as narration: Toward a philosophy of reason, value, and action*. Columbia, SC: the University of South Carolina Press.

Freire, P. (1998). *Pedagogy of freedom: Ethics, democracy, and civic courage.*

Lanham, CO: Rowman & Littlefield.

Gorra, M. (1995). The autobiographical turn. *Transition, 6*, 143-153.

Gouzouasis, P., & Yanko, M. (2017). Reggio's arpeggio: Becoming pedagogical through autoethnography. In J. M. Iorio & W. P. Parnell (Eds.). *Meaning making in early childhood research* (pp. 56-70). New York, NY: Routledge.

Greene, M. (1973). *Teacher as stranger: Educational philosophy for the modern age*. Belmont, CA: Wadsworth.

Hage, J. (1972). *Techniques and problems of theory construction in sociology*. New York, NY: Wiley.

Irwin, R. L. (2004). Introduction: A/r/tography: A metonymic métissage. In R. L. Irwin & A. De Cosson (Eds.). *A/r/tography: Rendering self through arts-based living inquiry* (pp. 27-38). Vancouver, CA: Pacific Educational Press.

Irwin, R. L. (2017). Theme 3: Introduction: Becoming Artful through A/r/tography. In M. R. Carter & V. Triggs (Eds.). *In arts education and curriculum studies: The contributions of Rita L. Irwin* (pp. 133-138). New York, NY: Routledge.

Irwin, R. L., & de Cosson, A. (Eds.). (2004). *A/r/tography: Rendering self through arts-based living inquiry*. Pacific Educational Press.

Irwin, R. L., & Springgay, S. (2008)(Eds.). A/r/tography as practice-based research. In S. Springgay, R. L. Irwin, C. Leggo, & P. Gouzouasis (Eds.). *Being with A/r/tography* (pp. xix-xxxiii). Rotterdam, NL: Sense Publishers.

Irwin, R. L., Beer, R., Springgay, S., Graucer, K., Xiong, G., & Bickel, B. (2006). The rhizomatic relations of A/r/tography. *Studies in Art Education, 48*(1), 70-88.

Jacobs, S., & Ochs, E. (1995). Co-construction. An introduction. *Research on Language and Social Interaction, 28* (3), 171-183.

Johnson, R. T., & Johnson, D. W. (1994). An overview of cooperative learning. In J. S. Thousand, R. A. Villa, & A. I. Nevin (Eds.). *Creativity and collaborative learning: A practical guide to empowering students, teachers, and families*. Baltimore, MD: Paul H. Brookes.

Johnson, D. W. & Johnson, R. T. (1987). *Learning together and alone: Cooperative, competitive, and individualistic learning*. Englewood Cliffs, NJ: Prentice-Hall.

Kliebard, H. M. (1968). The curriculum field in retrospect. In Pall W. F. Witt (Ed.). *Technology and the curriculum* (pp. 69-84). New York, NY: Teachers College Press, Columbia University.

Kliebard, H. M. (1975). The rise of scientific curriculum making and its aftermath. *Curriculum Theory Network*, 5(1), 27-38.

Kridel, C. (Ed.)(2010). *Encyclopedia of curriculum studies*. Thousand Oaks, CA: Sage.

Leggo, C., & Irwin, R. L. (2013). A/r/tography: Always in process. In P. Alberts, T. Holbrook, & A. Flint (Eds.). *New methods of literacy research*. New York, NY: Routledge.

Macdonald, J. B. (1988). Theory-practice and the hermeneutic circle. In W. F. Pinar (Ed.). *Contemporary curriculum discourses* (pp. 101-113). Scottsdale, AZ: Gorsuch Scarisbrick (Originally published in *The Journal of Curriculum Theorizing*, 3 (Summer,1981), 130-138.

McNeil, J. (1990). *Curriculum: The teacher's initiative*. Englewood Cliffs, NJ: Merrill Prentice Hall.

Maftoon, P., & Shakouri, N. (2013). Paradigm shift in curriculum development in the third millennium: A brief look at the philosophy of doubt. *International Journal of Language and Applied Linguistics World*, 4(3), 303-312.

Nash, R. J. (2004). *Liberating scholarly writing: The power of personal narrative*. New York, NY: Teachers College Press.

Nonaka, I., & Takeuchi, H. (2021). Humanizing strategy. *Long Range Planning*, 54(4), 541-11.

Paisley, W. (1984). Communication in the communication science. In B. Dervin & M. J. Voigt (Eds.) *Progress in communication sciences* (vol. V).

Norwood, NJ: Ablex.

Pinar, W. F. (Ed.)(1975). *Curriculum theorizing: The reconceptualists*. Berkeley, CA: McCutchan.

Pinar, W. F. (1988). *Contemporary curriculum discourses: Twenty Years of JCT (Journal of Curriculum Theorizing)*. New York, NY: Peter Lang.

Pinar, W. F. (1994). *Autobiography, politics and sexuality: Essays in curriculum theory, 1972-1992*. New York, NY: Peter Lang.

Pinar, W. F. (2004). *What is curriculum theory?* Mahwah, NJ: Lawrence Erlbaum.

Pinar, W. F. (2005). "A lingering note": An introduction to the collected works of Ted T. Aoki. In W. F. Pinar & R. L. Irwin (Eds.). *Curriculum in a new key: The collected works of Ted T. Aoki*. New York, NY: Routledge.

Pinar, W. F. (2020). Forward. In S. D. Rocha (2020). *The syllabus as curriculum: A reconceptualist approach*. New York, NY: Routledge.

Pinar, W. F., & Irwin, R. L. (Eds.)(2005). *Curriculum in a new key: The collected works of Ted T. Aoki*. Mahwah, NJ: Lawrence Erlbaum Associates.

Pinar, W. F., Reynolds, W. M., Slattery, P., & Taubman, P. M. (Eds.)(1996). *Understanding curriculum: A introduction to the study of historical and contemporary curriculum discourses*. New York, NY: Peter Lang.

Prigogine, I., & Stengers, I. (1984). *Order out of chaos*. New York, NY: Bantam.

Rocha, S. D. (2020). *The syllabus as curriculum: A reconceptualist approach*. New York, NY: Routledge.

Ruitenberg, C. (2009). Giving place to unforeseeable learning: The inhospitality of outcomes-based education. *Philosophy of education, 2009*, 266-274.

Schön, D. (1987). *Educating the reflective practitioner*. San Francisco, CA: Jossey-Bass.

Schwab, J. J. (1969). The practical: A language for curriculum. *School Review, 78*(1), 1-23.

Seguel, M. L. (1966). *The curriculum field: Its formative years*. New York:

Teachers College Press.

Shannon, C. E., & Weaver, W. (1949). *The mathematical theory of communication*. Urbana, IL: University of Illinois Press.

Shoemaker, P. J., Tankard, J. W., Jr., & Lasorsa, D. L. (2004). *How to build social science theories*. Thousand Oaks, CA: Sage.

Soltis, J. F. (1993). Forward. W. E. Doll, Jr. *A post-modern perspective on curriculum*. New York, NY: Teachers College Press, Columbia University.

Springgay, S., Irwin, R. L., & Kind, S. W. (2005). A/r/tography as living inquiry through art and text. *Quarterly Inquiry, 11*(6), 897-912.

Springgay, S., Irwin, R. L., Leggo, C., & Gouzouasis, P. (2008)(Eds.). *Being with A/r/tography*. Rotterdam, NL: Sense Publishers.

Sternberg, R. J. & Wagner, R. K. (Eds.) (1986). *Practical intelligence: Nature and origins of competence in the everyday world*. Cambridge, UK: Cambridge University Press.

Toulmin, S. (1982). *The return to cosmology*. Berkeley, CA: University of California Press.

Triggs, V. (2017). Theme 1: Introduction: Gathering an artful curriculum. In M. R. Carter & V. Triggs (Eds.). *In arts education and curriculum studies: The contributions of Rita L. Irwin* (pp. 3-6). New York, NY: Routledge.

Tsang, Kuo-Jen (1987). *A theory of social propinquity: A general systems approach to international news research*. Unpublished Ph. D. dissertation in communication, the University of Texas at Austin.

Tyler, R. W. (1949). *Basic principles of curriculum and instruction*. Chicago, IL: University of Chicago Press.

van Dijk, T. A. (1988). *News as Discourse*. Hillsdale, NJ: Lawrence Erlbaum Associates.

van Dijk, T. A. (1987). *News analysis: Case studies of international and national news in the press*. NJ: Lawrence Erlbaum Associates.

Wiener, N. (1961). *Cybernetics: Or, Control and communication in the animal and the machine*. New York, NY: The MIT Press.

跋

攀登人生第十「岳」（專著）的心得

　　自從2021年8月底出版了前本著作《學術期刊論文之書寫、投稿與審查：探查「學術黑盒子」的知識鍊結》（臺北市：五南），我就啟動了撰寫本書的念頭，想要再次展開另段「翻山越嶺」的旅程。

　　撰寫專書正如登山健行，出發前猶不知前景如何，只能根據最初的發想規劃行程。初上山時常舉步維艱、蹣跚而行，幸有美景與花鳥草木蟲蝶一路相伴，只須依照天氣、路徑、體力來適時調整腳程直至登頂（見圖，蔡琰繪製；原圖為彩色水彩如本書封面）。

　　同理，本書動筆前曾經多方倚賴「提案大綱」略知各個章節的可能書寫內容，但仍難確定各章如何下筆以及下筆後的前景若何，每每苦思再三仍常躊躇不前、遲疑不決而難在電腦前鋪陳寫作情節。

　　如何突破寫作困境？是否有更佳的寫作妙方？我曾在2022年初所寫的一則短文建議，「**無論寫了什麼都沒關係，先把腦子裡想到的東西寫下來，即便胡寫八寫也無妨**」；落筆最重要。[1]

　　本書寫作時確實也曾服膺這個「妙方」，放膽先行「擠出」幾段文字，而後藉由迭次的修改逐步前行。如此不斷地自我砥礪，方能一步一腳印地緩慢前行。

　　閱讀相關文獻則似登山沿途時環顧周圍的良好視野，時而嵐氣蒸騰時而雲開霧散，柳暗花明又一村地讓我逐次拓展各章內容，最後順著山間小路迤邐而行始能「清風淅淅無纖塵」地寫就全書。

　　回顧來時路，方知這已是我取得博士學位迄今（1987-2023）所寫的第十本專書（含合著、編著等），稱其學術人生的「第十岳」或能反映此時心情。

　　如本書〈前言〉所示，撰寫此書的發想起於2022年初在新竹北埔「人文創新工作坊」的分享（初撰時間約在2021年秋季），其後改以「課程研究」為理論基底而於「中華傳播學會」2022年年會報告聆聽意見，會後加入「遊藝誌」的相關文獻，從而建構了與大學教學有關「上課」的課程研究脈絡。

　　由於我非教育專業亦無課程理論的背景知識，寫作期間曾經廣泛閱讀遠逾百篇以上的相關著作（見本書「參考文獻」）。彷如登山時順著山間道路前行，我也沿著前人的思考精華，循序漸進地完成了全書的第一部分（理論篇章）。

　　藉著未曾謀面過的諸多教育學界先賢前輩與後起之秀的大作，

---

[1]　發表於「暨大微信公號」https://mp.weixin.qq.com/s/-pSkxu7ZHNyB9DpmCxMYTw；上網時間：2022. 07. 30。

我逐步建立了「上課」研究的基本觀點。在此專書初稿完成之刻，格外感謝他們的耕耘讓我得以師法、模仿；至於有無東施效顰、徒惹人笑，則猶未可知。

而後我曾經繼續翻越另座「山頭」，將來自退休前的三個上課實例經驗改寫為專章（見第二部分）。為此我曾特意檢視在電腦C槽早已「塵封」多時的教學紀錄，逐件重閱以期能與前章理論對話，終能完成全部十章。

如今回顧來時路，驚訝於周遭旖旎風光美景曾經多麼令我心曠神怡，而我有幸完成宿願，此時的滿足感實難言述。謹以此記。

國家圖書館出版品預行編目資料

翻轉大學「上課」模式：「以學習者為主體」
的課程研究與教學實例／臧國仁著. －－初
版. －－臺北市：五南圖書出版股份有限公
司, 2023.03
　面；　公分
ISBN 978-626-343-761-6（平裝）

1.CST: 高等教育　2.CST: 課程研究
3.CST: 教學策略

525.3　　　　　　　　　　112000720

4I29

翻轉大學「上課」模式：「以學習者爲主體」的課程研究與教學實例

作　　　者 ― 臧國仁(306.6)

發 行 人 ― 楊榮川

總 經 理 ― 楊士清

總 編 輯 ― 楊秀麗

副總編輯 ― 黃文瓊

責任編輯 ― 陳俐君、李敏華

封面設計 ― 姚孝慈

出 版 者 ― 五南圖書出版股份有限公司

地　　　址：106臺北市大安區和平東路二段339號4樓

電　　　話：(02)2705-5066　　傳　　　真：(02)2706-6100

網　　　址：https://www.wunan.com.tw

電子郵件：wunan@wunan.com.tw

劃撥帳號：01068953

戶　　　名：五南圖書出版股份有限公司

法律顧問　林勝安律師

出版日期　2023年3月初版一刷

定　　　價　新臺幣400元